과거로부터의 **자유**

(개정판)

과거로부터의 자유
LETTING GO OF YOUR PAST

존 로렌 & 폴라 샌드포드 지음
임정아 옮김

과거로부터의 자유
LETTING GO OF YOUR PAST

| 목차 |

6_ 서문

Chapter 1 다시 그리스도 안에서 성장하기   11

Chapter 2 당신은 결코 부모의 아버지나 어머니가 아니다   45

Chapter 3 정체성과 부르심 발견하기   69

Chapter 4 진정한 독립은 실제로 부모를 떠나는 것이다   117

Chapter 5 하나 됨의 능력   153

Chapter 6 성적인 온전함을 향하여   173

Chapter 7 성 정체성과 관련된 문제들과 치유   221

Chapter 8 그는 짐이 아니라 내 형제이다   255

Chapter 9 그리스도의 몸 안으로 연합하기   317

| 서문 |

　현재 나라와 문화를 불문하고 전 세계적으로 자행되고 있는 두 가지 비극적인 실수들이 있다. 이러한 실수들은 이전 세기들 동안에는 그다지 빈번하게 발생하지는 않던 것들이었다. 이 중 하나는 교육 및 훈련과 관련이 있다. 의사들은 수년 동안 엄격한 훈련을 거쳐야 하고, 여러 가지 힘든 시험에 합격해야 하며, 나아가 인턴십 과정도 통과해야 한다. 우리는 이런 과정들을 거치지 않은 사람들에게는 당연히 의사로서의 활동을 용인하지 않는다.
　'실습'이란 얼마나 흥미로운 말인지 모른다. 내과 의사들은 환자를 실습 대상으로 삼기 전에, 우선 자신들의 분야에서 전문가가 되어야 한다. 이 사실에 대하여 하나님께 감사하라. 변호사들은 수년간의 공부기간을 거쳐 사법고시에 합격해야 한다. 건축가들은 건물이 붕괴되는 일이 없도록 압력에 관해 잘 이해할 수 있을 때까지 공부해야 한다. 치과 의사들도 마찬가지이다. 능숙해지기 전까지 결코 치아를 뽑거나 충치를 때우는 일을 해서는 안 된다. 뿐만 아니라 이들의 노련함은 우리 모두에게도 인정을 받아야 한다.

이러한 원리는 인간의 노력을 요하는 거의 모든 분야에 공통적으로 적용된다. 그러나 유일한 예외가 있다. 모든 이들에게 있어 가장 중요한 과업인 결혼과 육아에 관련해서이다. 우리는 결혼과 육아와 관련해서는 아무런 훈련도 요구하지 않는다. 그러면서도 사태가 악화되어 가고 있는 모습에 대해서는 의아하게 생각한다!

성경시대의 경우는 오늘날과는 달랐다. 가정은 인생 전체에 영향을 주는 훈련센터로서 가장 중요하게 여겨졌다. 이러한 내용은 성경 도처에서 확인된다. "오늘 내가 네게 명하는 이 말씀을 너는 마음에 새기고 네 자녀에게 부지런히 가르치며 집에 앉았을 때에든지 길을 갈 때에든지 누워 있을 때에든지 일어날 때에든지 이 말씀을 강론할 것이며"(신 6:6-7). "아들들아 아비의 훈계를 들으며 명철을 얻기에 주의하라 내가 선한 도리를 너희에게 전하노니 내 법을 떠나지 말라 나도 내 아버지에게 아들이었으며 내 어머니 보기에 유약한 외아들이었노라 아버지가 내게 가르쳐 이르기를 내 말을 네 마음에 두라 내 명령을 지키라 그리하면 살리라"(잠 4:1-4).

아버지가 주는 훈계를 잘 따를 때에는 '생명'으로 인도받지만, 아버지의 훈계를 잘 따르지 않았을 때에는 '죽음'으로 귀결된다는 사실에 주목하라. 이러한 모습은 우리 주변이나 매일 아침 조간신문을 통해서도 쉽사리 찾아볼 수 있다. "아비들아 너희 자녀를 노엽게 하지 말고 오직 주의 교훈과 훈계로 양육하라"(엡 6:4). 이 책을 비롯하여 우리가 쓴 다른 논문을 통해 당신은 1840년대 산업혁명 이래 가족의 역할, 특히 아버지들의 역할이 어떻게 점진적으로 무너져 왔는가를 보게 될 것이다.

아버지 역할의 붕괴로 인해 초래된 가장 치명적인 결과를 들자면, 아이들이 어른으로 성장해 가면서 아버지와 어머니로부터 결혼 및 자녀양육 기술을 통한 훈육과 훈련을 더 이상 받지 못하고 있다는 점이다. 결과적으로 오늘날의 청년들은 다른 모든 분야에서는 주도면밀하게 준비하면서도, 이 세상에서 가장 중요한 두 가지 과업에 관해서만큼은 철저하리만치 무지한 상태로 방치되어 있다.

이 책은 우리가 처한 이 결핍의 상황에 관해 다루기 위한 목적으로 저술되었다. 당신은 이 책을 통해 어린 시절에 제대로 준비를 갖추지 못한 사람들을 어떤 방식으로 재양육해 주어야 하며, 당신이 어떻게 이러한 돌봄을 받아야 하는지에 관해 배우게 될 것이다. 뿐만 아니라 이 책은 십대들의 문제들에 관한 가르침도 제공한다. 예를 들면, 성인으로서 올바르고 건강하게 부모로부터 자유로워지는 법은 무엇인지, 부모 전도된(parental inversion) 배우자 혹은 대리 부모로서의 배우자란 무엇인지, 적합한 배우자를 어떻게 발견할 것인지, 당신의 부르심을 어떻게 발견하고 성취해갈 것인지, 그리스도의 몸 안에서 어떻게 다른 이들과 연합을 이루어갈 것인지 등에 관한 내용을 다루고 있다.

청년들은 결코 훈련을 받지 않은 상태로 결혼과 부모 역할이라는 분야에 착수해서는 안 된다. 이 책에서는 이와 관련하여 청년들에게 필요한 훈련을 제시하고 있으며, 우리가 쓴 《그리스도인의 가정 회복하기》(Restoring the Christian Family)도 유익하다.

또 하나의 통탄할 만한 실수가 있다. 그것은 사람들이 과거의 상처들을 거의 혹은 전혀 치유하지 않은 채로 사회 또는 각자의 인생 속으로 방출되고 있다는 사실이다. 이들은 스스로가 지은 죄나 부모의 실수들,

아동기에 저지른 죄들에 관해서는 거의 치유를 받지 못한 상태이다. 예를 들어 전문적인 운동선수를 팀의 일원으로 받아들일 경우, 우선은 반드시 신체검사를 받도록 한다. 그런데 이 선수에게 미처 아물지 않은 치명적인 상처가 있다면, 경기에 참가할 자격을 박탈당하고 만다. 그런데 우리는 이와 동일한 상식을 앞으로 결혼을 하고 부모가 될 젊은이들에게는 적용하려 들지 않는다. 참으로 의아한 일이 아닐 수 없다. 결혼 전에 반드시 의무적으로 상담과 기도사역을 받아야 한다는 법조항 자체가 존재하지 않는다.

예레미야는 다음과 같이 말한다. "만물보다 거짓되고 심히 부패한 것은 마음이라"(렘 17:9). 또한 예수님은 다음과 같이 말씀하셨다. "마음에서 나오는 것은 악한 생각과 살인과 간음과 음란과 도둑질과 거짓 증언과 비방이니"(마 15:19). 그럼에도 불구하고 우리는 고집스럽게도 우리 마음속에 들어 있는 것이 무엇인지를 알아내려고 하지 않는다. 더욱이 결혼생활과 자녀양육을 해악이 아닌 축복의 기회로 삼기 위해 어떠한 치유를 받아야 하는지조차 알지 못한다. 오늘날 우리 사회에는 높은 이혼율과 폭력, 살인이 걷잡을 수 없을 만큼 빠르게 확산되고 있다.

이제까지 폴라와 내가 저술해온 여러 책들의 경우와 마찬가지로, 이 책 역시 그리스도의 몸을 향한 훈계를 목적으로 저술되었다. 이 책은 어떻게 해야 우리가 사악한 영향력에서 벗어나 그리스도 안에서 기쁨을 누릴 수 있도록 마음의 변화를 이룰 수 있는지에 관해 다룬다. 당신은 어떻게 과거의 상처를 치유하고, 과거로부터 자유케 될 수 있는지를 배우게 될 것이다. 또한 해악을 불러들이는 임기응변식의 관습들을 어떻게 십자가에 못 박을 수 있으며, 어떻게 해야 우리의 마음이 하나님이 의도하신 바대로 소생될 수 있는지를 배우게 될 것이다. 이로써 마침내 그리스도의 몸에 속한 모든 이가 성숙한 자들로 변화될 것이다.

이전 세기까지만 해도 설교와 가르침은 보다 강력하고 직접적인 회개와 변화를 촉구했다. 사람들은 일단 자신이 예수님을 구세주로 영접한 이후로는 반드시 그에 상응하는 변화된 삶을 살아야 한다고 생각했다. 미국에서 일어난 1·2차 대각성 운동은 수많은 사람들을 변화시켰다. 사회 전반뿐 아니라 심지어 불신자들까지 변화되었다. 그러나 우리는 오랫동안 값싼 은총에 만족하면서, 예수님을 마치 산타클로스처럼 무언가를 해주시는 분으로만 기대하며 살아왔다. 이전 세대의 사람들은 그리스도께서 자신들의 삶에 대해 무엇을 요구하고 계시는지에 대해 귀를 기울였다. 반면 오늘날의 세대들은 주로 그리스도로부터 무엇인가를 요구하는 모습들이 대세를 이루고 있다. 결과적으로 진정한 회개와 변화는 거의 찾아보기 어렵게 되었다.

이 책은 진정한 회개와 도덕적인 청결함을 촉구한다. 이는 결코 종교적인 태도를 통해서도 아니고, 정죄라는 방법을 통해서도 아니다. 다만 우리는 과거를 놓아 버리는 방법을 통해서 이를 이루고자 한다. 과거를 놓아 버리기 위해 우리는 마음속 깊은 곳에 우리 주 예수 그리스도의 보혈과 십자가, 그리고 부활을 적용한다. 하나님의 인자하심이야말로 우리를 참된 회개로 인도해 주신다(롬 2:4).

그리스도의 온몸이 서로에 대해 진정한 의사가 되어주는 법을 배워야 한다. "오직 사랑 안에서 참된 것을 하여 범사에 그에게까지 자랄지라 그는 머리니 곧 그리스도라"(엡 4:15).

LETTING GO OF YOUR PAST

Chapter 1

다시 그리스도
안에서 성장하기

시온은 진통을 하기 전에 해산하며 고통을 당하기 전에 남아를 낳았으니 이러한 일을 들은 자가 누구이며 이러한 일을 본 자가 누구이냐 나라가 어찌 하루에 생기겠으며 민족이 어찌 한 순간에 태어나겠느냐 그러나 시온은 진통하는 즉시 그 아들을 순산하였도다 여호와께서 이르시되 내가 아이를 갖도록 하였은즉 해산하게 하지 아니하겠느냐 네 하나님이 이르시되 나는 해산하게 하는 이인즉 어찌 태를 닫겠느냐 하시니라 예루살렘을 사랑하는 자들이여 다 그 성읍과 함께 기뻐하라 다 그 성읍과 함께 즐거워하라 그 성을 위하여 슬퍼하는 자들이여 다 그 성의 기쁨으로 말미암아 그 성과 함께 기뻐하라 너희가 젖을 빠는 것 같이 그 위로하는 품에서 만족하겠고 젖을 넉넉히 빤 것 같이 그 영광의 풍성함으로 말미암아 즐거워하리라 여호와께서 이와 같이 말씀하시되 보라 내가 그에게 평강을 강 같이, 그에게 뭇 나라의 영광을 넘치는 시내 같이 주리니 너희가 그 성읍의 젖을 빨 것이며 너희가 옆에 안기며 그 무릎에서 놀 것이라 어머니가 자식을 위로함 같이 내가 너희를 위로할 것인즉 너희가 예루살렘에서 위로를 받으리니 (사 66:7-13)

다시 그리스도 안에서 성장하기

1

"**존 목사님!** 제가 왜 목사님과 함께 있어야만 나아질 거라는 거죠? 저는 더 이상 목사님과 함께 있다고 해서 좋아지지는 않을 거라는 걸 알고 있어요. 도대체 뭐가 문제인 걸까요?" 이 말이 나를 깨달음으로 인도해 갔다. 내가 기도사역자라는 이미지에 지나치게 충실하여 살아가는 한, 아무도 (나로부터 혹은 그 무엇으로부터도) 진정하게 자유로워질 수는 없었다. 왜냐하면 내가 도움을 베풀어 줄 수 있는 존재가 되려면, 반드시 상대방은 아파야 했기 때문이었다.

성령님은 헤아릴 수 없이 많은 나의 이기적인 행동들을 깨닫게 해 주셨다. 누군가를 도와주기 위해 그 사람보다 '좀 더 온전한' 자가 됨으로써 상대적으로 '한 수 위'가 되려고 했던 모습, 문제들 자체에만 관심을 집중시켰던 모습, 상대방을 위해 스스로가 순교자가 되려 했던 모습 등이었다. 계속해서 성령님은 이러한 죄악된 성향들 모두가 한데 합쳐져 앞에서 제기된 질문에 대한 대답이 될 수도 있고, 이것들 중 어느 하나도 온전한 대답은 될 수 없다고 말씀하셨다. 실제로 뭔가 중요한 것이 빠져 있었다.

주님은 단지 인간의 죄악된 측면을 십자가상으로 가져가는 일만으로는 충분치 못하다고 일깨워 주셨다. 나를 통해 사역을 받는 내담자가 온갖 죄악된 행위들과 습성들을 발견해내고 이를 십자가 위로 가져갈 수는 있다. 그러나 그럼에도 불구하고 여전히 뭔가 기능적으로 부족한 사람일 수가 있다! 비로소 나는 다음의 사실을 깨닫게 되었다. 부정적인 측면들을 죽음에 처하게 하는 것보다 훨씬 더 중요한 일은 나머지 측면들을 새 생명으로 부활시키는 일이었다. 물론 전자는 후자보다 반드시 먼저 이루어져야 한다. 그러나 부활로까지 인도받지 못한 내담자는 거의 유익함이 없다.

우리가 기대를 저버린 사람들을 모두 용서해 주었거나 혹은 온갖 판단으로부터 사면을 받았다고 하자. 만일 그런 다음에 충분할 만큼 인간적인 사랑을 받지 못한다면, 우리는 여전히 건강하게 기능하는 사람이 될 수 없을지도 모른다. 우리는 누군가로부터 사랑을 받아야만 생명을 회복할 수 있다. 때때로 하나님은 홀로 주권적으로 이 일을 행하신다. 그러나 대체로 우리가 생명으로 나아가기 위해서는, 우리를 만져주고 이끌어주는 사람의 손과 마음이 필요하다.

거듭난 후에 우리는 사실상 다시금 아기가 된 것과도 같다. 하나님은 인간을 마치 육신의 부모 없이 알을 까고 나오는 물고기처럼 만들지 않으셨다. 이와 동일하게 우리가 가정을 통해 양육을 받지 않은 채 영적으로 거듭나는 것은 결코 하나님이 의도하신 바가 아니다. 이 사실 하나만으로도 우리가 거듭남을 체험하되, 반드시 주님의 몸 된 교회 안에서 체험해야만 하는 충분한 이유가 된다. 그러나 동시에 그리스도인의 실존에 관한 이러한 사실을 이해하고 있는 사람은 거의 드문 듯하다. 아무튼 우리는 그동안 서로에게 있어 우리 자신이 얼마나 중요한 존재인가를 제대로 이해하지 못한 채 살아왔다.

과거를 놓아 보내고 성장한 존의 이야기

그동안 사역을 하는 가운데 나를 찾아왔던 내담자들이 보다 온전해지기 위해 힘겨운 시기를 거쳐야 했던 때가 있었다. 당시만 해도 나는 그들이 나에게서 결코 특별하지 않은, 지극히 일반적인 사랑을 필요로 하였다는 사실에 관해 생각해본 적이 한 번도 없었다. 그들은 한 사람의 그리스도인으로서의 사랑, 혹은 친구이자 기도사역자로서의 평범한 사랑을 필요로 하고 있었다. 주님은 나와 폴라의 돌봄을 받는 이들 중에는 우리를 통해 영적 아버지 혹은 어머니로서의 돌봄을 필요로 하는 자들도 있음을 깨우쳐 주셨다. 사람들이 충만한 생명에 이르지 못하고 있었던 것도, 바로 이런 종류의 관계가 결여되어 있었기 때문이었다.

한때 나는 당황스럽기조차 했다. '왜 사람들은 나와 폴라에게 자꾸만 그렇게 달라붙는 걸까? 우리에게 뭔가 잘못된 육적인 매력이라도 있기 때문일까?' 우리가 사람들이 달라붙지 못하도록 피하려 하면 할수록, 사람들은 점점 더 우리의 에너지를 고갈시켜 버렸다. 이때 주님은 아주 조용하고 자그마한 소리로 나에게 말씀하셨다. "존, 사람들이 왜 너와 폴라에게 그렇게 달라붙는지 아니? 네 안에 있는 온갖 그릇된 요소들은 이미 죽음에 처해졌는데도 말이지. 그건 네 모습 자체가 사람들의 눈에 뭔가를 억제하고 있는 듯한 인상을 풍기고 있기 때문이야. 역설적으로 들릴지 모르겠지만, 네가 자신을 활짝 개방하고 네 모든 것을 준다면, 이제 그들은 만족해할 것이고, 더 이상 너의 힘을 빼앗아가는 일도 없어질 거야."

주님은 계속해서 설명해 주셨다. 그들이 원했던 바는 매우 타당한 것이었다. 심지어 어떤 이들은 할 수만 있다면 어떻게든 우리를 성적으로 유혹하려 했을지도 모른다. 그러나 이런 경우조차 실제로 이들이 원했던 것은 다른 것이었다. 이들은 사실 일평생 한 번도 받아본 적이 없던 것을 추구하고 있었다. 온전한 부모의 사랑을 통해 생명으로 인도받는 것이야말로 이들이 원하는 것이었다. (로마서 12장 1절의 말씀처럼) 우리가 우리 자신을 하나님의 사랑의 통로로서 내어 드릴 때, 주님은 그들의 마음을 흡족케 해주실 것이고, 마침내 그들은 더 이상 우리를 소진시키지 않으면서도 온전함에 이를 수 있게 될 것이다.

마침내 나는 이 중대한 일이야말로 하나님 아버지께서 우리로 하여금 행하기 원하시는 것임을 깨닫게 되었다. 하나님은 이 일을 이루시기 위해 사람의 자원하는 마음을 필요로 하고 계셨다. 그제야 폴라와 나는 '우리가 성경적으로 뭔가 잘못된 일을 하고 있는 것이면 어쩌나' 하는 두려움을 떨쳐낼 수 있었다. 또한 이 일이 실제로는 매우 성경적인 것임을 알게 되었다(살전 2:11-12, 딤전 1:2).

이후 성령께서는 '우리가 너무 지나친 모험을 하고 있는 것은 아닌가' 하는 두려움을 이기게 해주셨으며, 나아가 이 일이야말로 진정 하늘 아버지께 속해 있음을 보여주셨다. 이제 우리는 성령께서 우리 안에서, 또한 우리를 통하여 이 일을 이루시도록 내어 드리기 시작했다. 우리는 마음 문을 활짝 열어젖혔고, 사역을 받는 이들과 함께 소리 내어 기도하기 시작했다.

> 사랑하는 주님! 우리를 찾아온 사람들이 생명으로 인도받기 위해 아버지와 어머니를 필요로 하는 한, 또한 잠시 동안이나마 우리를 그리스도 안에서 자신들의 부모로 받아들이는 한, 우리는 기꺼이 그들의 부모가 되어 주겠습니다. 우리가 OOO를 우리 마음으로 받아들이겠사오니, 주님의 사랑으로 그(그녀)를 생명으로 이끌어 주옵소서.

결과는 즉각적으로 나타났으며, 매우 놀라웠다. 사람들은 자신의 삶을 적절히 통제하면서 급속한 성장을 이루어 가기 시작했다. 일단 우리는 누군가에게 도움을 주는 자가 되어야 한다는 욕구를 내려놓았고, 우리를 통해 하나님이 내담자들을 온전케 만들어 주시는 일을 신뢰하기 시작했다. 곧 우리의 짐은 처음에 두려워했던 것보다 훨씬 쉬웠을 뿐 아니라 무겁지도 않았다. 아마 의식적으로 그 짐을 받아들인 것이 도움이 되었는지도 모른다. 혹은 우리가 저항하기를 끝냄으로써 훨씬 더 투명한 존재가 될 수 있었기에, 사람들은 자신들이 하나님으로부터 필요로 하는 것을 우리를 통하여 보다 수월하고 신속하게 얻을 수 있게 된 것인지도 모른다.

이제야 나는 비로소 하나님의 백성들이 그동안 잃어버린 채 지내왔던 하나님 나라의 열쇠가 무엇인지를 보기 시작했다. 우리는 서로를 얼마나 필요로 하고 있는지에 관해 지금보다 훨씬 더 잘 알고 있어야 한다. 우리는 결코 '교회'의 진정한 의미를 상실해서는 안 된다. 우리는 교회의 의미를 오로지 성전, 다시 말해 예배드리는 장소로서의 교회로만 제한시켜 두고 있다. 각각 개별적으로 교회에 예배드리러 왔다가는 다시 개별적으로 각자의 집으로 돌아간다. 주님의 몸으로서의 공동체적인 삶은 결여한 채 말이다.

그동안 우리는 다음의 성경구절에 대해 두려움을 느껴 왔다. "땅에 있는 자를 아버지라 하지 말라 너희의 아버지는 한 분이시니 곧 하늘에 계신 이시니라"(마 23:9). 이 말씀은 주로 유대인들로 하여금 조상들, 특히 아브라함을 우상화하지 않게 하기 위해 주어진 것이었다(요 8:39를 참조하라). 물론 그리스도인들은 자신을 사랑해 줌으로써 생명으로 인도해 주는 사람을 우상화해서는 안 된다는 경고의 메시지로 이 구절을 명심해야 한다. 그런데 이 말씀을 강조한 나머지 사도 바울이 쓴 글들에 수차례 등장하고 있는 다음 성경구절은 놓쳐 버리고 무지하게 지내왔다.

> 그리스도 안에서 일만 스승이 있으되 아버지는 많지 아니하니 그리스도 예수 안에서 내가 복음으로써 너희를 낳았음이라 (고전 4:15)

> 디모데의 연단을 너희가 아나니 자식이 아버지에게 함같이 나와 함께 복음을 위하여 수고하였느니라 (빌 2:22)

> 너희도 아는 바와 같이 우리가 너희 각 사람에게 아버지가 자기 자녀에게 하듯 권면하고 위로하고 경계하노니 이는 너희를 부르사 자기 나라와 영광에 이르게 하시는 하나님께 합당히 행하게 하려 함이라 (살전 2:11-12)

주님의 몸 된 교회는 일어나 빛을 발할 만큼 강해야 한다(사 60:1-2). 우선 우리는 부정적인 것들을 놓아 버리고, 이를 십자가 위로 가져가야 한다. 그리고 서로서로 생명으로 부활시켜 주어야 한다. 데살로니가전서 2장 7-8절은 다음과 같이 말한다. "우리는 그리스도의 사도로서 마땅히 권위를 주장할 수 있으나 도리어 너희 가운데서 유순한 자가 되어 유모가 자기 자녀를 기름과 같이 하였으니 우리가 이같이 너희를 사모하여 하나님의 복음뿐 아니라 우리의 목숨까지도 너희에게 주기를 기뻐함은 너희가 우리의 사랑하는 자 됨이니라."

본문에 나타난 자녀들은 신체적인 자궁이 아니라 그리스도의 자궁에서 말미암은 자들이다. "나의 자녀들아 너희 속에 그리스도의 형상을 이루기까지 다시 너희를 위하여 해산하는 수고를 하노니"(갈 4:19). 여기서 사도 바울은 해산의 수고를 언급한다. 바울은 지금 그들의 영적 생명을 임신하고 있는 중이다. "이는 너희가 내 마음에 있음이며"(빌 1:7).

일단 출생한 후에는 반드시 그리스도 안에서 아들과 딸로서 양육을 받아야만 한다. "내가 진실로 너희에게 이르노니 누구든지 하나님의 나라를 어린아이와 같이 받들지 않는 자는 결단코 그곳에 들어가지 못하리라 하시고"(막 10:15). 어떤 이들은 부지불식간에 무의식적으로 사랑의 마음을 얻고자 노력함으로써 서로 상대방을 양육시켜 주는 결과를 성취한다. 이런 일을 가리켜 무엇이라 하는지에 관해서는 정확히 규정하지도 않은 채 말이다.

사람들은 흔히 이렇게 말한다. "제가 다니는 교회는 정말 사랑이 많은 교회랍니다. 일단 한 번 와보시면 당신도 느낄 수 있을 겁니다." 하지만 우리 자신이 양육을 필요로 하고 있다는 사실뿐 아니라 서로서로를 양육시켜 줄 필요도 있음을 잘 이해하게 된다면, 더할 나위 없이 좋을 것이다. 그리하여 의식적으로 반응을 보여주고, 함정들이 무엇인지도 알고, 이러한 양육이 가지는 예술적 효과도 누리면서 훈련되어 갈 수만 있다면 얼마나 좋겠는가? "내 백성이 무지함으로 말미암아 사로잡힐 것이요 그들의 귀한 자는 굶주릴 것이요 무리는 목마를 것이며"(사 5:13).

성공적인 영적 부모의 역할이야말로 우리를 그리스도 안에서 성장으로 인도해 주는 열쇠이다. 뿐만 아니라 영적 부모의 역할이 성공적으로 이루어질 때, 비로소 우리는 과거의 경향성과 견고한 진, 악착같이 들러붙어 온 죄악들을 떨쳐 버릴 수 있을 것이다. 영적 부모 역할을 통해 새로운 기반을 확립함으로써, 무수히 많은 그리스도인들이 비틀거리는 삶에서 벗어날 수 있다.

영적 부모로 부름 받은 이들에게

모든 사람이 영적 부모의 돌봄을 필요로 하는 것은 아니다. 대체로 애정이 많고 친절하고 지혜로운 부모를 둔 사람들의 경우는 다르다. 이들은 육신의 부모로부터 이미 많은 것을 받았기 때문에 거듭난 후 즉각적으로 어렵지 않게 하나님 아버지의 양육을 받으면서 새 생명의 충만함 속으로 들어갈 수 있다. 이들은 이미 육신의 부모와 더불어 축복된 관계를 누려온 자들이다. 따라서 이들은 자신의 목회자로부터뿐 아니라 그리스도의 몸에 속한 보다 성숙한 동료들을 통해서도 쉽게 자양분을 빨아들여 성장해 간다. 영적 부모로부터 돌봄을 받기 위해 보다 특별한 관계 안으로 편입해 들어갈 필요가 없다.

우리는 만나는 모든 이를 위해 부모 노릇을 해줄 수는 없다. 하나님께서 우리에게 부모 역할을 하거나 재양육을 해주도록 특정한 사람을 붙여주실 때, 이것을 어떻게 알 수 있을까? 우선, 우리는 이러한 사실을 마음으로 인식한다. 어떤 이는 누군가를 보며 왠지 '내 사람'이라는 사실이 깨달아진다. 영으로 감지되는 느낌들을 통해서만이 아니라 자신의 위치를 고려해 볼 때, 자신이 상대방을 위해 단순한 친구나 형제자매가 아니라 아버지나 어머니임을 깨닫게 된다. 이때 우리는 이 사실에 관해 직접 공개적으로 이야기해야 한다. 우리는 이 관계가 바람직하지 못한 상태인데도 여전히 이를 강요하지는 않는다. 상대방의 필요를 정확히 알고 있다 하더라도 말이다. 양육을 받아야 하는 입장이건 남을 양육해 주어야 하는 입장이건, 일단은 상대방이 이 관계를 흔쾌히 수용해야 한다.

우리는 경험을 통해 상대방의 필요를 인식할 수 있다. 경험이 점차 누적되어 가면서, 우리는 질문을 통해 상대방이 이 역할 수행에 적합한 사람인지를 파악한다. 그 다음에는 주님으로부터 오는 확증을 기다린다.

초기 단계에서는 어느 정도로 영적 부모와 자녀 관계가 요구될지에 관해서 아무도 단언할 수 없다. 어떤 이들은 육신의 부모로부터 받은 것이 턱없이 부족함에도 불구하고 주님과 그리스도의 몸을 통해 신속하고 쉽게 자양분을 흡수함으로써, 빠른 시일 내에 성숙으로 나아간다. 반면 어떤 이들은 훌륭한 부모 밑에서 자랐음에도 불구하고, 의도적으로 수행되는 영적 부모의 돌봄을 통해 성숙에 이르기까지 수년이 소요되기도 한다.

모든 이들이 각각 자신만의 고유하고 독특한 일정과 시간대를 가지고 있다. 그러므로 성숙이 빠르다거나 지체된다고 해서 칭찬하거나 비난해서는 안 된다. 단지 사람마다 개인차가 존재할 뿐이다. 그들이 언제, 어느 지점에서 성숙의 과정을 통과하게 될지를 지켜보기 위해 우리는 지속적으로 성령님과 사람들에 대해 민감하게 반응할 수 있도록 준비되어 있어야 한다.

누군가에게 영적 부모가 되어 주기로 헌신할 때, 앞으로 우리가 겪을 경험들의 범주는 매우 다양할 수 있다. 우리는 그 사람을 마음속에 품고 다닌다. 때로는 그 사람이 견뎌내야 할 것들을 몸과 마음으로 느낄 수도 있다. 그(그녀)의 외로움, 두려움, 불안, 분노, 의심, 압박감 등이 느껴질 수도 있다. 우리는 이것들을 우리 자신 속에서 동일시함으로 경험한다. 때로는 어떤 부정적인 것을 겪을 때, 이것이 마치 우리 자신의 문제인 양 생각되기도 한다. 그런데 그것은 사실 상대방의 것이다. 다만 우리가 이를 깨닫지 못하고 있을 뿐이다. 혹은 우리의 영적 자녀가 느끼는 기쁨이 우리 자신의 가슴으로부터 솟구쳐 오를 때도 있다.

나는 개인적으로 이런 느낌이 무엇인지 잘 안다. 주님께서 나와 상대방을 너무도 잘 연합시켜 주셨고, 그의 행복을 내 마음속에 두고 계시기에 내가 얼마 동안 그를 만나지 못하게 될 경우에는 다음 구절에 표현된 사도 바울의 의도를 체험적으로 이해하게 된다. "우리가 참다 못하여 … 우리 형제 곧 그리스도의 복음을 전하는 하나님의 일꾼인 디모데를 보내노니 이는 너희를 굳건하게 하고 너희 믿음에 대하여 위로함으로"(살전 3:1-2). 내가 나의 영적 자녀가 살고 있는 도시로 되돌아와 다시금 만날 수 있게 될 때, 나의 영은 기쁨으로 마구 뛰논다. 그가 원기를 회복한 만큼 나도 똑같이 원기를 회복한다.

　이상하게도 그가 나를 껴안거나 나로부터 허겁지겁 들이마시고 있어도, 나는 전혀 피곤하지 않다. 오히려 활기를 얻는다. 이 순간은 마치 내가 부르심을 성취할 수 있도록 허락된 시간처럼 느껴진다. 의식적으로 그를 이해하려고 노력하면서 마음껏 이야기를 나누는 일이 나의 마음에 위안을 준다. 그때야 비로소 나의 영이 이제껏 어둠 속에서 투쟁을 벌여 왔음을 깨닫는다.

　그러나 그리스도 안에서 나의 영적 자녀가 자신의 문제를 나에게 들키지 않으려고 숨기고 말해 주지 않으면(성숙의 과정으로서가 아니라 육신적인 동기로 인해서 말이다), 나는 그가 처해 있는 정체를 알 수 없는 곤경에 함께 맞닥뜨린다. 나는 어둠 속에서 씨름하게 되고, 영적 자녀의 짐은 훨씬 더 무겁게 느껴진다. 마치 육신의 부모가 그러하듯, 나는 '도대체 지금 무슨 일이 일어나고 있는 것인지' 염려되기 시작한다. 상대방의 영역을 침해 혹은 침범하지 않으려고 자제하는 가운데 악전고투를 벌일 수도 있다. 혹시라도 그가 너무 성급하거나 지나치게 많은 것을 말하는 일을 예방하기 위해서 말이다.

　보통 출발 단계에서 폴라와 나는 우리의 영적 자녀를 자주 만나고 싶어 한다. 유아의 인격 형성을 위해 부모가 가능한 한 많은 시간을 함께 보내 주어야 하듯 말이다. 최소한 일주일에 한 번은 만나서 대화를 나누어야 한다. 이때의 관계는 주로 가르침과 기도로 이루어진다. 필요가 제기될 때, 우리는 뿌리 문제와 관련하여 형식에 구애받지 않고 기도사역을 적용할 수도 있다. 그러나 영적인 자녀들이 조직적이고 지속적인 기도사역을 필요로 하는 경우에는 이 역할을 다른 사람에게 맡기는 것이 최상의 방책이다.

　후일 핵심적인 사안들을 모두 다루고 우리의 관계가 충분히 연합되었다면, 성숙한 자녀와의 만남은 더 이상 이전처럼 자주 이루어지지 않아도 된다. 우리의 영이 연합되어 있기만 하다면 시간과 공간을 극복할 수 있으므로, 이제는 이따금씩만 만나도 된다. 이 과정은 젖을 먹던 아이가 이유식을 거쳐 성숙에 이르게 되는 것과 같다. 이 기간은 동반자이긴 하면서도 언제나 부모로서의 위치를 지키고 있기에, 영적 부모와 자녀의 관계에서는 우정의 풍미가 느껴진다. 나의 자녀들은 나를 위해 충고도 하고, 교정도 해준다. 그러나 이들은 여전히 아버지인 나에 대한 존경과 복종의 태도를 잃지 않는다. 이것은 하나님의 자녀와의 관계에서도 동일하다.

　어쩌다가 내가 판단을 그르쳐서 너무 이른 시기에 영적 자녀를 놓아줄 때도 있다. 이럴 때면 결과적으로 으레 고통스런 울부짖음이 초래된다. 폴라와 나는 많은 시간이 흐른 뒤에야 성숙과 풀어 줌이 육신의 자녀들과의 관계에서처럼 자연스럽게 이루어지게 하는 법을 터득했다. 모든 사람은 각각 자신의 고유한 시간표에 따라 고유한 방식으로 성숙과 분리를 이룬다. 어떤 사람은 이 과정을 쉽게 통과하고, 어떤 이는 어렵게 통과한다.

　그리스도 안에서 영적 부모의 역할을 하는 이들은 찾아오는 파도를 타는 법을 배워야 하며, 지나치게 당황스러워하는 일도 없어야 한다. 영적인 탯줄을 끊기 위해 어떤 이는 화를 내야 한다고 생각할 수도 있고, 또 어떤 이는 반드시 경쟁을 하여 승리해야 한다고 생각할 수도 있다. 일단 상대방이 지금 이루려고 하는 것이 무엇인지를 정확히 이해할 수만 있다면, 우리는 이 일이 이루어지는 방식에 관해서도 객관적이고 침착한 태도로 받아들일 수 있다.

영적 부모 역할을 계획하고 있는 이들에게

현재 당신은 앞으로 영적 아버지 혹은 어머니가 되려는 계획을 가지고 있는가? 그렇다면 몇 가지 조언을 하겠다. 우선 당신 자신부터 살피기 바란다. 혹시 이 일을 함으로써 당신의 정체성을 찾으려 하는가? 당신이 누군가의 영적 부모가 된다는 사실이 스스로 우쭐하게 만드는가? 이 일로 말미암아 자신이 마치 중요한 존재가 된 듯한 느낌을 받고 있는가? 만일 영적 부모 됨의 출발이 자신의 욕구에 기인한 것이라면, 영적 자녀들은 너무나도 쉽게 어린아이가 되고 만다. 나아가 당신이 그토록 심어주고 싶어 하는 성숙을 오히려 그들로부터 빼앗아 버리는 결과를 초래하고 말 것이다.

당신의 가정생활은 안정되어 있는가? 당신은 육신의 자녀들을 어떤 방식으로 양육하고 있는가? 바울은 디모데에게 목회자는 모름지기 다음과 같아야 한다고 충고하였다. "자기 집을 잘 다스려 자녀들로 모든 공손함으로 복종하게 하는 자라야 할지며 (사람이 자기 집을 다스릴 줄 알지 못하면 어찌 하나님의 교회를 돌아보리요)"(딤전 3:4-5). 물론 영적인 부모가 목사를 말하는 것만은 아니다. 그러나 우리는 영적 부모가 반드시 목사가 갖추고 있어야 할 기준들을 동일하게 스스로에게도 적용해야 한다고 믿는다. 왜냐하면 영적 부모 역할이란 한 영혼을 돌보는 임무를 통해 자신이 섬기고 있는 목사를 지원하는 일이기 때문이다.

한편 바울은 새로 입교한 자는 목사가 될 수 없다고 말한다(6절). 이는 영적 부모의 경우도 마찬가지이다. 신생아는 결코 다른 신생아를 돌볼 수 없다. 당신은 성숙의 과정을 이미 통과했는가? 당신을 잘 알고 있는 사람들은 이 모든 사실들에 관해 어떻게 말하는가? 당신을 직면시키기를 조금도 두려워하지 않을 친구들을 통해, 특히 당신의 담임목사나 다른 연장자들을 통해 분별을 구하라. 혹은 현재 당신 자신이 누군가의 권위 하에 있는가? 그렇다면 당신은 영적 자녀를 어떤 식으로 당신의 권위 하에 자리매김 하려 하는가?

영적 부모 역할을 수행하는 동안 육신의 자녀들을 양육할 시간적 여유는 충분한가? 만일 그렇다면, 당신의 영적 아들이나 딸을 돌보기 위해 마련해둔 시간은 충분한가? 이들 중 대부분은 과거에 이미 홀대를 경험한 자들이다. 당신은 이들에게 또 다시 상처를 주는 일이 없도록 철저한 방비를 해야 한다. 끝으로, 영적인 아들이나 딸이 진정으로 원하는 것은 치유와 성장인가, 아니면 단순한 돌봄인가? 기억하라. 당신에게 주어진 임무는 성숙 과정을 촉진시키는 데 있지, 결코 의존성을 강화하는 데 있지 않다.

영적인 재양육을 필요로 하는 이들에게

만일 당신이 영적인 재양육을 필요로 하는 사람이라면, 우리의 충고에 귀 기울이기 바란다. 앞으로 그리스도 안에서 당신의 영적 부모가 될 수도 있는 이들이 자녀들과 어떤 식으로 관계를 맺고 있는지 관찰해 보라. 안타깝게도 영적 부모들 중에는 소유욕이 강하고, 남을 통제하기 좋아하며, 쌀쌀맞고, 거만한 태도로 자녀들과 관계를 형성해온 이들도 있다. 또한 이들은 이 같은 영역들 중 대부분의 경우에서 주님의 변화의 손길을 미처 체험하지 못하고 있는 상태일 수도 있다. 이로 인해 초래될 수 있는 결과는 임무 전체에 관해 불경스러운 말을 하는 모습일 수도 있고, 아예 모험 자체를 두려워하는 모습이 될 수도 있다.

당신이 관찰해본 결과, 앞으로 당신의 영적 부모가 될 사람의 자녀들이 반항적이고 화를 잘 내며 미숙하고 억압적이라면, 부디 다른 사람을 찾아보기 바란다! 아예 피해 가라는 말이다! 강력한 은혜가 개입하지 않는 한, 그런 사람은 당신에 대해서도 동일한 실수를 범할 우려가 있다. 반면에, 어른이 된 자녀들이나 아직은 집에 머물러 있는 자녀들과의 관계가 원만하고 유머와 존경과 사랑으로 서로를 대하고 있다면, 당신과의 관계도 그러할 가능성이 높다.

당신 자신을 위탁하기 전에 당신의 영적 부모가 될 사람의 가정생활을 자세히 눈여겨보기 바란다. 만일 당신이 재양육을 절박하게 필요로 하는 상황도 아니고, 당신과 당신의 영적 부모들이 유별나게 불안정하고, 성숙하고 분별 있는 다른 그리스도인들이 당신들이 함께 생활하는 것을 그리 권하지도 않는다면, 당신은 영적 부모의 집에서 함께 살지는 말고 이따금씩 방문만 하라. 그 가정 안에 확고하게 내재된 관습들이 부모·자식 간의 관계를 결정하고 있을 수도 있고, 역으로 부모·자식 간의 관계가 가정 안에 확고한 구조를 형성하고 있을 수도 있다. 어찌 됐든 이러한 관습들은 당신에게 축복이 될 수도 있지만, 고군분투해야 할 과제가 될 수도 있다.

그리스도 안에서 성숙하고 지혜와 은혜로 충만한 아버지와 어머니들은 존귀하게 여겨져야 한다. 그리스도의 몸 안에는 아쉽게도 '신뢰할 만한' 사람들이 너무도 부족한 것이 사실이기 때문이다.

당신의 영적 부모가 될 사람들이 육신의 자녀를 양육하는 일에 실패하였는데, 그 경험이 오히려 그리스도 안에서 훌륭한 부모가 될 수 있도록 그들을 겸손케 하고 원숙케 하며 준비시켜 주는 계기가 되었다고 가정해 보자. 그렇다면 그들의 자녀들은 여전히 반항적인 모습이지만 그들의 부모, 즉 앞으로 영적 부모가 될 사람들은 진정으로 변화되고 성숙해졌다는 사실을 어떻게 알 수 있겠는가? 혹은 그들이 십자가에 못 박히고 변화되었다는 사실을 어떻게 확인할 수 있겠는가? 정답은 그들의 열매를 통해서이다.

그들이 현재 다른 사람들과 맺고 있는 관계들을 살펴보라. 동료들과는 어떤 관계를 맺고 있는가? 만일 그 사람이 직장 상사라면, 부하 직원은 그에게 어떤 식으로 반응하고 있는가? 그녀가 만일 지도자라면, 그녀를 따르는 사람들은 그녀와 더불어 어떤 식의 관계를 형성하고 있는가? 그러나 그렇다 할지라도 보다 근본적인 관계를 파헤쳐 보면, 2차적인 관계를 통해서는 알 수 없었던 영역들을 발견하게 될 수도 있다. 그러므로 늘 위험에 대비하고 있으라. 주님께서 무엇을 알려주시든, 늘 유익을 얻으라.

일단 하나님께서 의도하신 바를 우리 마음 판에 기록하시도록 내어드렸다면, 주님은 필요에 따라 우리를 또 다른 수업과 또 다른 교사(혹은 부모)에게로 인도해 주실 수 있는 분이다. 이미 성숙해진 상태에서는 더 이상 아무에게로도 인도해 주시지 않을 수도 있다. 그리스도 안에서 나의 아버지였던 최초의 두 사람은 모두 한결같이 쓰러지고 넘어졌다. 그럼에도 불구하고 주님은 어찌 됐든 나로 하여금 이토록 불완전한 사람들을 잘 통과해 갈 수 있도록 은혜를 베풀어 주셨다.

놓아 주어야 할 때

자녀가 성숙함에 따라 관계는 점차 끝나간다. 둥지를 떠나가야 할 때가 도래한다. 또 다른 영적 부모에게 가게 될 수도 있고, 더 이상 아무도 필요치 않은 상황이 될 수도 있다. 이때 당사자는 이런 사실을 내면 깊은 곳에서 느낄 수 있다. 영적 부모의 말이 더 이상 절실히 필요한 계시로서 마음에 감동으로 와 닿지 않는다. 오히려 부모의 말은 우리의 완고한 생각에 부딪쳐 불필요한 것으로 간주되어 튕겨져 나간다. 혹은 너무 장황한 소리로만 들려올 수도 있다. 이럴 경우, 더 이상 거리상 가깝게 지낼 필요가 없다. 상황과 관계없이 우리는 혼자서도 완전하고 안전하다고 느낀다.

"이런, 당신이 뭘 안다고 그러세요? 저는 오히려 더 쉽게 그 일을 처리했어요. 예전 같았으면 화가 났을 것 같아요." "어머나, 그 상황은 이전처럼 저를 놀라게 하지 않았어요." "제게 조언이 필요한 것 같지는 않았어요. 이미 제게 있던 지혜를 신뢰할 수 있었어요. 어때요, 놀랐죠?" "제가 사랑받지 못한 자라는 느낌이 더 이상 들지 않아요." "사람들이 저에 대해 예전처럼 그렇게 성가시게 굴지 않아요." "예전에 그랬던 것처럼 혼란스러워지지는 않아요. 전 훨씬 더 강해졌어요." 간단히 말해, 단순히 더 이상 예전과 같은 방식의 양육을 필요로 하지 않게 되었음을 느낀다. 또다시 상담을 받으러 달려가는 것은 도움을 요청하기 위해서가 아니라 오히려 비겁한 도피로 여겨진다.

우리는 이제 자리를 잡고 앉아서 이야기하며 우리가 새롭게 발견한 사실들에 관해 서로 나누고 싶어 한다. 그런데 그리스도 안에서 부모 된 이가 과거와 동일한 방식으로 우리에게 사역하려 한다면, 우리는 '비굴함'과 '섭섭함'을 느낀다. 우리는 이들의 태도를 모욕적인 것으로 느낀다. 우리는 현재 그 이상의 존재로 변화되어 있다. 만일 아직까지 우리에게 남아 있는 욕구가 있다면, 그것은 영적 부모가 제발 우리가 도달한 자유를 이해해 주고 우리를 성숙한 자로 대해 주기를 바라는 것뿐이다.

물론 여전히 다른 특별한 문제에 관해 지도를 받거나 혹은 잠깐 물어보기 위해 영적 부모에게 되돌아가고 싶을 때도 있을 것이다. 이때 우리의 영적 부모는 무심결에 우리를 이전과 같은 방식으로 대우하려고 할지도 모른다. 그럼에도 불구하고 또다시 어린아이 같은 유치함으로 퇴행하면 어쩌나 하는 두려움을 느끼지 않은 채 우리가 스스럼없이 영적 부모를 찾아갈 수만 있다면, 이는 성숙했음을 보여주는 지표이다. 그제야 우리 자신이 얼마나 자유로운 존재이며, 심지어 우리를 양육해 준 사람이라도 우리의 자유를 결코 제한할 수 없음을 알게 된다. 이상에 언급된 모든 깨달음들은 우리가 육신의 부모로부터 떠나올 때의 경험과 병행시켜 말할 수 있다.

영적 재양육과 관련된 가장 중요한 사실은 단순한 사랑과 수용이다. 일단 우리가 자녀로서 이 일이 결코 게임이 아님을 마음속 깊은 곳에서 깨닫는다면, 영적 부모를 통해 우리가 존재 자체만으로도 실제로 주님의 사랑받고 있는 자임을 깨닫는다면, 우리가 진정으로 선택된 소중한 자임을 깨닫는다면, 또한 이러한 사랑이 우리에게 단호하고 최종적으로 주어지는 것으로서 결코 철회할 수 없음을 확신할 수만 있다면, 치유와 성숙은 자연스런 열매로 뒤따라온다.

어쩌면 그리스도 안에서 우리의 부모 된 사람이 무수히 많은 방식으로 실수를 저지르고 있을 수도 있다. 우리가 어려운 시기를 지나는데도 이해해 주지 않을 수도 있고, 사람들을 무뚝뚝하게 대하고 있을 수도 있으며, 으스대거나 지나치게 많은 것을 요구할 수도 있다. 그러나 어찌 됐든 우리가 자녀인 우리의 마음속으로 흘러들어오는 예수 그리스도의 사랑을 받아들이기만 한다면, 가장 근본적인 작업은 이미 이루어졌다. 바로 이 지점에서부터 우리는 스스로 깨달을 수 있는 힘, 혹은 스스로 깨닫지 못하는 부분을 극복해 나갈 수 있는 힘을 얻기 시작한다. 이때부터 사역은 이미 기정사실인 기초적 온전함을 완성해 가는 것이 된다. 어쩌면 이같이 부모의 사랑을 나누어 받는 일이야말로 영적 돌봄의 가장 기초적이면서 단순한 이유인지도 모른다.

폴라와 나는 그리스도 안에서 영적 부모가 된 이들 중 기도사역의 기법에 관해서도 전혀 모르고, 통찰력도 없는 사람들을 알고 있다. 이들은 결코 자녀들을 위한 상담가나 조언가 혹은 스승이 아니었다. 자녀들을 위해 해준 말은 거의 한 마디도 없었다. 다만 이들은 필요할 때마다 언제나 함께 있어 주었을 뿐이다. 그럼에도 자녀들은 아름답게 성숙해 갔다.

영적 확대가족의 필요성

　핵가족들은 고립될 때 고통을 겪는다. 우리는 할머니, 할아버지, 삼촌, 이모, 조카들을 필요로 한다. 미국 사회에서는 높은 이혼율, 간통 등 핵가족 내 문제들뿐 아니라 범죄행위, 마약, 업무상의 비생산성 등도 높아지고 있다. 미국에 산적한 이러한 문제들의 원인은 부분적으로는 이동성의 증가에 있다. 이동성이 늘면서 가족 내 관계들이 지속적으로 파괴되어 왔다. 핵가족들은 친척들과 친한 친구들이 베풀어 주는 지지와 조언, 원기회복을 필요로 한다. 그리스도 안에서의 확대가족과 부모관계에서도 이런 종류의 지지가 필요하다.

　그리스도 안에서의 부모들도 온전한 형태의 교회 공동체를 필요로 한다. 예배는 마음을 새롭게 하고 강건케 한다. 예배를 통해 자연스럽게 마음이 열린다. 하나님의 말씀은 혼을 소생시키고 교훈을 준다. 목회자들과 친구들은 함께 상담을 한다. 그리스도 안에서 부모들은 서로 의견이나 정보를 교환할 수 있다.

　때때로 그리스도 안에서 자녀 된 이들이 우리와 동일한 몸에 속해 있을 수도 있다. 사실 그래야 훨씬 더 바람직하다. 그러나 이따금씩 그렇지 않을 때도 있다. 이때는 시간과 공간, 기타 여러 상황들이 장애물로 작용한다. 지금까지 폴라와 나는 그리스도 안에서 자녀 된 로마 가톨릭 신자에게 가톨릭 교회 이외의 그 어떤 교회에도 참석을 요구해 본 적이 없다. 혹은 그리스도 안에서 자녀가 되었다는 이유로 우리가 다니는 교회에 참석한 사람도 이제껏 한 명도 없었다. 이럴 경우 우리는 각각의 자녀들에게 원래 소속된 교회에 계속 다니라고 권한다. 부모들과 자녀들 모두 그리스도의 몸을 통한 축복을 필요로 한다.

그리스도 안에서의 형제자매들도 매우 중요한 요소들이다. 때로는 지역교회가 이 필요를 충족시켜 준다. 그리고 종종 부모들과는 전혀 상관없이 친구들이 이 필요를 채워 주기도 한다. 그러나 대체로 그리스도 안에서 우리의 자녀들은 상호 간에 존재하는 혈연관계를 깨닫고는 기쁜 마음으로 서로를 찾아간다. 이런 종류의 소속감은 안전감을 구축하는 데도 도움이 된다. 물론 상황적으로 형제간 경쟁이 수반되긴 하더라도 말이다. 그 누구도 가정 안의 형제자매들만큼 서로 싸우면서도 잘 배울 수 있는 사이는 없다. 대개 형제자매들은 싸우면서 점차 절친한 친구 사이로 성숙해 간다. 이는 그리스도 안에서의 자녀들도 마찬가지이다. 우리는 형제간의 경쟁을 두려워할 필요가 없다. 심지어 지혜로운 부모들조차 만족스런 미소를 지으며 자녀들을 중재하면서 그들이 성숙해지기까지 기다린다.

그리스도 안에서 성장해 가기

그리스도 안에서 이루어진 부모·자녀 관계는 자연적인 부모·자녀 관계에 비해 훨씬 더 일시적이다. 이따금씩 수용은 단 한 번의 신체접촉을 의미할 때도 있다. 단 한 번의 신체접촉을 통해 몇 주일 내에 온전하고 자유로운 사람으로 바뀌기도 한다. 우리의 경험에 비추어 볼 때, 영적 재양육에 소요되는 기간은 대략 2-3년가량이다. 이 기간에 자녀는 각각 자신의 고유한 필요의 정도 및 성장에 요구되는 시간대에 따라 어린아이 같은 시기와 사춘기를 거쳐 점차 성숙으로 나아간다.

한때 우리로부터 영적으로 재양육을 받았던 사람이 있다. 예민하기 그지없던 그녀는 자신의 영적 나이를 아주 정확하게 파악하고 있었다. 어느 날 그녀가 우리를 찾아와서 말했다. "현재 제 나이는 정서적으로 약 여섯 살 정도 된 것 같아요. 맞나요?" 다른 사람들의 눈에 그녀의 겉모습은 거의 모든 면에서 상당히 성숙하고 자유로워 보였다. 그러나 그녀가 직계가족들과 맺고 있는 일차적인 관계에 있어서, 그녀의 평가는 매우 정확했다. 얼마 후에는 그녀가 다음과 같이 말했다. "지금은 십대예요. 맞죠?" 이번에도 그녀의 판단이 옳았다. 그 후 몇 달이 지나지 않아 그녀는 성숙하고 자유로운 사람으로 변화되었다.

> 내가 어렸을 때에는 말하는 것이 어린 아이와 같고 깨닫는 것이 어린 아이와 같고 생각하는 것이 어린 아이와 같다가 장성한 사람이 되어서는 어린 아이의 일을 버렸노라 (When I was a child, I used to speak as a child, think as a child, reason as a child; when I became a man, I did away with childish things, 고전 13:11, NASB)

그리스도 안에서 부모 된 이가 감당해야 할 하나의 중차대한 과업이 있다. 영적 부모들은 영적 자녀들이 어린아이의 일을 버리거나 놓아 버리도록 힘과 사랑을 나누어 주어야 한다. 본문에 언급된 '나'(I)에 주목하기 바란다. '내가' 자라서 '내가' 어린아이의 일들을 버린다. 이것이야말로 그리스도 안에서 부모 된 이들을 위한 가장 중요한 지침이다.

우리는 남을 성장시키기 위해 일부러 애써서는 안 된다. 성장은 아이

스스로 감당해야 할 몫으로, 그들의 마음속에서 하나님께서 이루시는 일이다. 비록 어떤 사람은 이따금씩 퇴행을 하기도 하고, 관계를 유치한 방식으로 이끌어 갈 수도 있다. 그럼에도 불구하고 우리는 언제나 그 사람을 성인인 현재의 모습 그대로 대해 준다.

우리가 애정을 베풀어 줄 때, 우리는 어린 시절 이후로 계속해서 성장이 중단되어 왔던 그 사람의 마음의 처소에 손길을 뻗치고 있는 것임을 안다. 우리가 그들과 함께 큰 소리로 기도할 때, 우리는 의식적이고 의도적으로 마음속의 그 장소에 도달한다. 그러나 그 밖의 나머지 모든 관계적 측면에 있어서 우리는 그 사람을 한 사람의 성인으로 온전한 존경심을 가지고 대하려고 신중을 기한다. 재양육 과정에서 우리는 자칫 성장한 어른을 어린아이로 격하시킴으로써 중대한 실수를 범할 수가 있다.

영적 재양육에 수반되는 함정들

영적 재양육에는 도처에 위험이 도사리고 있다. 우리의 친구들 중에는 함께 생활하기 위해 찾아왔던 한 여자아이를 결국 포기하고 만 경우도 있다. 그 여자아이는 좀처럼 영적 부모에 대한 반항을 그치지 않았다. 그런데 그녀는 사실상 영적 부모들의 느낌과 의도에 대해 스스로 오해하면서 반항하였을 뿐이다.

그리스도 안에서 부모가 된 이들의 내면에 (종종 자신도 모르게) 존재하는 화산 같은 감정들의 분출 대상이 유일하게 영적 자녀들인 경우도 있다. 그리고 그리스도 안에서 자녀가 된 이들의 사랑을 표현하려는 욕구와 애정이 담긴 접촉을 받으려는 욕구가 과도할 수도 있다. 그리하여 다른 사람들의 눈에 이들의 관계는 잘못된 것으로 보일 수도 있다. 그래서 종종 다음과 같은 이야기를 듣게 될 수도 있다. "얘, 너 저 젊은 여자애가 그를 어떤 눈으로 쳐다보는지 봤니? 아마 이 사실은 그 누구보다 그가 제일 잘 알 거야!" "메리는 그 젊은 총각이 왜 자꾸 찾아오는지 알고 있을까? 그 젊은이의 의도가 의심스러워. 그렇지 않고서야 그렇게 자주 그녀를 찾아올 리가 없지 않겠어?"

영적 부모들은 험담과 악평을 들어도 당황하지 않을 만큼 확고한 의지를 지녀야 한다. 바로 이 점에 있어서 지혜로운 목회자들과 장로들은 다른 이들의 영적 부모 역할을 담당하고 있는 자들을 보호해 주어야 한다. 목회자의 한 마디는 그을음만 피워대는 불꽃들을 꺼뜨릴 수 있다.

다음과 같은 격언이 있다. "만일 당신이 현자 한 사람을 발견했다면, 발이 닳도록 그의 문지방을 넘나들어라." 이따금씩 자녀들은 단순히 가족의 분위기를 흡수하면서 지나치게 많은 시간을 함께 보내려 하거나 과도하게 달라붙으려 한다. 때때로 이러한 태도들은 그대로 수용되어야 하기도 하고, 때로는 걷잡을 수 없는 상황으로 치닫기도 한다. 따라서 부모들은 이러한 모습들을 신중하게 분별해내는 법을 훈련해야 한다. 그리하여 어떤 경우에는 이러한 영적 자녀들에게 가정을 완전히 개방할 수도 있어야 하고, 또 다른 경우에는 지혜롭게 선을 긋고 한계를 설정하기도 해야 한다.

가정에 함께 상주하거나 빈번하게 방문해 오는 영적 자녀들은 육신의 자녀들에게 축복이 될 수가 있다. 우리의 여섯 자녀는 우리의 사역에 동참함으로써 모두가 축복을 받으며 성숙할 수 있었다. 그러나 우리는 자녀들의 시간과 관심이 과도할 정도로 다른 사람들에게 향하는 일이 없도록 세심한 주의를 기울였다.

우리가 아는 한 부부는 지나치게 오래도록 너무도 많은 양자녀들을 자신의 가정에서 돌보아주었다. 이로 인해 이들의 친자녀들은 홀대받고 방치당한 듯한 느낌을 받았다. 친자녀들만의 공간, 그들끼리 보내는 시간은 과도하게 침해당하고 있었다. 가정생활은 엉망이었고, 날이면 날마다 긴장과 잦은 싸움으로 가정의 평화가 산산조각 났다. 이렇듯 지나치게 과중한 책임을 떠안고서 친자녀들에게 나눠줄 건강한 가정생활은 조금도 남겨 놓지 않는다면, 이는 결코 지혜롭지 못한 태도이다. 친자녀들이 하나님께로부터 부여받은 권리, 곧 가정 안에서 기쁨과 평화를 누려야 할 권리까지 희생시켜서는 안 된다.

영적 자녀들 중 어떤 이들은 어린 시절에 누렸던 가정생활이 오로지 형제간의 경쟁으로만 점철되어 있는 경우도 있다. 어떤 형제나 자매들은 거짓말하거나 속이기도 했고, 남의 것을 훔치기도 했다. 어떤 이들은 부모와 형제자매 모두 혹은 부모나 형제자매 중 어느 한쪽을 유혹하기도 했다. 어떤 이들은 시끄럽고 떠들썩했다. 어떤 이들은 나쁜 것들을 가르쳐주었다. 어떤 이들은 다른 사람을 꾀어 부도덕하고 무모하며 지각없는 행동을 하도록 부추겼다. 이런 이유들로 인해, 어떤 영적 자녀는 영적 부모의 자녀들과의 관계에 있어서도 역기능적인 태도를 나타낼 수 있다.

부모들은 자신의 자녀들의 몸과 마음과 생각을 보호하는 일에 늘 경계태세를 갖추고 살아야 한다. 부모들은 자녀들로 하여금 잘못된 모범들을 지켜보고 검토하게 함으로써, 그들을 올바른 방식으로 훈련시켜 나갈 수 있다. 그러나 가정을 침해하는 요인들이 지나치게 많아진 경우에는 절대적인 우선순위에 따라 육신의 자녀들의 안전한 양육을 위해 자신들의 부르심을 반드시 중단해야 한다.

영적 부모로서의 돌봄을 제공하는 일이 언제나 성공적인 것만은 아니다. 우리는 주님의 인도하심에 민감해야 한다. 주님의 인도하심은 직접적으로도 오지만, 목회자와 친구들을 통해서도 온다. 종종 주님은 이렇게 말씀하신다. "달아나는 것은 그가 삯꾼인 까닭에 양을 돌보지 아니함이냐"(요 10:13). 반면에 다음과 같이 말씀하실 때도 있다. "중단한다고 해서 회피하는 것은 아니란다. 다만 이번 시도가 효과적이지 못했음을 인정하는 것이 지혜로운 태도란다."

우리 각자가 가장 핵심적인 타락에 보다 근접해 감에 따라, 또한 이로 인해 삶의 변화로 이어질 수 있는 진정하고 깊은 회개에 도달함에 따라, 우리는 이전까지 전혀 알지 못했던 두려움의 차원으로 나아가게 된다. 언젠가 한 친구 목사와 그의 아내가 나와 폴라가 속해 있는 소그룹 안에 들어왔다. 성령께서 그 목사의 내면 가장 깊은 곳으로 손을 뻗어오기 시작하시자, 그는 다음과 같이 고백했다. "제가 지금 보고 있는 것을 앞으로도 좋아할 거라는 생각이 들지 않네요." 우리 모두의 내면 심층부에는 죄성이 존재한다. 이 죄성은 너무나도 사악하여 치유가 불가능하다. 오식 죽음에 처하는 길 외에는 없다.

우리는 요한계시록을 우리의 내면생활에 대한 하나의 비유로 바라볼 수 있다. 누구든 일단 자기 내면의 심층부와 직면한 사람은 그곳에 존재하는 것이 무엇이든 간에 최초의 전쟁은 다름 아닌 자기 내면에 존재하는 짐승을 상대로 하는 것임을 알게 된다. 이러한 사람은 요한계시록 13-21장에 해당하는 성경구절들을 자기 내면에 존재하는 아마겟돈에 대한 비유로서 가슴에 절절히 사무치도록 받아들인다(물론 그렇다고 해서 외부적으로 존재하는 짐승이나 아마겟돈 등과 같은 것들을 부정하는 것은 아니다. 지혜로운 자들만이 자기 자신의 마음속에도 이와 유사한 것들이 들어 있음을 안다).

이 목사는 자기의 내면 깊은 곳에서 일어나는 첫 번째 전쟁을 발견하고는 도망쳐 버렸다. 결과는 다음과 같았다. 그가 친절한 메신저(성령님)의 말씀에 귀 기울이지 않았을 때, 바리새적이고 거짓된 거룩함에 대한 가르침이 그와 그의 교회를 장악했고, 결국 그는 목사직을 잃고 말았다. 이러한 도피는 영적인 부모·자녀의 관계에서도 동일하게 발생할 수 있다.

그리스도 안에서 부모가 된 이들은 도피기제가 형성되고 있음을 분별했을 경우, 자신들의 영적 자녀를 위해 기도로 힘을 실어 준 후(엡 3:16), 그들에게 이를 직면시켜 주어야 한다. 두말할 나위 없이 요령이 가장 중요하다. 그 누구도 부모가 자녀의 도피를 막을 수 있다고는 장담하지 못한다. 우리는 우리가 할 수 있었던 온갖 노력들을 동원했지만, 그렇다고 해서 이 목사로 하여금 자신의 내면 심층부를 피해 도망하지 못하도록 막을 수 없었다. 이와 같은 경우에 부모들은 자녀들을 '끝까지 인내하며 지켜보는' 믿음을 지녀야 한다.

우리는 다음과 같은 믿음을 마음속에 굳게 견지해야 한다. 비록 우리의 사랑하는 자녀가 지금은 안전한 길을 선택하지 않고 있다 할지라도, 하나님은 그가 실수를 통해 배우도록 해주실 것이며, 마침내 그 자녀는 훨씬 더 지혜로운 모습으로 변화되어 나올 것이다. 놓아 보낼 때를 아는 것은 매우 중요하다. 심지어 부모가 자녀들이 경험을 통해 배우도록 놓아주어야 할 때도 있고, 아버지가 방탕한 아들을 놓아 보내야 할 때도 있다.

그리스도 안에서 수행되는 영적 부모 역할은 다음과 같은 차원에서 육신의 부모 역할과는 차이가 있다. 영적 부모 역할 안에서 하나님은 자연적인 가정 안에서와 마찬가지로 단순히 한 자녀를 양육하는 일에 그치시지 않는다. 주님은 변화를 위해 마음속 깊은 곳을 파헤치는 작업도 하고 계실지 모른다. 변화 중에는 모든 사람이 경험하는 것이 아닌 차원의 것도 있다. 이를 가리켜 어떤 이는 '광야체험'이라고도 하고, 어떤 이는 '영혼의 긴 어두운 밤'이라고도 한다. 이 부분에 관해서는 《엘리야의 임무》(The Elijah Task) 69-74쪽을 참조하라.[1] 모든 그리스도인들이 선택을 받았으나(벧전 2:9, 엡 1:3-5), 이같이 깊은 차원의 변화에 들어가는 사람은 소수에 불과하다.

만일 당신이 자신의 영혼 깊은 곳을 파헤쳐야겠다는 긴박감을 감지해왔다면, 아마 당신은 지금 재성장의 과정 가운데 이미 들어와 있을 수도 있다. 당신은 이 과정 속에서 잠자코 지켜보면서 오래도록 힘이 되어 줄 예민한 지각을 갖춘 영적 부모를 필요로 할 것이다. 그리스도 안에서 부모 된 자들이 당신이 경험하는 파쇄와 깨어짐의 시기들을 안다는 것은 무엇보다 특히 중요하다. 하나님은 온전함으로 이끄시려는 사람들만을 위해 이러한 파쇄와 깨어짐의 시기를 마련해 두셨다. 역설적이게도 당신은 그리스도 안에서 자녀 된 다른 이들과는 상이한 치유를 필요로 할 것이다.

당신에게 있어 이 시기는 누군가가 당신의 고통을 일시적으로 누그러뜨려 줄 수 있는 때도 아니며, 지나친 위로를 받을 때도 아니고, 너무

---

1) John Loren and Paula Sandford, The Elijah Task (Lake Mary, FL: 2006)

많은 도움이나 상담을 받을 때도 아니며, 대외적으로 남들만큼 혹은 당신이 예전에 가능했던 것만큼 유능한 일처리를 요구받을 때도 아니다. 연민과 동정은 당신에게 아무런 도움이 되지 않을 것이다. 이 시기는 내밀하게 죽음의 광야를 통과하는 때이며, 또한 반드시 그래야만 한다.

그러나 역설적이게도 당신은 자신에게 힘이 되어 줄 부모를 필요로 한다. 당신처럼 격렬한 고통을 통과하지 않고 있을 다른 자녀들에 비해 훨씬 더 절실하게 부모를 필요로 한다. 당신을 지원해 주는 부모의 존재야말로 당신의 유일한 필요이다. 내면의 모든 것들이 끊임없이 변화하고 있을지라도, 언제나 변함없이 자리를 지켜 주는 영적 부모가 있다는 것만으로도 당신은 위안을 받는다. 이러한 영적 부모는 비록 하는 일은 아무것도 없어도 언제나 변함없이 차분하게 자리를 지켜 준다.

이제 이런 부모들에 의해 갈라디아서 6장 2절의 말씀은 최대한의 성취를 이룬다. 이들은 십자가를 지고 있는 사람조차 질 수 없는 짐을 짊어진다. 심지어 하나님 아버지도 겟세마네 동산에서 기도하시는 예수님께 힘을 북돋우시기 위해 한 천사를 보내 주셔야 했다(눅 22:43). 당신이 더 이상 스스로를 믿을 수 없게 된 순간에조차, 이들은 잠자코 당신을 믿어 주면서 옆에 있어 준다. 이들은 당신이 번데기 속의 벌레처럼 절망하고 있는 순간에도 결코 희망을 잃지 않는다. 당신이 얼마나 급격한 전환을 통과하고 있든, 당신이 겪고 있는 상처가 무엇이든, 이들은 묵묵히 참고 인내한다.

이때 그리스도 안에서 부모 된 이들이 명심해야 할 중대한 사실이 있다. 영적 부모들은 잠자코 자리를 지키면서 그저 함께 해주기만 해야 한다. 뭔가를 가르치려 함으로써 오히려 온전함 가운데로 들어가는 일을 지연시켜서는 안 된다. 당신은 스스로의 힘으로 깨달아야 한다. 그렇지 않으면 광야의 온전한 목적을 달성할 수 없다. 그러므로 영적 부모들은 가르치거나 조언하려 들지 않도록 명심해야 한다.

영적 부모들은 오직 옆에 서서 지켜보기만 해야 한다. 단지 지켜본다는 것은 결코 수동적인 모습이 아니다. 오히려 가장 온전하게 표현된 사랑이다(이 경우 우리는 상대방이 고통을 보다 빨리, 보다 쉽게 통과하게 함으로써 어떻게든 우리가 겪어야 할 고통을 모면하고 싶어 한다. 그러나 진정한 사랑을 가진 자는 절대로 그래서는 안 된다는 사실을 안다).

영적 부모가 된 미혼 남녀들

이따금씩 미혼 남녀들이 어느새 그리스도 안에서 부모가 되는 경우가 있다. 여기서 미혼 남녀란 한 번도 결혼한 적도 없고, 과부도 아니고, 이혼한 적도 없는 사람을 가리킨다. 이들은 종종 연령적으로 자신들보다 나이가 많은 사람들의 영적 부모가 되기도 한다. 로마 가톨릭 교회에서는 신부들과 임명된 평신도들이 오랫동안 '영적 지도자'의 역할을 수행해 왔다. 영적 지도자들은 영적 부모의 역할과 상당 부분 유사하다. 일을 성취하시는 분은 하늘 아버지이시고, 우리는 자연적인 가정에서 자라오는 동안 이미 모든 것을 경험했다. 그렇기에 현재 결혼하지 않은 상태의 사람이거나 심지어 한 번도 결혼한 적이 없는 사람도 그리스도 안에서는 자녀들을 양육할 수 있다. 물론 결혼하여 부모가 된 사람들이야말로, 결혼하여 부모가 된 사람들을 위한 최고의 조언자이긴 하다.

기도사역자나 영적 부모는 결혼하여 부모가 된 사람인 것이 가장 바람직할 것이다. 그러나 영적 부모의 사역으로 부르심을 받았음을 스스로 잘 알고 있으나, 현재 결혼도 하지 않았고 부모는 더더욱 아닌 경우는 어찌 해야 할까? 설사 미혼에다 부모도 아닐지라도, 이러한 조건들이 하나님께서 맡기신 사명을 가로막는 구실이 될 수 없다. 하나님은 얼마든지 지혜를 주실 수 있는 분이다. 한편 현재 배우자가 없다는 사실이 기도사역자에게 취약점이 되기도 한다. 그러나 일반적으로 이러한 취약점은 얼마든지 극복된다. 로마 가톨릭 교회의 신부들이나 수녀들의 경우를 예로 들 수 있다. 아마도 우리는 미혼의 사역자들과 관련하여 유혹과 실패의 사례를 들이댈 수 있을지 모르나, 사실상 이러한 예들은 기혼의 기도사역자들의 경우에서도 마찬가지로 발견된다.

요지는 다음과 같다. 기도사역이나 영적 부모 역할에 있어 결혼한 부모들이 훨씬 더 나은 조건에서 출발하는 것은 사실이다. 그러나 그렇다고 해서 싱글들은 결코 스스로를 자격이 부족하다거나 열등하다고 생각해서는 안 된다. 왜냐하면 일을 성취하시는 분은 하나님이시기 때문이다.

사랑이 재양육에 있어 기초석이라면, 투명성은 재양육의 시금석이다. 우리는 재양육이 얼마나 성공적이었는지의 여부를 잘 알고 있어야 한다. 이때 성공의 여부는 단지 일찌감치 드러난 성숙의 표지들뿐 아니라, 대체로 한 가지 특징을 통하여 검토되어야 한다.

그 사람은 과연 이제까지 계속해서 예수님께 가까이 나아오고 있었는가? 예수님과의 관계가 과거에 비해 훨씬 더 친밀해져 있는가?(빌 3:7-10) 예수님에 대한 앎과 사모함이 이전보다 더욱 증가되었는가, 아니면 감소되었는가? 그 사람의 신앙생활은 더욱 강건해지고 자유로워졌는가? 자연적인 성숙도 좋지만, 우리는 그리스도 안에서의 성장을 가장 으뜸으로 삼는다. 그 사람은 하나님의 말씀 속에 더 깊이 들어와 있는가? 그는 보다 신실하게 교회에 참석하고 있는가? 그는 이제껏 그리스도 안에서 발전적인 사역에 동참해 왔는가? 그는 이전보다 더욱 열정적으로 주님을 추구하고 있는가? 주님께 대한 그의 헌신의 삶은 이전보다 더욱 순전하고 진실한가?

우리를 그리스도 안에서 성장시키는 것은 하나님의 말씀이다. "갓난아기들같이 순전하고 신령한 젖을 사모하라 이는 그로 말미암아 너희로 구원에 이르도록 자라게 하려 함이라"(벧전 2:2). 기도사역자들과 영적 부모들은 다만 이들의 성장을 조절해 주는 역할을 맡았을 뿐이다(엡 4:11-12).

사람이 성장하는 것은 우리 손에 달려 있지 않다. 하나님께서 성장시키신다. 하나님은 주로 말씀을 통해 이 일을 행하신다. 관심이나 애정, 기타 무슨 일에서든 우리는 하나님의 자리를 대신하지 않기 위해 늘 조심해야 한다. 우리의 영적 자녀는 무엇보다 먼저 하나님과의 관계를 잘 설정할 수 있을 만큼 자유로워져야 한다. 우리는 그저 옆에 있어 주면 된다. 그것만으로도 충분하다.

LETTING GO OF YOUR PAST

Chapter 2

당신은 결코 부모의 아버지나 어머니가 아니다

의인의 아비는 크게 즐거울 것이요 지혜로운 자식을 낳은 자는 그로 말미암아 즐거울 것이니라 네 부모를 즐겁게 하며 너를 낳은 어미를 기쁘게 하라 (잠 23:24-25)

또 아비들아 너희 자녀를 노엽게 하지 말고 오직 주의 교훈과 훈계로 양육하라 (엡 6:4)

당신은 결코 부모의 아버지나 어머니가 아니다

2

우리는 '부모 전도'(parental inversion)라는 용어를 다음과 같은 상황을 묘사할 때 사용한다. 부모 중 어느 한쪽 혹은 양쪽 모두가 미성숙하거나 무능력하여, 부모(들)를 위한 부모 역할의 책임을 자녀가 떠맡고 있는 경우이다. 이러한 모습은 하나님께서 제정하신 질서와는 위배된다. 자녀에게 안전한 가정을 제공해 주는 일은 부모들 각자가 감당해야 할 책임이다. 부모가 제공하는 안전한 가정 안에서 자녀는 마음껏 자녀로서의 삶을 누릴 수 있다. 부모들이 자녀들을 돌봐야지, 그 반대가 되어서는 안 된다. 자질구레한 가사일이나 여러 가지 책임감들을 지워 주는 것이 효과적인 자녀교육 수단이 될 수 있다. 그러나 가족을 돌볼 책임은 부모가 감당해야 할 몫이다.

가족에 대한 부담을 자녀들에게 전가시키는 일은 없어야 한다. 이와 마찬가지로, 자녀들에게 부모를 사랑하고 축복하라고 가르치는 것은 훌륭한 일이다. 그러나 부모가 자녀를 의지할 대상으로 삼거나 온갖 비밀을 터놓는 막역한 친구로 삼으려는 태도는 허용될 수 없다. 우리 삶 속에 이런 식의 전도와 대체가 스며들어온 지점이 어디이든지, 우리는 과거 가운데 이러한 이슈들을 식별해 내고 반드시 이를 놓아 보내야 한다. 그럴 때 비로소 우리는 하나님께서 우리를 위해 마련해 두신 영광 안으로 들어갈 수 있다.

그동안 우리가 지켜보며 깨닫게 된 사실이 있다. 오늘날의 아이들은 스스로가 쓸모없는 존재라는 느낌을 지나치게 자주 받는다. 노동력을 절감해 주는 설비들이 등장하면서, 이전까지만 해도 필수적이었던 가정 내의 자질구레한 일들이 점점 사라지고 있다. 결국 우리의 자녀들은 인생에 있어 가장 위대한 행복의 비밀을 터득할 기회를 그만큼 놓치고 있는 셈이다. 다른 이들을 섬기기 위해 자신의 목숨을 내려놓는 법을 배운 자야말로 가장 행복한 사람이다.

어떤 이들은 부모 전도가 얼마나 해로운지에 대해서도 잘 이해하지 못한다. 우리에게 사역을 받는 이들 중에는 매우 자랑스러운 태도로 종종 자신이 어린 시절에 가족들로부터 도움을 요청받을 때마다 얼마나 큰 영향력을 발휘했는지를 들려주곤 한다. 물론 이 모든 것이 훌륭하고 바람직하다. 이기적이고 마지못한 태도로 인해 실패하느니, 차라리 문제점은 있어도 아이가 과도하나마 섬기는 자세를 보여주는 편이 훨씬 낫다. 그럼에도 불구하고 여전히 죄는 죄이다. 우리가 사람들을 해방시켜 주기 위해서는 이 사실을 직시하도록 도와주어야 한다.

제아무리 섬김이 고상하다 해도 사람의 마음이란 결코 순수한 게 못 된다. 관련된 가족 구성원들 모두가 즐거워하고, 도움을 받았을 수도 있다. 또한 우리 주님은 부모에 대한 존경을 섬김으로 표현하려는 우리에게 보상해 주기를 원하실 수도 있다. 그러나 우리의 온갖 행위들이 지니는 죄악 된 측면은 반드시 열매를 거둬들이기 마련이다. 이러한 사실은 우리가 십자가를 통과함으로써 변화되어 자유케 되기 전까지는 변함이 없다. 하나님은 섬기는 자에게 보답해 주시고 파멸을 막으시려고 독생자 아들을 보내 주셨다. "하나님은 불의하지 아니하사 너희 행위와 그의 이름을 위하여 나타낸 사랑으로 이미 성도를 섬긴 것과 이제도 섬기고 있는 것을 잊어버리지 아니하시느니라"(히 6:10).

부모 전도가 죄악인 한, 기본적으로 부모 전도에는 실패한 부모에 대한 경멸이 수반된다. 자식이 부모를 존경하고 칭찬하려고 노력하는 모습은 바람직하다. 동시에 이런 자식의 마음은 실망과 상처, 판단과 원한, 경멸로부터 온전히 자유로울 수는 없다. 부모가 함께 있어 주면서 실패했든지 혹은 함께 있어 주지 못함으로써 실패했든지 간에, 자녀는 권리 침해라는 죄를 거의 모면할 수 없다. 이 자녀는 지금 다른 사람이 감당해야 할 기능들을 대신 떠맡고 있다. 이로써 의도했든지 아니든지 간에 남의 권리를 빼앗는 위치에 앉게 되었다.

한편 이 일은 하나님에 대한 불신이라는 죄도 피할 수 없다. 자녀들은 부모라는 안경을 통해 하나님을 본다. 그러므로 의식적이건 무의식적이건 자녀가 갖는 하나님의 이미지는 실패한 부모의 모습을 닮아가기 시작한다. 바로 이 순간 이후부터 자녀는 하나님께서 하나님의 보좌에 앉아 계시다는 사실을 진실한 마음으로 신뢰하기 어려울 수도 있다. 이제 이 자녀가 확고하게 붙들고 있지 않는 한, "아마 세상은 산산조각 나 버릴지도 모른다."

부모 전도는 아이에게서 아이다움을 빼앗아간다. 부모 전도로 말미암아 아이들은 쉼의 능력을 상실한다. 이후로 계속해서 아이는 쉼을 강탈당한다. 부모가 안전을 제공해 주긴 하지만, 부모가 싸우거나 무언의 긴장감들이 가족 구성원들 사이에 감돌고 있을 경우, 하나 혹은 그 이상의 자녀들이 가족들을 하나로 결집시키기 위해 책임을 짊어지려 할 수도 있다. 일단 이러한 태도가 자녀의 마음속에 정착되면, 이런 자녀는 어딜 가든 두려움에 가득 차서 인생을 통제하려는 부적절한 시도를 할 것이다.

또한 이런 성인은 사람들이 문제를 해결할 때까지 건강하게 싸우는 모습마저도 허용하지 못한다. "저는 사람들이 싸우는 모습 자체를 그냥 참으며 지켜볼 수가 없어요. 이 문제를 어서 해결해 버립시다." 이들은 온갖 종류의 싸움을 너무 조급하게 말리려고만 한다. 이들은 문제 상황을 말끔한 해결로 인도해 주는 건강한 의견불일치조차 믿지 못한다. 이들이 문제들을 대충 얼버무리려 하거나 혹은 지나칠 정도로 강하게 통제하려 한다면, 결국 그 어떤 문제도 완전한 해결에는 이르지 못하고 만다. 이들은 충동적으로 중재자 역할을 자처하고 있는지도 모른다. 이들의 죄악은 마태복음 5장 9절에 나오는 팔복을 가장하고 있다. 다른 이들은 이들의 모습을 칭찬함으로써 이들의 죄악을 영속화시켜 줄 수도 있다. 중재자 역할을 감당하는 모습 이면에 숨겨진 진실은 깨닫지 못한 채 말이다.

부모 전도 VS 성취지향

만일 당신이 가정 안에서 부모 전도(parental inversion: PI)를 경험한 사람이라면, 자신이 마치 성취지향(performance-oriented: PO)과도 매우 유사하게 지나치게 많은 일을 하려거나 과도하게 성취하려 하고 있음을 발견하게 될 수도 있다. 당신이 이렇게 하는 것은 단지 외부적 요인으로 인한 잘못된 동기 때문이다. 당신이 섬기는 목적은 인정과 사랑을 받기 위함이고, 두려움과 혼동으로 가득 찬 세상으로부터 스스로를 보호하기 위함이다.

당신이 만일 PI에 해당하는 사람이라면, 당신은 너무도 분주해진 나머지 아마 다음과 같은 말을 입에 달고서 살아갈 것이다. "아이고, 그 일은 차라리 제가 하는 게 낫겠어요." 당신이 이렇게 말하는 데는 이유가 있다. 당신은 다른 이들이 각자 주어진 역할을 책임 있게 감당하거나 과업들을 제대로 처리할 것이라고 믿지 못한다. 결과적으로 당신은 일종의 고상한 순교자가 되기 시작할 수 있다. 그러나 당신의 태도는 당신의 주변에 있는 모든 이들에게 대하여 실제로는 무의식적인 모욕이다. 이러한 모욕과 무시의 뿌리는 마땅히 해야 할 일을 하지 않았던 당신의 부모에 대한 무의식적 분노에 있다.

그동안 우리가 목격해 온 사실이 있다. 어떤 이들은 도움을 베풀되 상대방으로 하여금 존경받는다는 느낌이 들게 해주는데, 반면에 또 어떤 이들은 자신이 마치 순교자라도 된 듯 요란스럽게 도움을 베풂으로써 상대방으로 하여금 모욕과 굴욕감을 느끼게 만든다. 대체로 이런 사람들이 PI에 해당한다.

만일 당신이 PI에 속하는 사람이라면, 휴가를 떠나서든 어디를 가서든 잘 쉬지를 못한다. 나 역시도 PI 중의 하나였다. 휴가차 떠난 야영지에서조차 도착하여 5분이 지나면, 나는 으레 누군가 내 도움을 받을 만한 사람이 없나 하여 주변을 어슬렁거리곤 했다. 이것이 바로 꼬박 1년 동안 사람들을 돕는 일에 보내고 난 직후의 내 모습이었다!

가정에서 당신은 단 한순간이라도 경계를 늦추지 않아야 한다는 법을 배웠을지도 모른다. 혹시라도 충동적이고 무분별한 행동을 저질러서 이미 지칠 대로 지친 결혼생활에 최후의 하중을 더하는 일은 없어야 하기 때문이다. 어린 시절 당신은 아마 다른 아이들처럼 자유롭게 심술도 부리고 다소 소란스러움도 피우는 경험을 해볼 수 없었을 것이다.

당신은 자신에 관한 특정 사실들에 관해 '고난의 학교'에서 어리석음을 통하여 경험적으로 터득할 기회를 박탈당했다. 당신은 통제를 당하며 살아야 했다. 그러나 실제로 당신에게 필요했던 것은 자기통제였다. 자기통제는 더디게 진행되는 시행착오의 과정과 내면의 결심을 통해 얻어지는 것이다. 불안정한 가정 안에서 결과에 대한 두려움 때문에 외부의 강요를 받아 이루어지는 통제가 필요했던 것은 아니다.

아마 당신은 집안에서조차 편히 쉬거나 원기를 회복하지 못하는 자신의 모습을 발견하게 될 수도 있다. 어린 시절 당신에게 있어 가정은 긴장으로 가득 찬 곳, 긴장으로 인해 상호 간에 정서적인 책임을 계속해서 요구하는 곳이었다. 뿐만 아니라 당신의 가정은 자신과 다른 이들을 계속해서 통제하려는 시도가 이루어지는 곳이었다. 당신의 마음에서 "그런 자의 남편의 마음은 그를 믿나니"(잠 31:11)라는 말씀이 이루어진 상태로까지 성숙하는 법을 배우려면 다소 시간이 걸린다. 쉼은 고독이나 재미, 장난과 동일한 취급을 받으면서 가정에서 사라져 버렸다.

이제 당신은 인생에서 일차적인 관계 가운데 살아가는 사람들 사이에서 쉼을 발견하는 법을 배워야 한다. 이는 당신 스스로가 훈련을 통해 이루어야 할 과제이자 큰 부담이다. 당신이 다른 이와 함께 있으면서 쉰다는 것은 애초부터 불가능하다. 당신은 어린 시절 가정에서부터 이런 것을 배워본 적이 없다. 오히려 당신은 자신이 끊임없이 남을 돌봐주려 하고 있음을 발견한다. 그래야만 당신은 그들과의 안전한 심리적 거리를 효과적으로 확보할 수 있기 때문이다.

폴라는 성취지향적인(PO) 사람이었다. 이에 반해 나에게 있어 PI는 쉽사리 떨쳐버릴 수 없는 죄악이었다. 나의 아버지는 대부분의 시간을 자녀들과 함께 보내지 않으셨다. 온화하고 친절하긴 하셨지만, 강해지지도 못하셨고 우리와 함께 있어 주시는 일에도 크게 실패하셨다. 이런 모습은 해가 갈수록 더욱더 심각해졌다. 나는 점점 더 많은 책임을 떠맡았다. 어머니와 누이동생, 남동생을 위해 나는 강해져 가고 있었다. 정원을 가꾸는 일, 가축우리를 지키는 일, 젖소, 닭, 과수원, 애완동물들을 돌보는 일은 내 몫이었다.

최근에 나는 아주 충격적인 사실을 듣게 되었다. 나보다 열 살이나 어린 남동생인 프랭크가 나에 대한 분노의 감정을 품은 채로 살아왔다는 사실이었다. 그의 대리 아버지 노릇을 하던 내가 대학 진학을 위해 자신을 떠나간 것이 그 이유였다. 보다 최근에 나의 여동생으로부터 들은 이야기는 이보다 훨씬 더 충격적이었다. 나와는 겨우 네 살밖에 차이 나지 않는 마사 제인도 프랭크와 동일한 이유로 나에게 화가 나 있었다. 나는 절규하고야 말았다. "오, 주님! 세상에 도대체 제가 어쩌다가 이런 위치에 들어앉게 되었단 말입니까?" 나는 내가 아버지의 자리를 빼앗고 있었음을 또다시 회개했고, 다시 한 번 가족의 구원자 자리에서 물러났다.

이제껏 주님은 비록 서투르게나마 남을 섬기려는 나의 노력들에 대하여 칭찬해 주셨고 복을 베풀어 주셨다. 그러나 동전에는 반드시 양면이 있다. 위에서 나열한 온갖 증상들과 여기에 언급되지 않은 그 이상의 것들까지도 모두 나에게 해당된다. 지금 주님은 나를 강박적인 섬김으로부터, 또한 나의 집에서조차 쉼을 얻지 못하는 모습으로부터 자유케 해주고 계신다.

하나님은 우리의 엘리야의 집 사역을 주님의 재림에 대비하여 주님의 가족을 준비시키는 일에 사용하기를 원하신다. 그러나 내가 주님의 가족의 머리가 주님이심을 전적으로 신뢰하지 못하는 모습에서 온전히 죽지 않는 한, 나의 섬김은 어쩔 수 없이 주님의 주권 혹은 아버지 되심에 대한 경멸로 인해 오염될 수밖에 없다.

한때 나를 통해 사역을 받았던 한 사업가가 있었다. 그는 자신이 그동안 왜 그토록 고군분투하며 살아와야 했는지를 깨닫기 시작했다. 그의 아버지는 술주정꾼에 노름꾼이었다. 열 살 소년시절부터 그는 가족들을 위해 밖에 나가 돈을 벌어야 했다. 가족들을 부양하기 위해 모든 면에서 열심히 노력했다. 바로 그 무렵 이후부터 그는 모든 사람들을 강박적으로 돌봐주려는 사람으로 변해 갔다. 고용인들, 친구들, 아내, 자녀들, 교회, 하나님 등, 그가 돌보려는 대상에는 사람과 사물을 불문하고 한계가 없었다.

그는 길에서 만나는 모든 문제들과 온갖 펑크 난 타이어들까지도 돌봐주려는 강박적인 선한 사마리아인이었다. 자기 자신만을 위하여 뭔가를 구입하여 즐길 때면, 으레 과도한 죄책감에 사로잡혔다. 소년시절부터 그는 가족들을 안전하게 지켜 주기 위해 자신이 모든 것을 베풀어 주겠다고 굳게 다짐했다. 그는 끊임없이 뭔가를 행해야 했다. 그의 가족들과 다른 모든 이들은 이미 오래전부터 스스로를 책임질 수 있게 되었음에도 불구하고 말이다.

이보다 더 안타까운 사실이 있다. 그의 어머니는 오래전부터 그를 통제하는 법을 터득하고 있었다. 그녀는 단순히 그에게 죄책감을 불러일으킴으로써 그가 결국은 불필요한 봉사까지 하도록 부추겼다. 섬기기 위해서라면, 또한 아버지처럼 실패하지 않기 위해서, 그는 무슨 일이든 시키는 대로 다 해냈다. 그가 고용한 사람들은 그에게서 평균 이상의 높은 임금을 뜯어냈다. 뿐만 아니라, 터무니없는 약속들이기에 그가 지키지 못했을 경우에는 불쾌해 하면서 비난을 퍼부었다. 치유 과정을 거치면서 그가 깨달은 것은 자신이 온 세상의 짐을 혼자서 짊어질 필요가 없다는 점이었다.

당신은 이상에 소개한 이야기가 바로 당신의 이야기임을 알겠는가? 당신 역시 부모를 대신하여 부모가 된 자임을 인정할 수 있는가? 그렇다면 이제는 온 우주의 총지배인의 위치에서 내려오기 바란다. 하나님은 당신의 도움 없이도 만사를 잘 꾸려 나가시는 분임을 억울하더라도 흔쾌히 받아들이기 바란다! 당신의 영이 이 사실을 자동적으로 취하기 전까지, 아마 당신은 이 과정을 여러 차례 되풀이해야 할지도 모른다.

당신은 다른 형제자매들과의 관계에서 잘못된 위치를 점하고 있었음을 발견하게 될 수도 있다. 내가 그랬듯이 말이다. 이렇게 되면 올바른 관계는 가로막히고 침해를 당한다. 누군가는 그 일을 해야 한다는 사실에 대해 조금도 괘념치 말라. 어떤 면에서 보자면, 무슨 일이든 그 일의 적임자가 그 일을 행하지 않는 것은 손해를 초래한다. 그러나 이에 못지않게 올바른 일을 적절치 못한 사람이 행하는 것도 동일하게 손해를 가져온다.

당신이 가진 문제의 해결책이 무엇인지 아는가? 회개하고 하나님의 용서를 받아들이는 일이다. 만일 당신이 어린 시절 위에 언급된 일들을 경험한 적이 있다면, 예수님의 보혈이 당신의 마음에 있는 원한들을 말끔히 씻어 주실 것이다. 주님의 완전하신 사랑은 지나치게 고군분투하도록 당신을 부추겨 온 은밀한 두려움들을 몰아내 주실 것이다. 나아가 십자가는 부차적으로 형성된 분주함, 자기를 고통스럽게 하는 순교자적인 태도, 통제하기, 남을 무시하기 등과 같은 구조물들을 죽음에 처하게 만들어 줄 것이다. 이러한 '행위들'(골 3:9를 참조하라)은 모두 표면화시켜 하나씩 하나씩 다뤄져야 할지도 모른다. 혹은 보다 깊은 근본 뿌리가 처리됨에 따라 쉽게 죽거나 시들어 버릴 수도 있다. 하나님 아버지의 임재가 당신의 지친 마음, 남을 신뢰할 줄 모르는 마음을 치유하고 회복시켜 주신다.

대리 배우자

부모 전도에 이어 훨씬 더 혼란스럽고 손상을 초래할 수 있는 두 번째 상황이 있다. 아마 당신은 한쪽 부모가 신체적 건강이나 정신적 건강, 중독 등으로 인해 실패한 가정에서 자라났을지도 모른다. 당신의 부모가 집을 나갔을 수도 있고, 당신이 아주 어렸을 때 이미 돌아가셨을 수도 있다. 당신은 부모의 빈자리를 채우기 위해 여러 조치들을 취하며 살아왔는지도 모른다. 대부분의 가정에서는 이런 상황에서 남아 있는 한쪽 부모 혹은 여전히 기능하고 있는 한쪽 부모를 위해 상대편 성역할을 담당하는 사람은, 대체로 자식들 중 맏이나 가장 예민한 자녀이다.

당신은 나이 어린 소년시절부터 이미 가족들을 부양할 책임을 떠맡아 왔을 수도 있고, 어머니를 위한 절친한 친구 혹은 어머니가 의지할 만한 힘이 되어 주고 있었는지도 모른다. 만일 당신이 여자아이였다면, 일하러 나가시는 아버지를 위해 점심 도시락과 옷을 준비하는 일에 일찌감치 익숙해졌을 수도 있다. 당신은 어린 동생들을 위해 양육자가 되어야 했을 수도 있다.

간단히 말해서, 어느 정도이든 당신은 아버지나 어머니를 대신하여 가정을 꾸려 가는 일에 이미 동참하고 있었는지도 모른다. 이러한 상황은 당신을 일종의 배우자의 위치로 끌어들인다. 물론 잠자리를 같이하는 건 아니더라도 말이다. 고의적으로 바라거나 예상하지는 못했어도, 당신과 당신의 부모 사이에는 마치 배우자 간에 흐를 수 있을 법한 숙련되고 의미심장한 뉘앙스를 지닌 감정들이 보이지 않게 오간다. 이러한 현상들은 각자가 처한 입장으로 인해 야기된다.

당신의 어머니는 아들인 당신에 대해 단 한 번도 성적인 생각을 해 본 적이 없을지 모른다. 그렇더라도 만일 당신이 그 자리에 있다면, 당신이 그런 자리에 있는 것만으로도 두 사람 사이에는 자극들이 오가게 된다. 또한 당신도 당신의 어머니에 대해 성적인 생각은 결코 해본 적이 없을 수 있다. 그럼에도 불구하고 당신은 부적절한 감정이나 자극들을 무의식적으로 발산하고 있었다.

무의식 깊은 곳 어딘가에서 당신은 다음과 같이 생각하고 있었을 것이다. '이분은 나의 어머니야. 어머니에 대해 그런 감정을 느끼거나 그런 식으로 생각해서는 안 돼.' 혹은 이미 그런 감정들을 느끼고서는 의식적으로 그것들을 거부하고 있었을 수도 있다. 그 결과 당신 속에는 자꾸만 물러나려 하고 그만두려는 태도가 마음속에 일종의 패턴으로 형성된다.

당신은 현재 아마 매우 모범적인 남편인지도 모른다. 당신은 책임지는 존재가 되는 법에 대하여 훈련받았고, 아내에게 어떤 식으로 힘이 되어줄 수 있는지도 잘 알고 있다. 그러나 위에서 묘사한 바와 같은 가정에서 자라난 수많은 사람들에게 발생할 수 있는 상황이 있다. 어느 날 갑자기 이유도 없이 자신의 아내와 사랑을 나눌 수 없게 되는 일이다. 결코 몸에 문제가 있는 것이 아닌데도, 그냥 단순히 흥미를 상실해 버린다. 뭔가 방해물이 존재하는 것이 분명하지만, 그 정체가 무엇인지는 상상조차 되질 않는다. 이 방해물은 다름 아닌 내면에 구조화된 잠금 기제로서, 대체로 아내가 어머니가 되는 순간 활성화된다. 이후로 이러한 잠금 기제는 투사-동일시 과정들에 의해 활성화된다.

한 젊은이가 나를 찾아왔다. 그는 온통 좌절감에 휩싸여 당황스러워하고 있었다. 그에게는 사랑하는 아름다운 아내가 있었다. 아내와의 성관계는 더할 나위 없이 즐겁고 만족스러웠다. 그런데 지금 그는 아내를 가까이하고 싶은 마음이 도무지 들지 않았다. 자신이 아내를 '너무 지나치게 존경'하는 것은 아닌가 하는 생각만 계속해서 들었다. 그러나 그가 평소 섹스에 관해 가지고 있는 견해에 비추어 보거나 이제껏 아내의 몸을 얼마나 자유롭게 즐겨 왔는지를 고려해 볼 때, 이런 생각은 조금도 타당성이 없었다.

대화를 나누던 중 그의 사랑스런 어머니가 그의 사춘기 시절에 이혼을 하셨다는 사실이 드러났다. 그는 강해지려고 애를 썼고 어머니를 보호해 주고 싶었다. 어머니의 미모가 그에게 영향력을 미쳤다. 이야기를 나누는 동안 그는 자신이 어머니를 향해 드는 감정들을 차단해야만 했던 것을 기억해 냈다. 단순히 우리는 그 소년이 혼란스런 감정들을 품었던 것에 대해 용서를 해주었다. 그리고 이제껏 그를 장악해 왔으나 더 이상은 불필요해진 그 낡은 차단구조가 파쇄되도록 명령했다. 또한 그가 아내를 어머니와 동일시하는 것에서 자유케 되도록 명령했다.

얼마 후 그와 그의 아내가 몹시 기뻐하면서 편지를 보내 왔다. 그녀는 남편을 되돌려 줘서 정말 감사하다고 하였다. 그 방해물은 두 번 다시 반복되지 않았다. 주님께 모든 영광을 돌린다.

이와 동일한 일들은 그 밖의 다른 상황에서도 얼마든지 발생할 수 있다. 당신은 사별한 어머니, 병약한 어머니, 단순히 어머니 역할에 실패한 어머니를 둔 딸일 수도 있다. 당신은 집안 청소, 장보기, 음식 장만하기, 빨래하기, 나이 어린 동생들 치다꺼리하기 등 온갖 집안일을 도맡아 해왔는지도 모른다. 당신 역시 앞의 사례에 언급된 남성과 같이, 일종의 배우자처럼 혼란스럽고 무의식적인 감정들과 결과들을 내포한 위치에 놓여 있었을 수도 있다.

그러나 이러한 현상들이 비단 반대 성을 가진 이들의 관계에서만 나타나는 것은 아니다. 딸이 어머니를 돕기 위해 아버지의 자리에 들어앉을 수도 있고, 아들이 아버지를 돕기 위해 어머니의 자리에 들어앉을 수도 있다. 이런 경우에도 혼란스러움은 얼마든지 산적해 있다. 이들이 행동하고 있는 위치 자체가 이미 아동들이나 십대들에게는 부자연스런 영역이기 때문이다.

어머니의 남편 역할을 감당해 온 소녀는 지나치게 사내다워지거나, 또는 가정을 꾸려 가는 일에 너무 익숙해진다. 이로 인해 그녀는 후일 자신의 남편이 가정의 머리 됨을 인정하는 일에 어려움을 겪는다. 소년의 경우에는 아내가 해야 할 역할에 익숙해진 나머지, 결혼 이후에도 무의식적으로 아내의 역할들을 수행하려고 애쓰게 된다. 결국 그의 아내는 혼란과 착각에 빠져 아내로서의 역할을 권위 있게 해내지 못하고 만다.

부모를 신체적으로 돌보는 것보다 훨씬 더 치명적이면서도 자주 일어나는 일이 있다. 그것은 부모를 정서적으로 돌보는 일이다. 만약 당신의 부모가 건강치 못하거나 쇠약하다면, 그들은 당신을 마치 자신의 고통을 완화시키기 위한 위안의 수단이나 위로자, 혹은 막역한 친구처럼 이용해 왔을 수도 있다. 이러한 태도가 당시에는 선해 보였을 수 있다. 또한 부모들은 자신의 행동이 자녀에게 어떤 손상을 끼치고 어떤 결과를 초래할지에 대해서는 전혀 무지했을 것이다. 아마도 이들은 자신들의 부모가 남겨 놓은 공백을 메우기 위해, 무수히 많은 조종의 책략들을 당신에게 사용해 왔는지도 모른다.

예를 들면, 당신의 부모들은 스스로 보호받을 목적으로 당신을 구속해 왔을 수도 있다. 그들은 죄책감을 수단으로 하여 당신으로부터 감사와 사랑을 강요해 왔는지도 모른다. 그들은 다음과 같이 말했을 수 있다. "어찌 됐든 너를 위해 하는 일이니, 내가 이 정도의 감사는 받아야 하지 않겠니?"

그들은 당신의 칭찬을 받아내기 위해 스스로를 비하했을 수도 있다. 그들은 말로 요청하지 않고서도 자신이 원하는 바를 당신이 쉽게 알아차려 주기를 기대했을 수도 있다. 그리고 그들이 원하는 바를 당신이 모르기라도 하면, 마치 제정신이 아닌 사람처럼 되어 버리곤 했을지도 모른다. 그들은 자신이 마치 순교자인 양 다음과 같이 말했을 수도 있다. "넌 나가서 즐거운 시간 보내라. 나는 그냥 혼자서 집이나 지키고 있으련다."

당신의 부모는 당신에게 정체성을 부여해 주기는커녕, 오히려 당신의 정체성을 자신들의 정체성 안에 삼켜 버렸을 수도 있다. 그들은 당신 스스로의 힘으로 감당해야 했을 일을 대신 해주었을 수도 있다. 그리고는 당신이 항의하는 기색이라도 내비치면 당신에게 상처를 주는 행동으로 대응했을지도 모른다. 당신의 부모는 명확한 자기 감각을 갖지 못한 채, 자신들이 하는 모든 일들에 대해 당신이 지지해 주기만 요구하였을 수도 있다. 그들의 개인적인 취향들이나 의견들을 그대로 흉내내 주기를 바라면서 말이다. 나아가 당신이 그들과는 다른 견해나 좋고 싫음을 표현하기라도 하면, 그들은 마치 배반당했다고 느꼈을 수도 있다.

  부모 전도는 훈육을 왜곡시켜 버린다. 전도된 부모는 무례한 행동을 개인적인 모욕으로 받아들일 수 있다. 이들은 지나치게 분개함으로 과잉 반응을 나타내면서 다음과 같이 말할지도 모른다. "네가 나한테 어떻게 이럴 수가 있단 말이냐!" 이들은 토라지거나 상처를 주는 방식으로 행동함으로써 당신을 징벌할지도 모른다. 이들은 위로를 원하면서도 동시에 이를 거절한다. 혹은 이들은 완전히 무시하기 작전을 사용할 수도 있다. 무시하기 작전이란 체벌을 가하는 대신 쫓아내는 방법이다.

  심지어 당신의 부모가 당신을 위로해 주려는 노력들조차, 당신을 고려하기보다는 오히려 자기 자신을 고려한 것이었을 경우가 많다. 아마 그들은 당신이 가진 문제들 때문에 너무 지쳐 버렸다고 느끼고 있었을지도 모른다. 그리하여 오히려 당신이 그들을 위로하기 위해 자신의 상처를 내려놓아야 했을지도 모른다.

  물론 당신의 부모는 이상에 언급한 술책들을 한 번도 구사해 본 적이 없는 분들이었을 수도 있다. 그렇다 할지라도 당신이 매우 민감하고 짐 지기에 능숙한 아이였다면, 당신은 부모의 고통을 감지하고 이를 도와주려 함으로써 부모 전도가 초래될 수 있다. 한 여자아이가 있었다. 그녀의 부모는 아이가 발달단계에 따라 성취한 일들에 대하여 박수를 치며 칭찬해 주었다. 그러나 아이는 자신이 저지른 실수들에 대해서는 부모가 은밀하게 당황스러워하고 있음을 감지했다. 결국 그녀는 부모가 당황스러워하는 일이 없도록 보호하기 위해, 이후로는 창조적인 시도가 드러나려 할 때마다 이를 억압해 버리곤 했다.

이 모든 일의 결과로 인해 당신의 어린 시절은 노략질당하고 만다. 당신은 아이가 되어 본 적이 없었다. 무슨 일이 있어도 당신은 어른의 세계가 내부로부터 파열되는 일을 막기 위해 강해져야 했다. 그동안 당신은 어른들을 만족시켜 드리기 위해 이용당한 것에 대한 분노와 원한과 상처의 가마솥을 억누른 채 지내 왔는지도 모른다. 당신이 계속해서 강해 보여야 했기 때문이다. 당신은 사람을 미칠 지경으로 만들어 놓는 부모의 메시지를 이해해야 했다. 당신은 이로 인한 혼동의 소용돌이를 다른 사람이 알아차리도록 내버려둘 수는 없었다. 당신 자신조차도 이 사실을 알아서는 안 되었다.

당신은 자신이 뭔가를 필요로 하도록 허용할 수가 없었다. 당신은 오직 주는 자가 되어야만 했다. 혹여 당신이 뭔가를 받는 일을 허용(혹은 요구)한다면, 이는 당신의 부모로 하여금 당신에게 베풂으로써 좋은 기분을 느끼도록 해주기 위함이었다. 이때 당신이 부모로부터 받은 메시지는 다음과 같다. "내가 훌륭한 부모라는 사실을 네 반응을 통해 내게 보여 다오." 간단히 말해, 당신은 부모로부터 부모의 자존심을 채워 달라는 요청을 받고 있었다.

이제 우리는 치유를 위한 기초 다지기 작업을 하려고 한다. 그런데 이를 위해 당신이 지불해야 할 대가가 있다. 당신은 자신의 어린 시절이 혼동 가운데 처해 있던 세상이었음을 인정해야 한다. 또한 실제로는 그 어린 시절이 당신의 생각만큼 그다지 통합적이지 못했다는 사실도 인정해야 한다. 당신은 과거뿐 아니라 현재에도 여전히 혼란스러워 하고 있음을 인정해야 한다. 당신이 타인과 자신 사이의 경계선을 구분하는 법을 배워야 한다는 사실도 인정해야 한다.

이보다 훨씬 더 깨닫기 힘든 것이 있다. 그것은 당신이 (과거에도 그랬고) 현재에도 억압된 감정들로 가득 차 있다는 사실이다. 당신은 이러한 감정들을 자신의 약한 부분이라고만 여겨 왔었다. 당신은 이상의 모든 문제들을 해결하려면 도움이 필요하다는 사실을 발견하게 될 수도 있다. 개방적이고 솔직하며 성숙한 그리스도인 친구나 기도사역자로부터의 확증이 당신에게 유익이 될 것이다.

치유의 전 과정을 통과하는 동안 당신은 인내해야 한다. 수치나 두려움 없이 당신이 실제로 느끼는 것을 느낄 수 있고, 당신이 진실로 생각하는 것을 생각할 수 있게 될 때까지 말이다. 당신은 진정한 자신이 되기 위해 과감히 시간을 투자하기라도 하면, 세상이 산산조각 날지도 모른다는 두려움을 떨쳐 버려야 한다.

당신의 과거를 치유하라

당신의 성장과정도 지금까지 언급된 여러 가지 상황들 중 하나 혹은 그 이상에 해당될지도 모른다. 그러나 당신이 일단 깨닫기만 한다면,

이러한 문제들은 기도로써 쉽게 해결될 수 있다. 과거의 낡은 틀에서 빠져나올 수 있도록 주님께 간구하라. 그리스도 안에서 발견한 새로운 정체성이 당신 안에 확립되도록 기도하라. 전혀 새로운 자기(self)를 이룩하려고 애쓰지 말라. 다만 옛 정체성으로부터 부활한 새로운 정체성을 발견하고 이를 축하하라. 당신을 새롭게 만드시기 위해 주님께서 행하시는 일들에 대해 감사와 찬양을 돌리라. 주님은 당신이 가진 가장 중요하고도 깊은 상처, 곧 하나님 아버지를 신뢰할 수 있는 능력의 결핍을 치유해 주신다.

부모 전도 및 대리 배우자의 개념은 간단하다. 이러한 패턴들이 마음속에 어떤 식으로 형성되는가를 이해하기는 어렵지 않다. 그러나 일단 이것들이 확고히 정착된 다음에는 극복하는 것이 그리 수월치만은 않다. 당신 자신의 치유를 위해서는 확고한 자세를 취하여야 한다.

당신의 부모에 대한 책임을 떠맡는 일을 죄를 미워하듯 미워하기란 쉽지 않다. 심지어 부모를 책임지는 것은 인생에서 가장 고귀한 개념으로 간주되어 왔을 정도가 아니던가? 인생의 온 목적이 부모를 섬기는 일에 투자되고 있을 수도 있다. 부모를 섬기는 일의 정당성은 성경에서도 수천 번에 걸쳐 확인되고 있다. 성경은 "사람이 친구를 위하여 자기 목숨을 버리면 이보다 더 큰 사랑이 없나니"(요 15:13)라고 말씀하고 있지 않은가! 다음과 같은 성경 구절도 있다.

> 이에 의인들이 대답하여 이르되 주여 우리가 어느 때에 주께서 주리신 것을 보고 음식을 대접하였으며 목마르신 것을 보고 마시게 하였나이까 어느 때에 나그네 되신 것을 보고 영접하였으며 헐벗으신 것을 보고 옷 입

혔나이까 어느 때에 병드신 것이나 옥에 갇히신 것을 보고 가서 뵈었나이까 하리니 임금이 대답하여 이르시되 내가 진실로 너희에게 이르노니 너희가 여기 내 형제 중에 지극히 작은 자 하나에게 한 것이 곧 내게 한 것이니라 하시고 (마 25:37-40)

본문에 언급된 형제로서 우리의 부모만큼 합당한 자가 또 어디 있겠는가? 우리의 인생 전체가 섬김에 대한 헌신으로 일관되어 왔었다. 그러니 이러한 섬김을 죄로 여긴다는 것이 얼마나 힘든 일이겠는가? 우리의 섬김이 잘못되었다고 말하자는 게 아니다. 결코 잘못되지 않았다. 하나님은 우리의 섬김에 대해 보상해 주기를 원하신다. 그런데 문제는 우리의 동기이다. 섬김에 대한 우리의 동기가 순수하지 못했다. 섬김으로 인해 초래된 해악의 정도가 유익의 정도를 훨씬 능가하게 된 것도 동기의 불순함 때문이었다.

주님은 우리에게 이런 그릇된 동기를 죽음에 처하라고 촉구하신다. 이는 유익한 죽음이다. 우리의 섬김은 여전히 지속될 것이다. 하나님은 이로 인해 우리를 사랑하신다. "너희는 내가 명하는 대로 행하면 곧 나의 친구라"(요 15:14). "예수께서 대답하여 이르시되 사람이 나를 사랑하면 내 말을 지키리니 내 아버지께서 그를 사랑하실 것이요 우리가 그에게 가서 거처를 그와 함께하리라"(요 14:23).

우리가 처할 죽음이란, 우리의 섬김 중에서 썩어질 육신의 의지를 죽이고 소멸시키는 것을 의미한다(벧전 1:24). 나의 노력이 죽어진 이후에라야, 비로소 성령께서는 내가 무엇을 해야 할지를 일러주시고 점검해 주실 것이며, 우리는 더 이상 육신의 충동에 따라 행하지 않게 될 것이다.

부모 전도(PI) 및 대리 배우자는 결코 간단한 사고방식이 아니다. 이것들은 습관구조(habit structure)이다. 기도는 갈등을 종결짓는 것이 아니라 오히려 갈등을 부추기게 될 것이다. 당신에게 남아 있을 습관적인 반응들을 점검하기 위해서는, 몇 번이고 반복해서 가족이나 친구들, 동료들로부터 도움을 요청해야 할 것이다. 이러한 습관적인 반응들이 당신으로 하여금 무심코 예전의 방식으로 되돌아가게 만든다. 이쯤에서 우리는 당신에게 제발 좀 겸손해지라고 간청하는 바이다. 하나님은 당신에게 누군가를 붙여 주실 것이다. 당신은 그 사람에게 당신의 행동들 중 PI로 인해 자극받은 측면들이 무엇인지를 설명해 줄 것이다.

성령님은 그리스도의 몸을 통해 당신을 가르치시고, 꾸짖으시고, 교정해 주시고, 상담해 주실 것이다. 당신은 친구들로부터 훈계와 꾸지람을 기꺼이 들을 수 있어야 한다. "오직 사랑 안에서 참된 것을 하여 범사에 그에게까지 자랄지라 그는 머리니 곧 그리스도라"(엡 4:15). 꾸지람 듣는 것을 좋아할 사람은 아무도 없다. 그러나 성경은 이에 관해 다음과 같이 분명히 말씀한다. "도를 배반하는 자는 엄한 징계를 받을 것이요 견책을 싫어하는 자는 죽을 것이니라"(잠 15:10). "훈계를 지키는 자는 생명 길로 행하여도 징계를 버리는 자는 그릇 가느니라"(잠 10:17). "훈계를 좋아하는 자는 지식을 좋아하거니와 징계를 싫어하는 자는 짐승과 같으니라"(잠 12:1). "훈계를 저버리는 자에게는 궁핍과 수욕이 이르거니와 경계를 받는 자는 존영을 받느니라"(잠 13:18).

내(존)가 아이였을 때, 임파선과 편도선이 붓는 바람에 입으로 숨을 쉬는 버릇이 생겼었다. 일곱 살이 되어 편도선 절제수술을 한 이후로는 코로 숨을 쉴 수 있게 되었다. 그러나 입으로 숨을 쉬던 버릇은 쉽게 사라지지 않았다. 아버지는 온 가족들에게 매번 나에게 다음과 같이 말해 주라고 지시하셨다. "입 좀 다물어라, 재키." 뿐만 아니라 아버지는 가족들로부터 이런 말을 들어도 절대 화를 내서는 안 된다고 나에게 명령하셨다. 다만 사랑으로 받아들이고 감사하라고 하셨다.

실제로 나의 가족들은 매일같이 나에게 이 말을 해주었고, 마침내 나의 이 버릇은 고쳐졌다. 나의 습관이 고쳐진 것보다 훨씬 더 중요한 사실이 있다. 가족들로부터의 지속적인 교정을 통해 나는 형제들의 견책을 사랑으로 받아들이며 감사하는 법을 배웠다. 선한 의도를 가진 질책을 받아들이는 능력을 키우게 된 것이다.

이런 까닭에 이제껏 주님은 나에게 정규적으로 호된 비판을 해줄 수 있는 형제들을 만나는 복을 베풀어 주셨다. 이들은 자신들이 언제나 좋은 말만 해주고 있다고는 느끼지 않을 수 있다. 그러나 나는 그들의 비판에 대해 한 번도 화를 내거나 미움으로 반응한 적이 없다. 어린 시절의 경험을 통해 나는 사랑으로 건네주는 교정의 말이 무엇인지, 누가 이런 말을 해주는지를 이미 배웠기 때문이다. "거만한 자를 책망하지 말라 그가 너를 미워할까 두려우니라 지혜 있는 자를 책망하라 그가 너를 사랑하리라"(잠 9:8). 이러한 수용력은 특히 PI로 인해 고민하는 사람들에게 있어 지극히 중대하다.

만일 우리가 남을 학대하고 과도한 행동을 하고 있는데, 형제들이 이런 사실을 기탄없이 우리에게 알려주지 못한다면, 이들은 대개 우리를 위해 적절한 때에 진리를 말해 주지 못할 우려가 크다. 이렇게 되면 결국 우리의 못된 습관이 고쳐질 가능성도 희박해진다. 명백한 잘못을 저지르고 있는 사람을 질책하는 일도 상당히 어려운 일이다. 하물며 남에게 도움이 되어 주려 애쓰고 있는 사람을 교정하는 일은 훨씬 더 어렵다. 성경이 진리를 말씀해 준다. "친구의 아픈 책망은 충직으로 말미암는 것이나 원수의 잦은 입맞춤은 거짓에서 난 것이니라"(잠 27:6).

간단히 말하자면, PI와 대리 배우자는 모두 육신에 속한 습관들이다(골 3:9). 그러나 주님은 이 습관들에 대해 우리가 안타까워하는 것보다도 훨씬 더 깊이 측은히 여기신다. 교정을 받아들이는 자에게는 보상이 따른다. 하나님은 우리를 자유케 해주시기로 이미 작정하셨다. 주님은 우리를 축복해 주기를 원하신다. 이제 자유란 성령께서 우리를 통해 섬기시게 되었음을 의미한다. 우리를 통한 성령님의 섬김은 이전보다는 훨씬 더 활동적일 수도 있지만, 그럼에도 불구하고 평온한 섬김이 될 것이다. 그러나 주님은 체크 포인트를 준수하실 뿐만 아니라, 우리로 하여금 다양한 방식으로 남을 축복할 수 있도록 지혜를 주실 것이다.

LETTING GO OF YOUR PAST

Chapter 3

정체성과 부르심 발견하기

아들아, 네가 주님을 섬기려면 스스로 시련에 대비하여라. 네 마음을 곧게 가져 동요하지 말며 역경에 처해서도 당황하지 말아라. 영광스러운 마지막 날을 맞이하기 위하여 주님께 매달려, 떨어지지 말아라. 어떠한 일이 닥치더라도 기꺼이 받아들이고 네 처지가 불쌍하게 되더라도 참고 견디어라. 실로 황금은 불 속에서 단련되고 사람은 굴욕의 화덕에서 단련되어 하느님을 기쁘게 한다. 네가 주님을 신뢰하면 주님께서 너를 보살펴 주시리라. 주님께 희망을 두고 바른 길을 가거라. (집회서 2:1-6, 외경)

범사에 기한이 있고 천하 만사가 다 때가 있나니 날 때가 있고 죽을 때가 있으며 심을 때가 있고 심은 것을 뽑을 때가 있으며 죽일 때가 있고 치료할 때가 있으며 헐 때가 있고 세울 때가 있으며 울 때가 있고 웃을 때가 있으며 슬퍼할 때가 있고 춤출 때가 있으며 돌을 던져 버릴 때가 있고 돌을 거둘 때가 있으며 안을 때가 있고 안는 일을 멀리 할 때가 있으며 찾을 때가 있고 잃을 때가 있으며 지킬 때가 있고 버릴 때가 있으며 찢을 때가 있고 꿰맬 때가 있으며 잠잠할 때가 있고 말할 때가 있으며 사랑할 때가 있고 미워할 때가 있으며 전쟁할 때가 있고 평화할 때가 있느니라 (전 3:1-8)

정체성과 부르심 발견하기

3

성숙에 이르기 위해 배워야 할 매우 중요하면서도 상충되는 두 가지 교훈이 있다. 그중 하나가 개인화이다. 개인화란 형성단계들에서 받은 온갖 영향력들로부터 스스로를 분리시킴으로써 고유한 당신 자신의 모습이 되는 것이다. 또 하나는 집단화이다. 이는 당신이 공동체적인 사람, 그룹의 일원, 타인의 욕구들과 소원들에 민감한 사람이 되는 것을 말한다. 성숙을 정의하는 여러 가지 표현들 중 하나는 다음과 같다. "오로지 나와 나 자신만이 아니라 우리라는 견지에서 생각하는 법을 배우는 것." 이 두 가지 과업은 갈등 상황에서 첨예하게 교차한다. 아울러 이 과업들은 모두 십대를 지나는 동안 다루어진다.

십대로서 독립적인 자기 자신이 되는 것과 여전히 가족의 일원이 되는 것 사이에서 균형을 맞추기가 결코 쉽지 않았을지 모른다. 13-15세까지 부모는 당신을 마치 아직 열 살짜리 아이인 양 대우하면서 가족에 대한 낡은 충의와 행위들에 참여할 것을 기대한다. 이미 당신의 귓가에는 관습을 깨라는 고동소리가 요란하게 울려대고 있는데도 말이다.

18세에 이제 막 당신의 뼈들이 개인화를 간절히 부르짖기 시작한 순간, 대학교의 패거리들은 떠들썩하게 일치를 요구한다. 19-21세 무렵, 가까스로 당신 자신이 되자마자, 당신의 유전자와 체액들은 당신에게 배우자와의 연합, 곧 집단화에로의 작업에 착수한다.

교차적으로 일어나는 개인화와 집단화의 과정은 매우 중요하다. 개인화 과정이 없이는 결코 건강한 집단화가 불가능하기 때문이다. 우리는 용인된 단체 역할들이나 역동들을 그대로 흉내내야 할 책임을 모면하려 하거나, 혹은 모든 이가 거쳐야 할 과정에 대해 항의하려 한다. 온전히 독립적인 개인이 되었을 때에라야 비로소, 당신은 단체에 전념하는 데 필요한 능력이나 건강한 관계를 주고받을 수 있는 능력을 소유하게 된다.

이제 개인화 및 내면화로부터 집단화에 이르는 과정을 살펴보기로 하자.

공동체적인 존재가 되기 위한 과업

십대는 공동체적인 존재가 되기에 앞서 우선 두 가지 중대한 과업을 달성해야 한다. 첫째, 개인화를 이루어야 한다. 혹은 형성단계에 관여한 모든 것과 모든 이들로부터 자유로워져야 한다. 여기에는 낳아준 이, 먹여준 이, 집에서 돌봐준 이, 옷을 입혀준 이, 가르쳐준 이, 훈육해준 이, 사랑해준 이들 모두가 포함된다.

둘째, 내면화를 이루어야 한다. 십대의 삶 속에 존재하는 모든 것들은 외부와 다른 사람들을 통해 그의 내부로 들어왔다. 이것들 중 어느 것도 아직 그의 내면에서는 온전히 그의 것이라고 할 수 없는 상태이다. 그는 현재 수많은 소유물들을 '가지고 있고' 가족도 그의 것이기에, 그의 부모는 이렇게 말할지도 모른다. "우리가 가진 모든 게 네 것이다." 부모는 자녀가 어떻게 느끼는지를 이해하지 못한다. 자녀에게 주어진 모든 것이 원래 부모의 소유였다. 자녀가 성숙한 한 인간으로서 자발적으로 만들어냈거나 선택한 것이 결코 아니었다.

이제 십대 자녀는 부모와 선생님들이 보여준 모든 모범들과 가르침들에 대해 진지하게 생각해 보아야 한다. 쓸데없이 참견하다 혼나기도 하고, 법은 왜 법이며 인생은 왜 이래야만 하는지를 스스로 발견해내야 한다. 지혜, 깨달음, 도덕, 신앙, 목적, 야망, 습관, 관습, 친교, 기쁨 등의 모든 것들이 온전히 자신의 것이 되려면, 우선 자신의 사고와 정서 안에서 고통스런 내적 씨름의 과정을 반드시 거쳐야 한다. 지름길도 없고 손쉽게 도달할 수 있는 방법도 없다. 개인화와 내면화는 어른이 되기 위해서 필히 통과해야 할 '스킬라와 카리브디스'와도 같은 것이다.[1]

개인화

개인화의 과정이 십대에 시작되는 것은 아니다. 다만 십대에 절정에

---

[1] '스킬라와 카리브디스'는 일종의 속담으로서 매우 상반된 어려움들을 표현할 때 사용되며, 일찍이 항법상의 문제들에서 유래되었다. 스킬라는 통행에 지장을 주는 돌출된 바위로서, 이탈리아 남부에 있다. 카리브디스는 메시나로 들어가는 입구 맞은편에 있는 소용돌이로서, 이것도 스킬라와 마찬가지로 이탈리아 남부에 위치해 있다.

이를 뿐이다. 개인화는 어머니의 자궁에 형성되는 순간부터 시작된다. 이는 세포들이 변하여 어머니가 아니라 독자적인 실체로 되어 가는 때이다. 만일 세포들이 흡수되어 버리기라도 한다면, 새로운 생명체는 결코 출발할 수 없다.

개인화의 가치는 생명만큼 소중하다. 출생은 이후로도 지속될 개인화를 의미한다. 탯줄을 자름으로써 유기체적으로 독립된 존재가 되는 과정이 촉진된다. 젖떼기, 업히기보다는 걸음마 하기, 말하는 법 배우기, 배변 훈련하기 등, 이 모든 단계들이 개인화에 영향을 준다. 이것들 중 어느 한 단계라도 성취하지 못하고 실패한 사람은 의존적이 되고, 정서적으로 다시금 탯줄에 연결된다.

외면적인 개인화가 먼저 성취된 다음에야 내면적인 개인화가 성취된다. 신체적인 개인화가 우선이고, 그 다음이 정신적인 개인화이다. 또한 정서적이고 도덕적인 개인화가 이루어진 후에라야 영적인 개인화가 이루어진다. 출생과 젖을 떼는 순간부터 유기체적인 의존이 끊어지기 시작한다. 걷기, 자기 몫의 식탁용 물건들을 다루기, 혼자 옷 입기 등의 각 단계를 지날 때마다 신체적 의존들은 계속해서 끊겨 간다. 그러나 유아기를 지난 후에도 우리는 오랫동안 신체적으로뿐 아니라 정서적으로나 정신적으로 계속해서 의존적으로 살아간다.

학교 입학과 더불어 정신적인 독립 및 정서적인 개인화가 시작된다. 물론 이것들은 모두 출발에 불과할 뿐이다. 도덕성과 영성은 초기의 형성단계에 머물러 있으면서 여전히 의존적인 상태이다. 주일학교, 공립학교, 각종 시험과 훈련, 교회 출석, 친구들과의 상호작용 등은 계속해서 보다 내면적인 개인화를 촉구한다.

개인화는 십대 시절에 마치 부글부글 끓고 있는 폭발 직전의 화산과도 같이 절정을 이룬다. 사태를 악화시키는 것은 대개 양면적인 압박이다. 아버지와 어머니는 십대 자녀를 다룰 준비가 미처 되어 있지 않거나 자신들의 아들딸이 어느새 나이를 먹었다는 사실조차 인정하지 못할 수도 있다. 부모들은 자녀의 내면에서 무슨 일이 일어나고 있는지를 깨닫지 못하고 있을 수도 있다. 자녀의 행동에서 나타나는 온갖 변화들을 단지 끔찍한 것들로 여기면서, 이를 나사로 꼭 죄듯 교정해야 할 일이라고만 생각한다.

이에 반하여 대부분의 십대들은 변덕이 심하다. 어느 한순간에는 책임을 지거나 민감한 모습을 보이다가도, 또 다른 순간에는 전적으로 자기중심적이고 무책임한 사람으로 돌변한다. 한때는 세상을 향해 용감하게 나서기 원하면서도, 다음 순간에는 어느새 내면 가장 깊은 곳으로 도망쳐 버린다.

일반적으로 훈련을 받지 않은 상태에서는 부모나 십대들은 지금 도대체 무슨 일이 벌어지고 있는지를 깨닫지도 못하고, 심지어 의식하지도 못한다. 무의식의 세력들이 돌진해 오고, 과거의 패턴들로는 더 이상 새로운 압박들에 대응해낼 수 없다. 충동들은 일단 테스트를 거쳐 폐기되거나 혹은 테스트를 거치지 않고 억압될 수도 있다. 의사소통을 통한 여러 시도늘은 개인화를 위한 빈 방들로 향하는 문들을 차단시키는 역할을 한다. 부모와 십대 모두 더 이상 이러한 장소들을 점유하지도 않고, 심지어 이런 곳들이 있다는 사실조차 깨닫지 못한다.

십대의 개인화를 더욱 힘들게 하는 또 하나의 사실이 있다. 그동안 십대에게 모든 것을 제공해 오던 가장 사랑하는 사람들이 이제는 문젯

거리가 되었다는 점이다! 부모가 아무리 이해심이 많고 지혜로워서 십대 자녀들로 하여금 뭔가를 시도하도록 허용해 줄지라도, 부모(부모의 사랑, 부모의 현존, 부모의 사고방식)는 십대가 자기만의 방식을 발견해내는 일에 방해물이 된다. 이제 십대는 이차적인 과제, 곧 개인화를 성취해야 할 상황에 처해 있기 때문이다.

우리는 다름 아니라 사랑하고 존경하기를 원하는 사람들을 대항해야 한다. 동시에 우리에게는 그들의 인정이 더욱 절실히 필요하다. 그러나 만일 그들이 우리가 그토록 원하는 인정을 해주었을 때, 우리는 종종 다시금 어린 시절로 되돌아간 것 같거나 발견에 대한 모험심을 도난당해 버린 것만 같다.

누가복음 15장에 소개된 방탕한 아들과 관련하여, 이제껏 우리가 들어온 설교는 모두 그를 죄인으로 보는 내용들뿐이었다. 그러나 이 방탕한 아들에게도 한 가지는 칭찬할 만한 점이 있다. 물론 그가 집 재산 중 자신의 몫을 분배해 달라고 요청한 것은 아버지의 죽음을 바라는 마음과도 마찬가지였다. 그럼에도 불구하고 그가 취한 행동은 최소한 모든 십대들이라면 반드시 행했어야 하는 것이었다. 십대들은 개인화와 내면화를 이루기 위해 자기 자신의 것을 확실히 붙잡아야 한다.

방탕한 아들은 결국 가진 재산을 몽땅 잃어버렸다(그는 좀 더 쉬운 방법으로 교훈을 터득할 수도 있었다). 아들이 집으로 돌아왔을 때, 아버지는 권위의 반지를 아들의 손가락에 끼워 주었고, 다스림을 상징하는 예복을 입혀 주었다(눅 15:22). 아버지의 태도는 단순히 금품을 아낌없이 베풀어 주었음을 의미하는 것이 아니었다. 아버지는 아들이 이제 독립적인 성인이 되었음을 깨달았다. 이제 아들은 통치권을 부여받을 자격을 갖추고 있었다. 한편 우리는 맏아들이 견지한 견해는 다만 개인화를 이루지 못한 아이의 표현에 불과하다는 사실도 쉽게 알 수 있다.

아버지께 대답하여 이르되 내가 여러 해 아버지를 섬겨 명을 어김이 없거늘 내게는 염소 새끼라도 주어 나와 내 벗으로 즐기게 하신 일이 없더니 아버지의 살림을 창녀들과 함께 삼켜 버린 이 아들이 돌아오매 이를 위하여 살진 송아지를 잡으셨나이다 (눅 15:29-30)

내면화

십대는 자신의 부모를 존경하고 부모의 도덕적 방식들을 준수하기를 원한다. 그러나 그럴수록 그들은 아무 생각 없이 단순히 그렇게 순응해서는 결코 안 된다. 부모의 도덕적 방식들을 무조건 따라가는 십대는 독립적인 개인이 되는 일에 실패할 수도 있다.

십대는 스스로의 힘으로 도덕성을 살펴보고 시험해 보고 이해해야 한다. 지금 그는 그의 부모들이 오랫동안 잊고 지내 왔던 작업에 깊이 파고들어가 해결해야 한다. 그의 부모 역시 자신이 가진 방식에 관해 깊이 검토해 보고 생각하는 과정을 통과했어야 했다.

이는 단지 정신적인 과정만은 아니다. 이 과정은 마치 심오하고 내적이며 보이지 않는 자신의 영의 손가락들을 통해 도덕법과 윤리법을 하나하나 철저히 느껴 보는 작업과도 같다. 아마 그가 분명히 보고 이해할 수만 있다면, 그 과업은 수월하게 진척될 것이다. 하지만 그는 지금 분명하게 볼 수도, 이해할 수도 없다. 따라서 이 과정은 어쩔 수 없이 '시종일관 더듬거리며' 통과해내야 한다. 그의 마음의 주소가 실제로 어디인지를 밝히 드러내 주는 사건들이 발생해야 한다. 종종 이 사건들은 상실의 고통을 수반할 때가 많다.

나는 정신적 성숙이 좀 늦어진 편이었다. 신학교에 다니던 무렵인 스물세 살이 되도록 여전히 나는 몇몇 과정들을 통과하는 중에 있었다. 당시 나는 한 가지 사실과 더불어 씨름을 벌이고 있었다. 나는 모든 것을 철저하게 파헤쳐 생각할 정도로 지적이었다. 따라서 나의 생활철학이 내 마음의 주소와 실제로 일치하고 있다는 확신이 들지 않는 것에 대해서는 지나칠 정도로 통제해 두었다. 나는 나의 모든 사고 과정들이 마치 '하늘을 나는 양탄자'처럼 느껴졌다. 나의 사고는 전혀 현실에 고정되어 있지 않은 듯했다. 아마도 나는 실존적인 삶의 자리를 약간이나마 경멸하고 있었는지도 모른다.

그 무렵 나는 시카고의 미드웨이 공항 델타 C와 S의 항공회사에서 일을 하고 있었다. 나는 야간근무요원으로서 내 교대시간마다 전 항공기의 하역과 적재를 책임지고 있었다. 나는 능률을 최대화하기 위해 승무원들을 잘 체계화하였다. 그러나 나는 나의 통제를 완전히 벗어난 무슨 일인가가 반드시 발생해야 한다는 생각을 줄곧 떨쳐버리지 못했다. 나는 내가 보일 반응을 통해 내 마음의 실제적인 주소를 확인하고 싶었다.

얼마 후 게으르고 무능하고 잘난 체하는 아치벙커(완고하고 독선적인 백인 노동자 - 역주) 타입의 한 사람이 나의 관할권에 배치되었다. 그는 무슨 명령을 받든지 아무리 친절하게 말해 주어도 언제나 외설스런 말부터 뱉어냈고, 맡겨진 업무를 제대로 수행해내지도 못했다. 상사는 그를 해고

할 마음이 없었다. 그의 얄밉고 나태한 행동방식은 모든 승무원들을 혼란스럽게 만들었다.

어느 날 밤인가 그는 일을 완전히 망쳐 놓았다. 이에 나는 그에게 따끔한 말을 해주었다. 그러자 그는 나를 향해 팔을 휘둘렀다. 다행히 나는 피했고, 단지 안경만 바닥으로 떨어졌다. 여전히 나는 자제력을 잃지 않은 침착한 어조로 그에게 말했다. 내 안경이 망가지기라도 했을 경우에는 반드시 그에게 수리비를 받겠다고 말이다. 내 말은 그의 행위를 상부에 보고하여 그의 월급에서 차감하겠다는 뜻이었다(당시에 이러한 관행은 일반적으로 찾아볼 수 있었다). 그는 나의 말을 결투신청으로 받아들였고, 위협적인 자세로 나에게 주먹을 휘둘렀다. 그곳은 공적인 장소로, 마침 승객들이 한참 비행기에서 내려오고 있었다. 결투를 위한 장소로는 한 번도 선택해 본 적이 없던 곳이었다.

더 이상 나는 참을 수가 없었다. 그동안 억압되어 있던 분노가 격렬하게 폭발되면서 나는 거의 제정신이 아니었다. 그의 체중은 약 113킬로그램이나 되어 보였지만, 그때만 해도 나는 역도선수였다. 나는 약간 몸을 숙임으로써 그가 가해 오는 일격을 피했다. 잠시 후 나는 그의 허리춤을 낚아채고 번쩍 들어 올렸다. 그러고는 그를 길바닥 위에 세차게 내동댕이쳤다. 나는 그의 몸 위에 걸터앉은 자세로 그의 양 손목을 나의 왼손으로 움켜쥐었다. 그는 옴짝달싹 못하는 상태가 되고 말았다. 나는 꽉 쥔 주먹을 그에게 내보이면서 그의 얼굴을 짓이겨 버리겠다고 소리쳤다. 그러나 바로 다음 순간, 나의 내면 깊은 곳에서 성경 말씀과 긍휼의 감정이 제어할 수 없는 기세로 솟구쳐 올라왔다. 결국 나는 실제로 훨씬 더 나쁜 일을 저질렀다. 나는 그의 턱 밑을 부드럽게 치면서 그를 아기라고 불렀다!

　이 경험은 나의 마음이 사고과정을 차단한 예였다. 이 사건은 진정한 내 모습의 일부가 어떠한지를 말해 주기 시작했다. 나는 미워할 수도 있었다. 죽이고 싶어 할 수도 있었다. 더할 나위 없이 잔인해질 수도 있었다. 이성을 잃어버릴 수도 있었다. 그러나 보다 깊은 차원에 존재하는 듯한 또 다른 나의 일부는 친절을 선택했다. 내 존재의 일부가 거듭 잔인한 태도로 돌변하려 할 때마다, 내 존재의 또 다른 일부는 이를 저지하기 위해 애를 쓰고 있었다. 이 모든 일을 통해 내가 주님의 말씀을 선택한 것이 결코 내 본성과 상반된 것은 아님을 알게 되었다. 위기의 순간에 하나님의 말씀은 나의 머릿속으로 홍수처럼 밀려왔다. 이는 마치 내가 나의 내면 깊은 곳에 들어 있던 무언가를 선택한 것과도 같았다.

　아마 당신도 이와 유사한 경험들을 수차례 해보았을 것이다. (아버지의 신형 자동차의) 접촉사고, 과도한 성적 탐색, 거리의 갱단 무리와 함께 법을 어기는 엉뚱한 행위를 저지르기 등. 홀로 남겨지든 혹은 긍휼과 신뢰를 만나게 되든 간에, 당신은 이런 모든 경험들이라는 방앗간을 통해 당신의 생각과 감정들을 회개와 변화라는 고운 가루로 빻을 수도 있다. 당신은 자신의 진정한 모습을 발견할 수 있게 되며, 한 사람의 성인으로서의 삶을 확립해 가기 시작할 수 있다.

　당신의 부모들이 당신이 저지른 몇 가지 비행 소식을 들었을 때 어떤 반응을 보였는지를 떠올려 보라. 아마도 그들은 복수하는 천사들처럼 달려와서는 단호한 자세로 당신을 교정하려 했을 수도 있다. 아니면 당신이 십대 자녀를 둔 부모로서 이와 비슷한 태도를 취해 왔을지도 모른다. 부모는 늘 신중해야 한다. 이런 식의 상황에 처한 십대는 발견에 대한 모험심을 박탈당한 채, 자신의 실존을 발견하고 예민함을 회복하기 위해 사용했어야 할 도구를 억지로 방어하게 될 수도 있다.

안타깝게도 이후에 그는 자기 자신을 발견하기 위하여 이제까지 부모가 미처 차지해 본 적이 없는 몇몇 영역들 가운데로 훨씬 더 깊이 타락해야만 한다. 반항으로 인해 격렬한 언쟁들이 되풀이되면서, 그는 부모(혹은 다른 이)가 그토록 심하게 통제하지만 않았어도 결코 빠지지 않았을 여러 수렁에 처박혀 버릴 수도 있다.

개인화와 내면화를 이루기 위해서는 용기가 필요한데, 속사람이 강건한 사람이 이를 성취할 수 있다(엡 3:16). 그러나 속사람이 강건치 못하면 이 일은 불가능하다. 우리는 속사람이 요구하는 시간대에 맞게 개인화를 성취해야 한다. 그렇지 않으면 나중에는 개인화를 위해 심각한 위험요소를 동반해야 하거나 혹은 아예 이루지 못하게 될 수도 있다.

우리를 찾아오는 젊은 여성들 중에는 미처 개인화와 내면화를 성취하지 못한 채로 한 남편에게 복종하기 위해 너무도 빨리 아버지의 집을 떠나온 사람들이 무척이나 많다. 이런 여성들은 수많은 충동들 때문에 아내와 부모로서의 의무들을 제대로 감당치 못하게 된다. 지금 이들은 이미 어린 시절에 성취했어야 할 일들을 이루는 데 필요한 시간과 공간마저 제대로 발견하지 못하고 있는 상황이다.

집단화와 개인화는 서로 조화를 이루고 있는 과업이다. 이 과업은 인생 전반에 걸쳐 무엇이 더 우세하고 중요하냐에 따라 번갈아 가며 수행된다. 각각의 단계는 반드시 가장 적절한 시점에 성취되어야 한다. 이전 단계가 성공적으로 완수되지 않는 한, 다음 단계의 개인화나 집단화는 결코 착수될 수 없다.

출생 직후에 아기는 가장 먼저 집단화를 배워야 한다. 아이의 첫 번째 발달단계는 기본적 신뢰를 배우는 것에 몰두하는 일이다. 기본적 신뢰는 성인기의 공동체적인 삶을 가능케 해주는 기초석이다. 갓난아이는 자신의 영을 개방하는 법을 배워야 한다. 그리하여 자신이 다른 사람들 속으로 흘러들어가고, 다른 사람들이 자신 속으로 흘러들어오도록 해야 한다. 아기는 여러 가지 상처들에도 불구하고 계속해서 다른 사람들에게 개방적인 태도를 유지할 수 있는 능력을 배워야 한다.

기본적인 신뢰는 마치 공동체적인 존재가 되기 위한 최초의 벽돌과도 같다. 기본적인 신뢰는 다음의 발달단계인 개인화로 나아가기 위하여 절대적으로 필요한 선결과제이다. 두 살짜리 아이가 기본적 신뢰라는 공동체적인 과제를 성취하지 못했을 때, 그는 다음 단계의 과제인 개인화를 결코 이룰 수 없다. 개인화는 '아니요!'라고 말하는 단계이다. 두 살짜리 아이가 자신의 생존에 필요한 모든 것의 공급자인 어른들을 향해 '아니요!'라고 말하는 데에는 용기가 요구된다. 두 살짜리 아이가 '아니요!'라고 말하는 것은 개인화를 이루어 가는 실습기술 중 하나이다. 그는 지금 이렇게 말하는 것이다. "나는 당신이 아니에요. 그리고 당신도 내가 아니에요. 나는 나예요."

만일 아기가 기본적인 신뢰 구축을 통한 집단화 과정에 실패한 경우, 따라서 '아니요!'라는 말을 통해 성공적인 개인화를 이루지 못한 경우, 그는 집단화의 다음 단계에 해당하는 과업인 타인과 더불어 유희를 즐기는 것을 향해 나아갈 수 없다. 이후로 그는 남을 조종 혹은 지배하거나, 친구들이 하자는 대로 묵묵히 따라하는 순종적인 아이가 될 것임에 틀림없다. 친구들을 향해 적절하게 '예' 혹은 '아니요'를 말할 수 없기 때문에, 그는 상대방을 지배하거나 지배당하는 자가 된다.

전도서 3장에서는 만사에 때가 있다고 말씀한다(전 3:1). 이 말씀은 단순히 사물들을 사유하는 즐거움에 관한 철학적 원리가 아니다. 이 말씀은 인간, 보다 정확히 말하면 모든 생물들의 성숙 과정에 존재하는 한 원리를 묘사해 준다. 이 원리란 하나님은 그분의 지혜로 모든 만물이 순차적인 질서 가운데 성장해 가도록 때를 정해 놓으셨다는 것이다. 때에 맞게 성취되지 못한 과업은 무엇이든지 질서를 벗어난 것으로서 문제를 일으킨다!

예수님께서 무화과나무를 저주하신 것도 아마 이러한 이유 때문이었을 것이다(마 21:19, 막 11:14). 이 무화과나무는 열매 맺을 계절이 아닌데도 불구하고, 마치 결실기에 해당하는 겉모습을 완벽하게 갖추고 있었다. 그러나 열매는 하나도 없었다. 시기상조였고 때에 걸맞지 않은 모습이었다. 이 나무는 병들어 있었고, 정상적인 상태가 아니었다. 때도 맞추지 못했고, 조화를 이루지도 못했다. 그리하여 결국 아무런 열매도 맺지 못했다.

최초의 정신적 발달단계에 해당하는 시기에 기본적인 신뢰를 배우지 못한 아이는 후일 이로 인해 반드시 갈등을 겪어야 한다. 그러나 사실 그때는 이미 시기적으로 늦었고 장소적으로도 적절치 못하다. 이 과업은 이미 인생 초기에 성취되었어야 했던 것이기 때문이다. 무엇이든 제때에 순차적인 질서를 따라 수월하게 습득되지 못한 과제는, 후일에는 엉뚱한 때에 어려운 방법으로 달성할 수밖에 없다.

어머니로부터 개인화를 이뤄내지 못한 남성은 결코 자신의 아내와 더불어 공동체적인 삶을 영위할 수 없다. 많은 세월이 지나 수많은 갈등을 겪으면서 어머니로부터 자유롭게 되기 전까지는 말이다. 인생의 초창기에 아버지와 더불어 건강한 집단화를 이루지 못한 여성은 십대가 되어서도 아버지로부터 온전히 분화된 독립적인 존재가 될 수 없다. 나아가 후일 자신의 남편과도 건강한 집단화를 이루지 못한다. 그녀는 이 과제를 아주 어려운 방법으로, 엉뚱한 때에 터득할 수밖에 없다.

우리의 삶 속에서 성령님은 우리를 때와 장소에 맞지 않는 것들을 잘 탐지해낼 수 있는 자들로 훈련시키실 수 있다. 성령님은 우리로 하여금 적절치 못한 것이 무엇인지를 볼 수 있게 도와주실 것이다. 우리 주님은 성숙을 위해 하나님께서 미리 예정해 놓으신 질서를 잘 이해할 수 있도록 도우실 것이다. 성령님의 인도하심을 통하여 우리는 뭔가가 제자리를 찾지 못하고 부조화를 이루고 있음을 느끼게 될 것이며, 나아가 그것의 정체가 무엇인지를 실제로 탐색해 보기 시작할 것이다.

천문학자들은 다른 행성들의 궤도 내에 존재하는 불규칙성들, 즉 조화를 이루지 못하고 있는 측면에 관해 머리를 짜내던 중, 우리 행성들에 관한 몇몇 사실들을 발견하게 되었다. 그전까지만 해도 천문학자들은 단지 추론에 의해 무언가가 무질서를 초래하고 있음에 틀림없다고 생각했다. 또한 이들은 보이지 않던 행성이 발견될 때까지 끝까지 추적해 들어갔다. 이와 마찬가지로, 성령님도 우리로 하여금 올바른 성숙의 궤도를 잘 이해할 수 있도록 인도해 주실 것이다.

성령님의 인도를 통해 우리는 뭔가가 때와 질서에 맞지 않게 제자리를 이탈했고 시기에서 벗어나 있음을 느낄 수 있다. 과거의 어느 지점에서 (또한 현재에도 여전히) 어떤 죄악된 상황이 성숙을 가로막아 온 것이 틀림없다. 이러한 것들은 빛 가운데로 노출되어 회개되어지기만을 기다리고 있다(엡 5:13).

한 남성이 우리를 찾아왔다. 그의 아내는 그를 버려두고 떠나갔다. 그는 국내에서도 유명한 한 방송 사역단체를 운영하고 있었고, 그의 아내는 목회자의 딸이었다. 그녀는 엄격한 아버지 밑에서 양육되다가 일찌감치 남편한테로 이동해 왔다. 남편의 생활방식은 상당히 독선적이었다. 그런데 그녀는 십대시절 이후 금지당해 왔던 모든 일들을 시도해 보고 싶었다. 담배도 피워 보고 싶었고, 술도 마셔 보고 싶었다. 데이트도 즐기고 춤도 추고 싶었다. 그녀의 인생에서 남편과 남편의 사역, 자녀들은 마치 그녀를 감금시켜놓는 감옥과도 같았다.

그녀가 정욕의 귀신들로 인해 시달림을 받고 있다고 판단한 친구들은 그녀를 위해 축사 기도를 해주었다. 그러나 정욕의 문제는 전체적인 요인들 중 지극히 일부분에 불과했다. 실제로는 내면화와 개인화라는 과업들이 서른이 훨씬 넘은 한 여인을 향해 15-20세에 수행했어야 했던 일들을 지금이라도 빨리 이루라고 시끄럽게 외쳐대는 중이었다. 물론 그녀가 십대 시절에 담배도 피워 보고 술도 마셨어야 했다는 말은 결코 아니다. 단지 그녀는 개인화를 성취함으로써 자기 자신이 되었어야 했다. 그녀는 흥청망청한 삶을 살아감으로써 거짓된 정체성으로 자신을 규정하고 있었다.

그녀의 신실한 친구들의 기도는 완전히 과녁에서 빗나가 있었다. 교회의 친구들이 그녀에게 강요하고 있는 행동들은 그녀로서는 반드시 저항하고 테스트해야만 했던 것들이었다. 조언자들은 그녀를 나무랐고, 그녀에게 '선한 성품' 혹은 '주님에 대한 사랑'을 가지라고 요구했다. 그들은 그녀를 통제하기 위해 온갖 수단들을 사용해 보았지만, 여전히 그들은 그녀의 아버지의 입장, 다시 말해 그녀가 자신을 테스트해 보며 저항해야 할 '기성세대'의 입장을 취하고 있었다. 그녀는 계속해서 소외당하고 있을 뿐이었다.

그녀는 철저하리만치 성취지향적인 모습으로 살아왔었기에, 사람들은 내면의 욕망들을 행동으로 표출하는 그녀를 도저히 받아들일 수가 없었다. 이 일은 그녀에게 있어 결코 타협할 수 없는 문제였다. 무조건적으로 예수님과 도덕성만을 추구하며 살아갈 것이냐, 혹은 무조건적으로 죄 더미 속에 파묻혀 지낼 것이냐의 문제였다. 하지만 이러한 선택은 현실적으로는 전혀 불가능했다!

그녀의 내면에서 이루어지고 있는 역동들을 깨닫지 못하는 한, 그녀는 실제로 자신을 몰아가고 있는 것이 무엇인지를 결코 이해할 수 없었다. 그녀가 당장 이해할 수 있었던 것이 있었다. 담배를 피우고 술을 마시고 춤을 춘다고 해서 결코 괴물은 아니라는 사실이었다. 이전까지만 해도 그녀는 이런 사람들을 괴물이라고만 생각했었다. 만일 그녀가 받아온 가르침이 잘못되었다면, 어쩌면 기독교 신앙 전체가 단지 연기하는 게임에 불과한 것인지도 모른다. 그녀는 주변의 모든 사람들이 쓰고 있는 가면들과 역할연기들을 꿰뚫어 보기 시작했다. 결국 그녀는 전적인 아웃사이더가 되어야겠다고 결심했다.

안타깝게도 그녀의 주변에 있던 교인들 중 그 누구도 그녀가 실제로 내면에서 어떤 과정을 겪고 있는지를 알지 못했다. 그들은 단지 그녀에게서 귀신을 쫓아내려고만 했다. 또는 그녀에게 용인할 만한 역할들을 다시 받아들이라고 질책했다. 그녀가 과거의 역할들을 모두 내팽개쳐 버린 유일한 이유는, 자유로움에 대한 욕구였다. 성취지향성이라는 덫으로 말미암아 그녀는 지나치게 과도한 반항에 빠지고 만 것이었다. 누군가 그녀를 잘 이해해 줄 만한 사람이 있었더라면, 그녀는 마음껏 여러 가지 일들을 테스트해 보고 시험해 볼 수 있었을 것이다. 또한 현명하게 지지해 주는 교회와 남편의 도움으로 이 과정을 잘 통과해 낼 수 있었을 것이다. 그러나 결국 그녀는 남편과 이혼하고 말았고, 자포자기 가운데 스스로를 깊은 죄의 구렁텅이로 몰아갔다.

내(존)가 도움을 요청받은 순간은 이미 너무 늦어 버린 상황이었다. 그녀는 나의 의도조차 마치 그녀를 다시 교회로 끌어들이려는 교묘한 술책이라고 오해했다. 제아무리 내가 그렇지 않다고 말해 주어도 그녀는 내 말을 믿으려 하지 않았다. 그녀에게는 자녀들이 있었다. 자녀들 문제 외에는 달리 내가 그녀에게 상담적으로 접근할 수 있는 길이 없었다! 그녀가 자녀들에게서 자유로워지기를 너무도 바라고 있음을 나는 잘 알고 있었다. 그렇다고 그녀로 하여금 자녀들에 대한 책임감마저 포기하게 할 수는 없었다. 하나님께 정말 감사드린다. 드디어 그녀는 자신의 본연의 모습을 회복하려는 용기를 내기 시작했다. 다만 이 일이 너무 늦게 이루어졌다는 사실은 안타깝기 그지없다!

오늘날 전국적으로 전염병처럼 번져 있는 현상이 있다. 의무에 충실해오던 어머니들이 어느 날 갑자기 그동안 걸어오던 길을 내던져 버리고 난잡한 생활을 선택하고 있다. 심지어 가족을 버려두고 떠나는 아버지들도 생겨나고 있다. 물론 여기에는 수많은 요인들이 있다. 그중에서도 가장 중요한 요인은 십대 시절에 성취하지 못한 개인화와 그로 인한 집단화에로의 실패라는 문제이다. 이들은 어쩌다가 결혼식은 하였을지라도, 진정한 결혼생활은 영위하지 못하고 있었다.

그동안 나를 통해 상담사역을 받아온 이들 중 세 명의 사역자의 딸들이 있다. 세 사람 모두 너무 늦게 나를 찾아온 경우에 해당했다. 이들 모두 남편들을 떠나 전형적인 방탕한 삶을 살다가 모두 이혼한 상태였다. 우리가 좀 더 일찍 만났더라면 그들 혹은 그들의 결혼생활을 구제할 기회라도 있었을 텐데. 친척들, 친구들, 교인들은 한결같이 그녀들을 정욕에 미혹당한 것으로 여겼다.

주님의 몸 된 교회는 인생에서 이미 늦어 버린 시기에 이러한 과정을 통과하고 있는 사람들을 위해 지혜롭고 신속한 사역을 제공해 줄 수 있도록 훈련되어야 한다. 그리스도의 몸 된 교회 안에는 하나님의 권능을 통한 치유와 회복이 존재한다. 때늦게 일어나는 개인화는 치유될 수도 없고, 사전에 예방할 수도 없다. 다만 우리는 인생에서 적절한 때와 시절에 이 과정을 통과한 은혜를 받은 자들로서, 긍휼과 자비의 마음으로 잘 이해하면서 사태를 재빨리 수습할 준비를 갖추고 있어야 한다. 주님께서 이 땅에 오신 목적은 우리를 자유케 하시어 성숙으로 인도하시기 위함이셨다. 마태복음 10장 34-35절에 나타난 이해하기 어려운 예수님의 말씀도 이러한 맥락에 적용될 수 있을 것이다.

> 내가 세상에 화평을 주러 온 줄로 생각하지 말라 화평이 아니요 검을 주러 왔노라 내가 온 것은 사람이 그 아버지와, 딸이 어머니와, 며느리가 시어머니와 불화하게 하려 함이니

하나님의 말씀에는 명확히 다음과 같이 표현되어 있다.

영접하는 자 곧 그 이름을 믿는 자들에게는 하나님의 자녀가 되는 권세를 주셨으니 (요 1:12)

위의 성경 본문에서 주님은 주님을 영접하는 자는 자동적이고 즉각적으로 하나님의 자녀가 된다고 말씀하지 않으셨다. 물론 어떤 의미에서는 주님을 영접하는 순간 하나님의 자녀가 된다는 것도 맞긴 하다. 하지만 사도 요한은 이보다 훨씬 더 심오한 의미를 전달하려 하고 있다. 그는 "~가 되는 권세를(right to become)"이라는 표현을 사용한다. 이는 하나의 과정에 관한 문제이다. 아들이자 딸들로서 그리스도의 분량으로까지 성숙해가는 과정을 일컫는다.

다음에 소개하는 내용은 우리로서는 더할 나위 없이 조심스럽게 이야기하는 바이니 독자들도 신중한 태도로 다음 내용을 받아들이기 바란다. 맏아들과 방탕한 둘째 아들의 비유에서, 예수님은 그 무엇보다도 그리스도 안에서의 성숙이야말로 언제나 가장 소중하다는 메시지를 전달하려 하신 것은 아니었을까? 예를 들어 우리에게 두 명의 아들이 있다고 가정해 보자. 한 아들은 무수히 많은 실수들을 저지르며 살아왔으나, 결국 모든 것을 통과하고 회심하여 지혜롭고 자유로운 사람으로 성장했다. 그러나 또 한 명의 아들은 선행의 모델이 될 정도의 삶을 살아왔으나, 그와 함께 있는 동안 우리는 진심에서 우러난 웃음과 농담은 즐길 수 없다. 왜냐하면 그는 진정한 자기 자신이 되지 못했기 때문이다. 그는 늘 우리를 기쁘게 해주기 위해 역할연기를 하고 있다.

그렇다면 두 아들 중 누구와 함께 있는 것이 마음이 더 편하겠는가?

과연 어느 쪽이 진정한 아들이 되었다고 할 수 있겠는가? 역할연기 하는 아들이 우리를 기쁘게 해주려고 애쓰는 한, 그는 여전히 종에 불과하다. 죄와 허물이 많았던 아들은 결국 우리와 더불어 깊은 교제를 나눌 수 있는 사람이 되었다. 역할연기 하는 아들은 이러한 교제가 어떤 것인지조차 이해하지 못한다.

그렇다면 우리가 죄를 지어야 한다고 부추기고 있기라도 한단 말인가? 결코 그렇지 않다. 수많은 사람들이 반항이나 부도덕에 빠지는 일 없이도 개인화와 내면화를 잘 성취할 수 있다.

우리가 말하려는 취지는 이것이다. 어찌 됐든 만일 우리가 개인화를 이뤄내지 못한다면, 주님은 우리로 하여금 반항적인 존재가 되어서라도 우리 자신이 되기를 원하신다. 역할연기 하는 바리새인으로 머물러 있기 보다는 말이다! 나는 우리 주님이 우리가 종이 아니라 아들이 될 수 있도록 이미 모든 값을 십자가상에서 치러 주셨음을 믿는다. 우리는 아직도 반항하는 아들들을 둔 이들을 위해 꾸지람에 대해서는 종언을 고하고 소망과 믿음의 메시지를 전달해 주려는 희망으로 이 글을 쓴다. 반항하는 아들들의 행동이 전적으로 잘못되지만은 않았다. 부모들이 실제로 무슨 일인가를 하지 않았다면, 아이는 감히 뭔가를 시도할 만한 용기를 얻지 못했을지 모른다.

부모들이여! 우리가 하려는 말은 다음과 같다. 자녀들을 좀 놓아주시라. 자녀들이 부모로부터 자유로워지는 시기가 빠르면 빠를수록, 그들의 반항도 그만큼 줄어든다. 이는 결코 방임을 의미하는 것이 아니다. 규칙들은 엄연히 남겨 두어야 한다. 우리가 말하려는 바는 긍휼과 이해의 모습으로 표현되는 내면적인 풀어놓음이다.

개인화 과정을 거치는 사람에게 필요한 것은 신뢰이다. 이는 자녀들이 실제로는 착한 행동에 순응하기를 기대하면서 "난 네가 착한 사람이 될 줄 믿는다"라고 말해 주는 순진함을 말하는 것이 아니다. 자녀들이 부모에게 원하는 신뢰의 종류는 다음과 같다. "난 네가 실수하리라는 것도 안다. 네가 스스로 모든 것의 해답을 찾아내야 한다는 것도 안다. 나는 하나님 안에 있는 것과 네 안에 있는 것을 신뢰한다. 이것들을 통해 네가 끝까지 잘해낼 줄 믿는다. 너를 놓아주겠다. 그러나 나는 사랑 안에서 늘 네 옆에 함께 있어 줄 것이다."

다음 사실에 관해 생각해 보자. 사랑하는 우리 하나님 아버지는 우리 모두가 태어나기도 전부터 이미 모든 것을 알고 계셨다. 우리가 얼마나 처참한 죄악을 저지를지, 그리하여 우리와 주변사람들의 삶을 얼마나 엉망진창으로 만들어 놓을지를 모두 알고 계셨다. 그러나 그렇다고 해서 주님은 우리의 인생을 철회시키지 않으셨다. 주님은 우리에게 실수들을 저지를 수 있는 자유를 허락해 주셨다. 그리고 동시에 하나님의 아들을 우리를 위해 죽게 하심으로써, 우리의 자유와 성숙의 대가를 치러 주셨다.

하나님은 우리에게 착한 사람이 되어야 한다고 강요치 않으셨으며, 오히려 우리를 놓아주시고 우리에게 자유를 주셨다. 자, 당신은 이런 하나님 아버지를 가리켜 나쁜 아버지라고 할 수 있겠는가? 모든 부모들은 자녀들을 자유롭게 해주기 위해 반드시 동일한 대가를 치러야 한다.

만일 우리의 부모들이 십대가 되기 이전에 우리에게 도덕관념들을 훈련시켜 주지 않았다면, 이미 때는 늦었다. 도덕관념을 훈련할 수 있는 시기는 출생 직후부터 열두 살 무렵까지이다. 물론 훈련 중 일부는 이후로도 계속 이어질 수도 있다. 그러나 이때의 훈련은 단지 장식물에 불과하다. 기초석은 나중이 아니라 반드시 제때에, 곧 어린 시절에 놓여야 한다.

만사를 하나님께서 지정하신 때에 배워야 한다는 사실에 대해 의구심을 표명하는 이들도 있을 수 있다. 그러나 이 원리는 자연계 전체에 두루두루 적용된다. 한 그루의 나무가 나오기까지 우선 땅속에서 씨앗이 껍질을 터뜨려야 한다. 그런 다음 땅 밑으로 뿌리를 내린다. 이는 지상에서 태양빛을 향해 줄기를 뻗어 가기 이전에 이루어져야 하는 과정이다. 생명체가 출현하는 다른 방식들이 있을 수는 없다. 땅속에 파묻혀 있는 씨앗이 모든 과정을 무시한 채 잎사귀를 내고 열매를 맺으려 한다면, 이것만큼 불가능한 일이 또 어디 있겠는가!

식물들의 경우와 마찬가지로, 우리 인간들도 하나님께서 예정해 놓으신 질서에 따라 신체적인 성장과 사회적 기술들을 개발시켜 나가야 하는 존재들이다. 그러므로 우리가 방해를 받거나 의지가 좌절될 경우에는 반드시 문제가 불거져 나온다.

이와 같은 개인화의 과정을 어떻게 다룰 것인가를 독자들에게 가르쳐 주는 것이 우리의 목표이다. 십대 자녀들을 둔 부모들, 성인으로서 이러한 과정을 통과하는 중인 자, 현재 누군가의 배우자로서 어린 시절에 이 과정을 통과하는 기회를 누리지 못하였던 이들은 이 내용에 특히 더 귀를 기울이기 바란다.

십대 자녀를 둔 부모들에게

기독교인인 부모들이 오히려 불신자들의 경우보다 훨씬 더 비극적인 실패를 경험할 때가 많다. 그 이유를 정확히 말하자면, 과도할 정도로 힘든 노력 때문이다. 불신자들인 십대들은 기독교인들만큼 엄격한 경계를 하지 않아도 되어서인지는 모르나, 세상의 일들을 보다 자유롭게 경험하는 듯하다. 그 결과 이들은 무엇이 무익한 것인지를 그만큼 빨리 깨닫는다(단, 그들이 기본적인 훈련과 애정을 어느 정도 갖추고 있을 경우에 그러하다. 이런 점들을 갖추고 있지 않은 자녀라면, 오히려 이전보다 훨씬 더 철저히 망가져 버리게 될 뿐이다).

예전에 십대가 저지를 수 있는 일이란 아버지의 최고 좋은 종마를 풀어놓아 도망가게 만드는 것이 고작이었다. 그러나 오늘날의 십대는 마약으로 자신의 두뇌를 망가뜨리고, 과속 주행하는 차를 타고 가다가 순식간에 몸을 회복불능 상태로 부서뜨린다. 또한 이들은 이전 세대들과는 비교할 수 없을 정도로 다양한 성적 탐색의 기회들을 누리고 있다. 이런 이유로 착실한 부모들은 두려움을 느낀 나머지, 자녀들에 대한 통제의 나사를 더욱 옥죌 수밖에 없게 된다. 그리하여 십대들은 각자의 지혜에 맡겨 두었더라면 잠깐 맛만 보고 그만두었을 일들에 푹 빠져 들어가게 될 경우가 너무도 빈번하다.

핵심요인은 십자가이다. 과연 부모들은 자아의 죽음과 고통, 두려움 등의 대가를 지불하면서, 십대가 스스로 자기 자신을 발견하게 될 때까지 신실하게 기도해 줄 수 있을 것인가?

만일 십대가 어린 시절에 이미 사랑과 애정, 훈육, 이해 등을 체험해왔더라면, 또한 양적으로나 질적으로 다양한 경험들을 누려 왔더라면, 이런 십대는 한 번 호되게 당한 후에는 보다 지혜롭고 자유로운 자가 되어 다시 사회로 복귀할 힘을 이미 소유하고 있다고 할 수 있다. 그러나 신체접촉이나 대화, 이해, 칭찬과 지지가 결핍된 환경에서 자라 온 십대의 경우, 은밀하게 잠재되어 있던 분노로 말미암아 쉽게 끊어 버릴 수 있는 것들마저도 십중팔구 반항과 부도덕으로 발전되곤 한다.

때로는 이 단계에 해당하는 십대들을 다루는 일에 소명을 가지고 있는 훈련된 사람들을 통해 도움을 얻는 것도 바람직하다. 이를테면 기도사역자나 청소년 담당목사 등을 예로 들 수 있다. 그리스도의 몸 안에서 우리는 부모로서 우리와 우리 자녀를 위해서 아무런 도움도 받을 수 없고, 희망도 없다고 느낄 필요가 없다.

십대들이 스스로의 힘으로 누군가의 조언과 도움을 찾는 일은 거의 없다. 청소년 담당목사나 기도사역자의 사무실에 처음 발을 들이는 순간, 그들의 모습은 부루퉁할 때가 거의 대부분이다. 그들은 뭔가 강요당하고 덫에 걸려든 듯한 느낌을 받는다. 그리고 아마도 일상생활로 돌아가도록 조종당하거나 설득당할 것이라고 예상한다.

이들은 어떤 일에 대해서든 저항할 만반의 준비를 갖추고 있다. 솔직하고 개방적인 태도로 신뢰하려는 기미는 조금도 보이지 않는다. 대개 그들도 자신의 모습에 대해 매우 놀란 상태이며, 이것에 관해 누군가와 이야기를 나누고 싶어 하기도 한다. 그러나 그들은 절대 그래서는 안 된다고 마음을 단단히 먹고 있다. 왜냐하면 동정심에 속아 넘어가서 다시금 정신적인 속박에 빠지게 될까 봐 두렵기 때문이다.

이럴 경우 십대들에게 맞춰주고, 결코 그들과 맞서려 하지 말기 바란다. 기도사역자들이나 청소년 담당목사들은 십대들을 설득시키는 부모의 대리자가 되려는 유혹에서 벗어나야 한다. 나(존)는 보통 다음과 같은 질문으로 대화를 시작한다. "탐! 네가 오늘 여기 온 것은 네 자발적인 의사였니? 아니면 혹시 뭔가 올무에 걸려들었다고 느끼고 있는 건 아니니?" 이 문제에 관해 우리는 잠시 동안 이야기를 주고받는다. 나는 내가 결코 탐의 부모의 연장된 통제의 손길이 아님을 확신시켜 주려 일부러 애쓰지는 않는다. 이런 종류의 확신은 인위적인 노력을 통해서가 아니라, 저절로 자연스럽게 얻어져야 한다. 그렇지 않을 경우, 십대는 자신이 매수되었다고 느낄 수 있다.

성경에는 십대들을 위한 사역 지침으로서 다음과 같은 원리를 소개한다. "우는 자들과 함께 울라"(롬 12:15). 반항을 일삼고 있기에 사역을 필요로 하는 십대들은 사실상 내면에서는 울고 있다. 비록 대부분의 십대들이 이 사실을 인정하려 들지는 않겠지만 말이다. 그들의 마음은 너무나 아프다. 그들은 마음으로 울고 있다. 왜냐하면 부모가 자신들을 이해해 주지 않기 때문이다. 그들은 마음이 너무 아픈 나머지, 이제 자신의 분노를 발산할 대상이 필요한 상태인지도 모른다. 그 대상은 누구든 될 수 있다. 그들은 겉으로는 자신들이 대단히 즐기고 있다며 호언장담하지만, 실제로는 자신들이 행동하는 방식들을 스스로도 싫어한다.

나는 그들과 함께 울어 주면서 이렇게 말한다. "너만 괜찮다면, 내가 너에게 해주고 싶은 이야기가 있단다." 그 후 나는 개인화와 내면화에 관해 간단히 이야기해 주고 다시 다음과 같이 말한다. "문제는 대부분의 부모들이 이 사실을 깨닫지 못하고 있다는 점이란다. 그들은 자녀들을 놓아주는 법을 모르고 있어. 그들은 다 큰 청년을 여덟 살 혹은 열 살싸리 아이로 대하면서도, 왜 자녀들이 미칠 듯이 분노하는지에 대해서는 조금도 이해하지 못한단다. 부모들은 네가 가진 훌륭한 상식을 사용할 수 있다는 사실을 신뢰하지 못한단다. 그래서 너에게 이것저것을 하라고 지시하는 거야. 마치 네 스스로는 그런 일을 생각조차 하지 못할 것이라고 미리 판단해 버리고는 말이지. 이때 너로서는 마치 아직도 어린애 취급을 당하는 것 같아 마구 화가 치밀어 오르는 거란다."

이런 이야기를 조금만 해주어도, 대체로 십대들은 다음과 같은 질문을 불쑥 제기할 때가 많다. "아, 네. 그런데 도대체 왜 어머니는 내 문제에서는 손을 떼려고 하지 않으시죠? 좀 늦게 들어오는 것이 뭐 그리 잘못된 일이죠? … 머리 스타일을 제가 원하는 대로 하는 건 또 뭐가 잘못됐죠? 이러저러한 애들하고 사귀는 건 뭐가 문제죠?" 이제 그(그녀)는 조금씩 나를 신뢰하면서 마음 문을 열어 놓기 시작한다.

나는 부모들의 입장을 방어하려 하거나, 부모들의 생각을 십대에게 설명해 주려고 애쓰지 않는다. 아직은 그를 측은히 여겨 주어야만 할 때이기에 이렇게 말한다. "맞아. 부모님들은 정말 그런 일들을 참아내지 못하는구나. 안 그러니?" 혹은 "너는 그런 게 뭐 그리 대수로운 일인지 이해하지 못하는 거로구나"와 같은 식의 말에 십대는 마음을 활짝 열어 놓는다. 이제 그는 긴 상담시간 내내 관심을 보이며 대화를 주고받는다.

이때 기도사역자들은 아무리 교정과 설명, 충고와 방어를 하고 싶어도, 반드시 입을 꾹 다물어야 한다. 그리고 십대의 말을 오직 경청하기만 해야 한다. 기도사역자들은 자신들이 마치 그의 부모들에 대해 반역자라도 된 듯 느낄 수도 있다. 또한 자신들이 마치 십대로 하여금 스스로를 변명하도록 부추기고 있다는 생각이 들 수도 있다. 그리하여 대화의 흐름을 정반대 방향으로 틀어야 할 것으로 여길 수도 있다. 그러나 신뢰관계가 온전히 확립되고 '감정 정화'(속에 있던 말을 모두 털어놓기)가 이루어진 이후에라야, 비로소 진정한 의미의 대화가 가능해진다. 그 전에는 절대 불가능하다.

대체로 우리가 십대들을 상담할 경우에는, 즉각적으로 깊은 내적 치유에 들어가는 것은 아니다. 만일 십대의 발달상의 문제와는 다른, 뭔가 관심을 요구하는 특별히 성가신 성격적 특성이 발견된 경우, 우리는 그 문제를 먼저 다룬다.

속담 중에 이런 것이 있다. "내면적으로 모든 것이 산산조각 나고 있는 상태라면, 모든 외부적인 사항들은 질서정연하게 유지하라." 다시 말해, 마음속에 외상이 진행되고 있다면, 직업이나 친구, 교회 및 기타 모든 관계들을 가능한 한 변화시키지 말라는 뜻이다. 역으로 말해, 만일 직업이나 교회, 가정 및 기타 제반 관계들이 모두 변화되고 있는 상황이라면, 상황이 진정될 때까지는 결코 내면의 문제를 다루려 하지 말라는 의미이다.

외부세계가 계속 변화하는 동안에는 내면세계를 들쑤셔 놓지 말라. 당신이 진정한 도움을 베풀어 주기 원한다면, 외부세계와 내부세계에 동시에 싸움을 벌여서는 안 된다. 십대가 맺고 있는 모든 관계들은 유동적이다. 또한 그의 내면세계는 이미 개인화와 내면화로 말미암아 산산조각 나고 있는 상태이다. 따라서 이런 시기에 너무 깊은 내적 치유를 시도하는 것은 그리 지혜롭지 못한 처사이다.

기도사역자는 최우선적으로 십대와 더불어 가정과는 다른 또 하나의 본거지를 형성하는 일에 주력해야 한다. 기도사역자는 십대 옆에 나란히 함께 있어 주는 존재가 되어 주기 위해 힘써야 한다. 십대를 아이로 취급하지 않는 사람, 십대가 말하는 것은 무엇이든 귀 기울여 들어 주는 사람, 십대에게 설교하지 않는 사람, 십대를 즉각적으로 교정해 주려고 애쓰지 않는 사람이 되어야 한다. 그 무엇보다도, 기도사역자는 십대의 손을 잡아끌어 그의 삶을 주도해 가려 하지 않는 사람, 십대가 본연의 모습을 회복하는 데 필요한 정답들을 제시해 주려 하지 않는 사람이 되어야 한다.

종종 어떤 십대들은 기도사역자의 말을 자신의 부모에게 대항하는 도구로 사용하려 하기도 한다. 때로는 기도사역자가 한 말을 확대해석하기도 하고, 기도사역자가 하지도 않은 말을 한 것처럼 말하기도 한다. 그러므로 기도사역자는 십대의 부모들과의 상담시간도 반드시 마련해야 한다. 그들에게 현재 십대가 무슨 과정을 통과하고 있는지, 또한 왜 기도사역자가 우선은 십대의 말을 무조건 들어 주는 입장에 서 있어야 하는지에 관해 진지하게 설명해 주어야 한다. 기도사역자는 십대의 부모들에게 하룻밤 사이에 굉장한 변화가 생길 것이라는 기대는 금물이라는 조언도 해주어야 한다. 또한 당장은 사역자가 잘못된 사고방식에 빠져 있는 자녀들을 지지해 주고 있는 듯 보인다 하더라도 걱정하지 않아도 된다는 말도 해주어야 한다.

내가 자라난 곳은 대목장이 펼쳐진 시골이었기에, 종종 다음과 같은 말을 하곤 한다. "그런데 말이죠, 농장 아래에서 우리는 놀라서 우루루 달아나는 야생마 떼를 되돌릴 수 있는 최선의 방법을 발견하곤 합니다. 그 방법이란 도망가는 무리들과 한동안은 함께 내달리는 것입니다. 그런 다음에야 우리는 맨 앞쪽에서 달리고 있는 말들을 되돌릴 수 있게 됩니다. 제가 여러분의 아들딸과 해야 할 일이 바로 이겁니다. 이런 과정 이후에야 비로소 당신들의 아이들은 제 말을 무시하지 않고도 들을 수 있게 될 것입니다. 잘 알고 계시다시피, 저는 신앙적으로나 윤리적으로 올바른 입장을 견지하고 있습니다. 그러니 얼마간은 우리들의 모습을 그저 지켜봐 주십시오."

때때로 이러한 역동은 청소년과 그의 부모 사이에서 이루어진다. 여기에는 부모 중 한쪽만 관여하기도 하고, 부모 모두가 관여하기도 한다. 엄마(대체로 서구 문화에서는 아빠보다 엄마일 경우가 많다)들은 좀처럼 잔소리를 멈추려 하지 않는다. 엄마는 어떻게 해서든 질책하고 교정하려 하고, 십대는 끊임없이 반항한다. 이 경우 우리는 부모들에게 십대 자녀를 잠깐 동안이라도 다른 친척집이나 가까운 친구 집에서 살게 해주도록 주저함 없이 권한다. 환경의 변화가 도움이 될 수 있기 때문이다.

대개 충분한 실험과 고통의 과정을 통과하고 난 십대는 변화를 원하게 된다. 그러나 어머니나 아버지로부터의 지나친 잔소리는, 십대로 하여금 자유롭게 옳은 것을 선택하지 못하도록 방해한다. 그는 실제로는 자신도 중단하고 싶은 일임에도 불구하고 이를 방어하고 있는 스스로의 모습을 발견한다. 새로운 환경 속에서, 십대는 적체된 기억들과 비난들을 거슬러서 헤엄쳐 올라갈 필요가 없다. 새로운 상황 속에서, 올바른 결정을 선택하는 일과 자신의 진정한 모습으로부터의 도피는 더 이상 동일한 의미가 될 수 없다. 부모의 그늘로부터 해방되어 나옴으로써, 십대는 자신이 진정으로 원하는 것을 선택하고 실행할 수 있다. 이때의 선택과 행동은 자신이 진정으로 원하는 것이지 결코 순응의 결과가 아니다.

나의 형도 잠시 동안 트레시아 이모 댁에서 살았던 적이 있었다. 폴라의 여동생도 고등학교 시절의 마지막 두 해를 우리와 함께 지냈다. 이들의 부모는 갈등의 해결책으로서 이 일을 허용할 만큼 자녀들을 사랑했다. 후일 그들은 매우 건강한 기독교인이 되었다. 자신의 직업에 대한 책임감도 매우 강했고, 부모와도 스스럼없이 친밀감을 유지하며 살아갔다.

나의 형은 몇몇 죄악된 탈선행위들을 저지름으로써 '손가락을 데인' 적이 있었다. 나중에 그는 전적으로 방향을 선회하여 정의를 신봉하는 사람으로 변화되길 원했다. 그러나 이 정의는 이미 어머니가 점유하고 있던 영역이었다! 만일 나의 형이 처음부터 옳은 것을 선택했다 하더라도, 이것이 스스로의 선택이었는지, 아니면 회피를 목적으로 어머니의 요구에 순응한 것에 불과했는지를 확신할 수 없었을 것이다. 나의 형은 트레시아 이모 집에서 지내는 동안, 건실한 한 사람의 시민으로 거듭날 수 있었다. 나아가 이러한 변화가 자신의 선택이었음을 확실히 알게 되었다. 폴라의 여동생도 이와 동일한 케이스였다.

일단 기도사역자와 십대 간에 돈독한 신뢰관계가 형성되고, 십대가 어느 정도 안정을 되찾았다면, 특히 그가 잠시 동안이나마 가정 이외의 다른 곳에 옮겨와 살게 되었다면, 그제야 비로소 기도사역자는 깊은 뿌리들을 다룰 수 있게 된다. 이때 기도사역자는 주님께서 어떻게 우리 내면의 가장 깊은 곳에 존재하는 감정들을 만지실 수 있는지, 또한 인생의 초창기에 발생한 일들에 대한 우리의 반응들이 어떻게 오늘날 우리에게 영향력을 행사하는 뿌리들이 되고 있는지에 관해서도 설명할 수 있다. 이후로는 다른 사람들의 경우처럼 십대와 더불어 기도와 상담을 진척시킬 수 있다.

청소년들이 그동안 행하던 길에서 돌이켜 회복되는 모습을 지켜볼 때마다 얼마나 놀라운지 모른다. 그들은 자의식이 강하고 심리학적으로 정향된 사회에서 성장해 왔다. 그들은 대부분의 성인들에 비해 숨겨진 동기들이 무엇이며, 이 동기들은 어떻게 생겨났는지를 훨씬 더 빨리 파악한다. 청소년들의 뼈 조직은 아직 나이든 사람들처럼 그렇게 단단해져 있는 상태는 아니다. 이와 마찬가지로 그들의 인격도 어른들만큼 완고하지 않다. 청소년 사역은 우리에게 기쁨을 준다. 단, 우리가 적당한 위치를 확보할 때까지 입만 꾹 다물 수 있다면 말이다!

자신이나 사랑하는 배우자가 개인화 과정에 있는 이들에게

당신은 현재 아마 힘든 시기를 거치고 있는지도 모른다. 이는 당신이 십대시절 동안 '모범생'으로서 내면화와 개인화를 거치지 않았기 때문일 수 있다. 이미 20대, 혹은 30대, 혹은 40대가 된 당신은 이제야 내면화와 개인화의 과정을 시작하려 한다. 당신의 배우자와 자녀들이 축복과 성취라기보다는 올무나 부담의 원천으로 느껴질 수도 있다. 당신은 일상생활에서 담당하고 있는 일들에 대한 부담을 쉽게 떨쳐 버릴 수가 없다. 이 일들은 당신의 존재를 규정해 주는 것들이다.

당신은 일상생활의 업무 속으로 그렇게 서둘러 뛰어들기 전에 당신이 되고 싶었던 자신의 모습, 혹은 되었을 수도 있을 자신의 모습을 발견하고 싶다. 이전까지만 해도 기쁨과 성취감을 주는 것으로 보였던 일들이 이제는 하찮게 여겨진다. 당신이 늘상 이런 천한 일들만 하고 있는 것이 점점 힘들어지면서 혼란은 가중되기 시작한다. 우울증이 생겨날 수도 있다. 집을 벗어나 밖에서 데이트를 즐기고 싶다는 무척 당혹스런 생각들이 고개를 쳐들고 있을지도 모른다.

그동안 우리가 사역해 온 수많은 여성들이 남편들로부터 가끔씩은 밖에 나가 데이트를 즐겨도 되냐는 질문을 실제로 받아 본 적이 있다고 말했다! 대개 이런 남성들은 습관적으로 자신의 아내를 '엄마'라고 부른다. 이들은 부지불식간에 어린 시절 자신의 어머니와의 관계를 결혼생활에서 아내에게 전이하며 살아왔다. 이런 남편들은 아직 개인화도 이루지 못했고, 부모를 떠나지도 못했기에(창 2:24), 아내와도 온전히 한 몸을 이루지 못했다. 이들은 아내를 마치 어머니를 대하듯 대해 왔다. 그러나 마침내 이들 안에는 배우자에 대한 갈망이 생겨나면서, 아내가 아닌 다른 누군가와 데이트를 즐기고 싶은 마음이 들기 시작했다. 인생을 사춘기 시절의 관점으로 바라보게 될 정도로 퇴행한 것이다.

여성들의 경우는 이보다 훨씬 더 심각하다. 모성적 본능과 문화적 규범 모두가 그들로 하여금 아내와 어머니로서의 역할들에 보다 충실하라고 더욱 강압해 오기 때문이다. 이러한 역할들에 대항하는 자는 죄인 중에 괴수로 여겨진다. 당사자조차 이런 생각에서 자유롭지 못하다. 내면적 충동들은 자유를 부르짖는다. 이는 실제로는 개인화에 대한 부르짖음이다. 그러나 의식 차원의 생각에서는 이때의 '자유'를 마치 자기 자신을 찾기 위해 역할들이라는 감금에서 벗어나는 것이라고 이해한다.

본장을 읽어 내려가면서 당신은 과거에 일어난 사건들의 의미를 이해하기 시작하고 있다. 이로써 당신은 현재 일어나고 있는 일이 무엇인지를 보다 잘 이해하게 될 것이다. 그러나 이 일에는 어려움도 있다. 일단 개인화의 과정이 시작되면, 이 과정은 마치 폭주하는 화물열차와도 같을 것이다. 속도를 제어하기가 대단히 힘들 것이다. 어쩌면 속도를 줄이는 것이 불가능할지도 모른다.

부부들에게 있어 가장 중요한 1단계는 현재 무슨 일이 일어나고 있는지를 이해하는 일이다. 일단 현상을 이해한 부부들을 위해 다음과 같은 대안적 행동들을 제안하고 싶다.

1. 당신의 아내나 남편으로 하여금 취미활동을 영위할 수 있는 시간과 재정을 어느 정도 베풀어 주기 바란다. 교육 강좌들을 지속적으로 수강하거나 여행 등 그동안 억제해 두었던 재능이나 기술, 기쁨들을 발견하게 해줄 비교적 안전한 분야라면 좋다.
2. 당신의 남편이나 아내가 아빠 혹은 엄마의 역할을 하도록 내버려두지 말라. 이따금씩 배우자에게 다음과 같이 말하라. "여보, 나는 당신의 어머니(혹은 아버지)가 아닙니다." 당신의 배우자에게 이 말을 당신을 향해서도 해달라고 요청하라.
3. 선택된 취미나 프로그램이 무엇이든 상관없이, 당신의 남편이나 아내에게 일정한 공간을 제공해 주기 바란다. 그들 자신이 될 수 있도록 만들어 주는 모험이나 발견을 위한 영역을 허용하라. 당신의 배우자를 너무 당신 가까이에 묶어 두려 하지 말라. 배우자에게 관심을 갖고 있다는 사실을 알게 해줄 정도의 질문만 하라. 배우자의 눈에 당신이 마치 아이를 심문하는 사람처럼 비쳐지는 일이 없도록 하라.
4. 만일 아내가 집에서 살림만 하는 전업주부라면, 그녀에게 집 밖에서 할 수 있는 파트타임 일자리나 어떤 사업이라도 찾아보라고 권유하라. 이를 통해 아내가 자신의 날개를 활짝 펼칠 수 있다고 느끼도록 해주라.
5. 십대 시절의 데이트를 즐겨 보도록 노력하라! 이 영역에 관해서는 결코 다른 사람에게 양보하지 말기 바란다. 우리는 다음과 같이 말해 주곤 한다. "부부가 함께 외출하여 한 번 신나게 놀아 보십시오. 비록 당신의 도덕성은 단지 적당하게만 즐겨야겠다고 말하고 있을지라도 말입니다. 정기적으로 어딘가로 가

서 아무런 제약도 받지 않는 상태로 자연스런 즐거움을 만끽하시기 바랍니다. 당신들이 다시 십대들이 되었다고 믿어도 좋습니다. 이런 기회를 단지 몇 차례만 가져도 당신의 배우자는 충분하다고 느낄 것입니다. 그러나 그때쯤이면 당신도 배우자와의 이런 식의 만남을 계속해서 즐기고 싶은 마음이 들게 될 것입니다. 또한 그래야만 하기도 합니다. 하나님은 이 세상의 어떤 부모보다도 좋은 분이십니다. 자녀들이 인생을 즐기는 모습을 보기 싫어할 부모가 어디 있겠습니까?"

6. 당신의 배우자가 경박해지기를 원할 때는 언제이며, 진지해지기를 원할 때는 언제인지를 민감하게 파악하기 바란다. 무엇보다도, 배우자가 개인화를 이루는 과정에서 보이는 태도들이나 감정들을 강하게 교정하거나 질책하려 들지 말기 바란다.

7. 배우자가 당분간 내려놓고 있는 책임들을 과도한 간섭이나 불평이 없이 어느 정도 함께 담당해 주기 바란다. 아울러 의무를 지나치게 회피하는 것을 허용하지 않는 예민함도 갖추고 있어야 한다.

이상의 모든 항목들, 특히 여섯 번째 항목은 자기부인을 필요로 한다. 그러므로 기도와 십자가는 성공으로 이끄는 필수적이고 중심적인 주제이다. 이는 결코 쉬운 역할이 아니다. 이 일에 전문가란 없다. 처음부터 더듬거리며 통과해야 하는 과정이다. 가장 중요한 것은 상대방을 향한 믿음과 신뢰를 갖는 일이다. 하나님은 개인화 과정 중에 있는 당신의 배우자를 계속 지켜 주시는 분이심을 믿으라. 하나님의 도우심으로 당신의 배우자는 마침내 자신에게 잘 들어맞는 성인용 신발을 찾아낼 것이며, 이전보다 훨씬 더 편안한 느낌으로 그 신발을 신게 될 것이다.

마침내 만사가 성숙 가운데 다시금 안정을 되찾은 순간이야말로, 지난 개인화의 과정 중에 표면화되었을 수 있는 여러 가지 쓴 뿌리들을 다룰 수 있는 때이다. 이때가 되기 전까지 아직은 쓴 뿌리들을 다룰 수가 없다. 모든 것을 단번에 뿌리 뽑으려 하지 말자.

그동안 익숙하게 행하던 역할들이 과연 실제로 우리의 선택이었는지를 알기 위해 이러한 역할들을 과감히 탈피하는 모험을 감행하려면, 우리의 영은 힘을 가지고 있어야 한다. 그렇기에 우리는 아주 놀랄 만큼 행복한 시간들을 보낸 직후에 곧바로 때늦은 개인화 과정에 들어가게 될 수도 있다! 아마 당신들은 이전의 그 어느 때보다 사이좋게 지내고 있었거나, 혹은 당신의 마음이 성령님께 보다 강력하게 사로잡혀 있었던 순간이었는지도 모른다. 어떤 멋진 사건이 속사람에게 용기를 주었다. 만사가 최선의 상태에 있는 것으로 보였을 그 순간, 이 사람 혹은 저 사람이 엄청난 분노를 터뜨릴지도 모른다.

기도사역자들은 사람들에게 전반적인 과정을 잘 이해시켜 줄 수 있다. 당사자가 십대이든지 혹은 인생의 후반부에 이르러 개인화에 돌입한 사람이든지, 이 과정은 결코 그 사람이 인생에 실패하고 있음을 의미하지 않는다. 오히려 뭔가 좋은 사건이 그 사람에게 힘을 주었으며, 현재 진행되는 과정은 처음부터 끝까지 뭔가 좋은 일임에 틀림없다. 단지 필요한 것은 인내이다. "좋은 땅에 있다는 것은 착하고 좋은 마음으로 말씀을 듣고 지키어 인내로 결실하는 자니라"(눅 8:15).

부르심에 관한 불안

일단 우리의 존재에 대한 개인화와 내면화 작업을 마친 후, 다음 단계는 우리의 부르심을 발견하고 성취하는 일이다. 이는 집단화 과정의 최종 목표이기도 하다. 우리는 어떤 야망을 추구하고 이를 충족시키려 할 수도 있다. 그러나 야망과 부르심의 성취는 결코 동일하지 않다. 부르심은 개인적이라기보다는 훨씬 더 공동체적인 성격을 띠는 것이며, 일종의 사회에 대한 공헌이다. 부르심은 우리가 공동체적인 존재가 될 때 비로소 의미를 지닌다. 왜냐하면 하나님께서 이미 그런 식으로 예정해 놓으셨기 때문이다. 신약성경에 언급된 하나님의 예정하심에 관한 구절들은 모두 우리가 몸 안에서 차지하는 위치를 말해 준다.

> 찬송하리로다 하나님 곧 **우리** 주 예수 그리스도의 아버지께서 그리스도 안에서 하늘에 속한 모든 신령한 복을 **우리**에게 주시되 곧 창세 전에 그리스도 안에서 **우리**를 택하사 **우리**로 사랑 안에서 그 앞에 거룩하고 흠이 없게 하시려고 그 기쁘신 뜻대로 **우리**를 예정하사 예수 그리스도로 말미암아 자기의 아들들이 되게 하셨으니 이는 그가 사랑하시는 자 안에서 **우리**에게 거저 주시는 바 그의 은혜의 영광을 찬송하게 하려는 것이라
> (엡 1:3-6, 굵은 글씨는 저자 강조)

그 뜻의 비밀을 **우리**에게 알리신 것이요 그의 기뻐하심을 따라 그리스도 안에서 때가 찬 경륜을 위하여 예정하신 것이니 하늘에 있는 것이나 땅에 있는 것이 다 그리스도 안에서 통일되게 하려 하심이라 모든 일을 그

의 뜻의 결정대로 일하시는 이의 계획을 따라 **우리**가 예정을 입어 그 안에서 기업이 되었으니 이는 **우리**가 그리스도 안에서 전부터 바라던 그의 영광의 찬송이 되게 하려 하심이라 (엡 1:9-12)

그러므로 이제부터 너희는 외인도 아니요 나그네도 아니요 **오직 성도들과 동일한 시민이요 하나님의 권속**이라 **너희**는 사도들과 선지자들의 터 위에 세우심을 입은 자라 그리스도 예수께서 친히 모퉁잇돌이 되셨느니라 그의 안에서 건물마다 서로 연결하여 주 안에서 성전이 되어 가고 너희도 성령 안에서 하나님이 거하실 처소가 되기 위하여 그리스도 예수 안에서 함께 지어져 가느니라 (엡 2:19-22)

그 밖에도 에베소서 3장 4-10절, 4장 11-16절, 로마서 12장 1-2절('너희'는 복수 형태), 베드로전서 1장 3-12절(여기서도 '너희'는 복수 형태) 등의 관련 구절이 있다.

부르심에 관한 불안은 마음의 질병이다. 이때 사람은 인생의 목적을 잃어버리고 있거나 혹은 이미 잃어버렸다고 느낀다. 이것은 결코 중년들이 겪는 갱년기와 같은 것이 아니다. 또한 세상을 깜짝 놀라게 할 만한 굉장한 일을 할 것 같지도 않고, 이러저러한 회사나 사교클럽의 회장이 될 것 같지도 않으며, 위대한 발명을 할 것 같지도 않고, 베스트셀러 소설을 쓸 수 있을 것 같지도 않다는 사실이 점차 깨달아지는 시기를 통과하는 누군가의 경우와도 동일하지 않다.

이는 평범한 사람으로서 안정된 삶을 꾸려 나가는 것이나 가정을 갖는 것, 혹은 일자리를 얻는 것 등과도 동일하지 않다. 직장을 잃었거나 사업에 실패하거나 도산했을 때 느껴지는 의기소침이나 우울감 등과도 동일하지 않다. 퇴직을 하거나 자녀들이 모두 집을 떠나갔을 때 찾아오는 쓸쓸함과도 동일하지 않다. 부르심에 관한 불안은 사회에서 하나님을 위해 '살아 있는 행실'로 이바지할 여지를 찾아내지 못했다는 느낌에 수반되는 심오한 고통이다.

"우리는 그가 만드신 바라 그리스도 예수 안에서 선한 일을 위하여 지으심을 받은 자니 이 일은 하나님이 전에 예비하사 우리로 그 가운데서 행하게 하려 하심이니라"(엡 2:10). 우리는 영의 깊은 곳으로부터 이미 잘 알고 있다. 우리가 이 세상에 태어난 목적은 한 가지 사명을 이루기 위함이라는 사실을 말이다. 우리는 반드시 성취해야 할 무언가가 있음을 알고 있다. 이 목적을 위해 우리의 출생 시각까지 미리 예정되고 계획되었다는 사실을 우리는 느낀다. 죽음이 우리의 목숨을 빼앗는 데 실패했을 때, 우리는 일상적인 화법으로 다음과 같이 말한다. "음, 아직은 하나님이 나를 데려가실 때가 아닌가 봐. 내가 살아 있는 동안 뭔가 하나님을 위해 해야 할 일이 남아 있는 것 같아."

> 그러므로 우리가 그리스도의 도의 초보를 버리고 **죽은 행실**을 회개함과 하나님께 대한 신앙과 세례들과 안수와 죽은 자의 부활과 영원한 심판에 관한 교훈의 터를 다시 닦지 말고 완전한 데로 나아갈지니라 (히 6:1-2)

> 하물며 영원하신 성령으로 말미암아 흠 없는 자기를 하나님께 드린 그리스도의 피가 어찌 너희 양심을 **죽은 행실**에서 깨끗하게 하고 살아 계신 하나님을 섬기게 하지 못하겠느냐 (히 9:14)

죽은 행실이란 우리의 육체적인 노력에서 말미암은 것이다. 우리가 아무리 호언장담해도, 죽은 행실은 우리 자신의 자아를 충족시키는 일이며 스스로를 영화롭게 하는 일이다. 아무리 차원 높고 거룩한 예배라 할지라도 죽은 행실이 될 수 있다. 복음전도, 가르침, 치유, 기적들을 행함, 강력한 예언을 선포함 등도 마찬가지이다.

예수님은 예언을 하고 귀신들을 쫓아내고 수많은 기사들을 행한 사람들에게도 다음과 같이 말씀하셨다. "그때에 내가 그들에게 밝히 말하되 내가 너희를 도무지 알지 못하니 불법을 행하는 자들아 내게서 떠나가라 하리라"(마 7:23). 반면에 아무리 천하고 세속적으로 보이는 예배라 할지라도 살아 있는 행실이 될 수 있다. 목수직(예수님이 부친의 가게에 계시는 동안에 행하신 목수의 일이 어찌 살아 있는 행실이 될 수 없었겠는가?), 배관공, 농사, 쓰레기 수거 등을 예로 들 수 있다.

예수님은 하나님 나라에 들어간 사람들에게 이렇게 말씀하셨다. "임금이 대답하여 이르시되 내가 진실로 너희에게 이르노니 너희가 여기 내 형제 중에 지극히 작은 자 하나에게 한 것이 곧 내게 한 것이니라 하시고"(마 25:40).

살아 있는 행실은 성령께서 동기를 부여하시고 개입해 주시고 종료하시는 일들이다. 살아 있는 행실은 하나님을 영화롭게 한다. 우리가 일부러 애쓰거나 말할 필요가 없다. 살아 있는 행실은 하나님의 영광이기 때문에 하나님을 영화롭게 한다. 우리는 성령님의 운행하심 속에서 살아갈 때, 비로소 살아 있는 행실을 행할 수 있다. 살아 있는 행실은 우리를 창조하시려고 계획하실 때부터 이미 하나님의 섭리와 목적 안에 성취되어 있었다(시 139:16, 엡 2:10). 살아 있는 행실은 부활의 측면에서 발생한다. 십자가상에서의 자기의 죽음이 선행될 때, 주님은 자유롭게 우리 안에서, 우리를 통해, 우리를 위해 활동하신다.

살아 있는 행실은 아무리 개인적인 차원에서 수행된 일이더라도 모두가 연합한 가운데 성취된다. 마치 매우 탁월한 연주를 선보이는 바이올린 독주곡도 결국은 협주곡의 일부에 불과하듯, 살아 있는 행실은 다른 이들과의 협력 가운데에서 이루어진다. 살아 있는 행실은 온전한 공동체적인 삶의 맥락 안에서만 발생한다. 하나님께서 성숙을 공동체적인 삶으로서 디자인해 놓으셨다(엡 4:11-16).

내가 여덟 살 때, 어머니는 나에게 한 가지 이야기를 들려주셨다. 내가 태어나기 8개월 전에, 하나님께서 어머니의 꿈속에 나타나시어 앞으로 하나님의 종이 될 아들을 낳게 될 것이라고 고지해 주셨다고 한다. 어머니로부터 이런 말씀을 전해들은 후, 나는 내가 창조된 목적이 무엇인지를 발견하기 위해 고심하기 시작했다. 그러나 서두르면 서두를수록 이전보다 훨씬 더 뒤처지기만 했다. 허둥대는 동안에는 아무것도 찾아낸 것이 없었다.

수년간에 걸친 탐색 끝에, 결국 나는 모든 인간적인 노력을 포기하고 취소하기로 했다. 나는 모든 사명과 목적을 제단 위에 올려놓았다. 그러고는 주님이 나를 향해 품고 계신 모든 목적에 단순히 헌신하기로 했다. 나는 주님의 인도에 무조건 따르기로 결심했다(사 42:19). 그리고 만일 그 일이 하나님의 뜻이었다면, 과연 어떻게 성취되었을 것인지를 회상해 보았다. 여전히 나는 주님께서 원하시는 바가 무엇인지를 온전히 알지는 못한다. 그러나 주님께서 나에게 맡겨 주신 일들을 행하는 것은 확실히 즐겁다!

만일 당신이 부르심에 관한 불안으로 인해 고통을 받고 있다면, 다음의 충고에 귀를 기울이기 바란다. 포기하라. 모든 불안을 제단 위에 올려놓으라. 탐색하고 고군분투하는 일을 중단하라. 현재 당신에게 맡겨진 일을 감당하라. 당신이 심겨진 장소에서 꽃을 피우라. 모세가 이스라엘을 구원할 사명으로 부르심을 받았을 때에는 팔십이 훨씬 넘은 나이였다. 아브라함은 일흔네 살에 고향과 아버지를 떠나라는 부르심을 받았다(창 12장). 뿐만 아니라 아브라함은 백 세를 넘은 나이에 이삭을 얻었다. 서두른다고 해서 되는 일은 없다. 다만 우리의 자기노력을 포기하기만 하면 된다.

우리는 이러한 교훈을 일러서 '아브라함-이삭 원리'라 부른다. 사도 바울도 빌립보서 3장에서 이러한 내용을 언급하고 있다. 우리는 우리가 얻은 모든 것들을 해로 여겨야 한다(7절). 우리는 모든 재능들과 재주들, 목적들과 목표들을 제단 위에 올려 드려야 한다. 아브라함이 하나님께 순종하여 이삭을 번제물로 올려 드렸듯 말이다(창 22:1-18). 이렇게 할 때, 비로소 우리는 이 모든 것들에게 속박되지 않고 자유로워진다. 더 이상 이것들이 우리를 소유하지 않게 된다. 주님이야말로 이 모든 것들과 우리를 소유하신다.

오늘날 국제적으로 잘 알려진 수많은 위대한 사역단체들이 곤경에 처해 있다. 이는 (우리가 느끼기에) 그 사역단체들의 리더들이 마치 이삭을 번제물로 바치듯 자신의 사역들을 제단 위에 올려 드리지 못했기 때문이다. 결국은 주님께서 그들을 사로잡은 것이 아니라 사역이 그들을 사로잡았다. 그들의 행실에는 육체적인 것들이 뒤섞여 있다. 그들은 하나님으로 하여금 자신들을 통해 일하시도록 내어 드리지 못하고, 오히려 주님을 위해 자기가 무언가를 해드리겠다고 열심히 애쓰고 있다. 그렇기에 그들은 인생이 가장 잘 풀려 나가는 듯 보이는 시절에 죽은 행실이라는 덫에 걸려들었다.

그들의 행실이 전적으로 죽음에 사로잡힌 것이 아니듯, 그들은 자신들의 사역과 인생을 주님께 전적으로 내어 드리지도 못하고 살아간다. 부르심에 관한 불안은 그들이 자신의 노력으로 주님을 섬기려는 욕구에 대해 죽지 못했기 때문에 초래된 것일 수도 있다.

부르심에 관한 불안을 진단할 수 있는 증세들이 있다. 이유를 알 수 없는 피로, 구부정한 어깨, 혹은 이와는 정반대로 허세나 과도한 열중, 지나친 노력과 날조된 감성주의 등이다. 부르심에 관한 불안은 상실이나 헛된 추구에 관한 꿈, 타려고 예정되어 있던 비행기나 기차를 놓치는 꿈, 기타 좌절에 관한 꿈 등을 통해서도 인식할 수 있다(물론 이런 꿈들이 모두 부르심에 관한 불안을 암시하는 것은 아니다).

부르심에 관한 불안은 사역 및 사역에서 자신이 담당하는 부분과 관련하여 지나치게 방어적인 태도를 보이는 데서 가장 선명하게 드러난다. 조종과 지배의 책략들이 증대되는 모습이 점점 더 분명해진다. 이러한 모습은 특히 광고나 뉴스레터 등을 통해 찾아볼 수 있다. 고립은 갈수록 배가되고, 그 결과 다른 사람들을 공격하게 된다.

부르심에 관한 불안을 극복할 수 있는 방법이 있다. 주님께서 그분의 몸 가운데 심어 두신 자리에서 자원하는 마음으로 섬기면 된다. 우리가 주님으로부터 오는 권고의 통로가 되는 모든 이들에게 기꺼이 귀 기울일 때에 승리는 시작된다. 특히 평소에 우리가 별 생각 없이 거절하곤 했던 사람들을 통해 오는 권고에 귀를 기울이는 것이 중요하다. 또한 우리에게 아무리 잘못 대하는 형제라 할지라도 그도 역시 몸의 일부임을 볼 수 있을 때부터 승리는 시작된다. 설사 그 형제가 혼동에 빠진 채 우리를 향해 욕설을 퍼붓는다 할지라도 말이다. 주님은 우리에게 다음과 같은 진리를 들려주기 원하신다. "형제를 사랑하여 서로 우애하고 존경하기를 서로 먼저 하며"(롬 12:10).

"내가 진실로 진실로 네게 이르노니 네가 젊어서는 스스로 띠 띠고 원하는 곳으로 다녔거니와 늙어서는 네 팔을 벌리리니 남이 네게 띠 띠우고 원하지 아니하는 곳으로 데려가리라"(요 21:18). 물론 이 구절은 실제로 개인화에 관한 내용은 아니다. 그러나 본문에 사용된 표현은 우리 모두가 반드시 통과해야 할 과정에 관한 적절한 비유가 된다. 그리스도 안에서 새롭게 거듭날 때, 우리는 개인적인 채비를 갖추고 원하는 곳을 마음대로 돌아다니고, 하고 싶은 것을 마음대로 한다. 우리가 하는 일이 얼마나 선한 것이든 상관없이, 이때 우리는 자신의 경험에 온통 관심이 집중되어 있는 아이와도 같다. 그러나 그리스도 안에서 성숙해졌을 때, 우리는 봉사의 일을 위한 손길을 펼치기 시작한다. 또한 다른 사람들이 우리를 붙들고 우리가 원치 않는 곳으로 데려간다.

미성숙의 표지는 고집을 부리는 데서 드러난다. 표현은 거창하지만 잘못된 시 '인빅터스(Invictus)'의 내용과도 마찬가지이다. 이 시는 다음과 같이 노래한다. "나는 내 운명의 주인, 나는 내 영혼의 선장."[2]

성숙의 표지는 예수님처럼 자신에게 다가오는 부르심을 피할 목적으로 개인적인 능력을 사용하는 일을 기꺼이 포기하는 모습에서 나타난

---

[2] William Ernest Henley, "Invictus" as viewed at Bartleby.com, http://www.bartleby.com/103/7.html (accessed August 20, 2007).

다. 이는 자신을 철저히 내려놓는 일이다. 그러나 결코 분별없이 다른 이들의 손에 위탁하는 것은 아니다. 그들이 행하는 일이 우리의 선택과는 전혀 무관할지라도 여전히 우리는 하나님을 신뢰한다. 이는 마치 십자가에 못 박히는 것과도 같다! 이 일은 이미 예수님께서 성취해 놓으셨기에, 종종 우리는 단지 내면의 죽음만 통과하면 되고, 외적으로는 영광을 받는다. 아마 후자를 받아들이기가 훨씬 더 어려울지도 모른다. 부르심에 관한 불안으로 힘들어하는 사람은 유행가 가사와도 같이 "이 모든 것을 내 방식대로만 했다"고 고집하며 살아온 것이 분명하다.

한 형제 목회자가 있었다. 나는 그를 코치이자 목자로서 사랑했다. 그는 사역을 받기 위해 다른 형제 목회자들에게 둘러싸여 의자에 앉아 있었다. 그들은 놀랄 만한 정확성으로 기도사역을 해주었다. 그러나 그 목회자는 자리에서 일어서면서 이렇게 말했다. "나의 형제들이여, 나는 당신들의 사역을 받아들일 수가 없습니다. 나는 나에게 가장 좋은 것이 무엇인지를 이미 잘 알고 있습니다. 저는 제 방식대로 해야 하겠습니다." 자기 길을 선택해 간 그는 결국 섬김의 자리를 상실했고, 길지는 않았지만 얼마간 정신질환을 앓았다.

어느 날 아시시의 프란시스가 나귀를 타고 가고 있었다. 걸어가고 있던 한 형제가 그를 보고는 화를 내며 소리쳤다. 가난한 사람들은 걸어가고 있는데 혼자만 나귀를 타고 가느냐고 말이다.

프란시스는 그 형제 앞에 무릎을 꿇고 자신을 책망해 준 것에 대해 감사를 표했다. 그는 하나님 앞에서 사람들과의 관계 가운데 이루어야 할 자신의 부르심을 성취하였다.

보라 형제가 연합하여 동거함이 어찌 그리 선하고 아름다운고 머리에 있는 보배로운 기름이 수염 곧 아론의 수염에 흘러서 그의 옷깃까지 내림 같고 헐몬의 이슬이 시온의 산들에 내림 같도다 거기서 여호와께서 복을 명령하셨나니 곧 영생이로다 (시 133:1-3)

부르심은 우리가 공동체적인 존재가 될 때 비로소 의미를 지닌다. 왜냐하면 하나님께서 이미 그런 식으로 예정해 놓으셨기 때문이다.

LETTING GO OF YOUR PAST

Chapter 4

진정한 독립은 실제로 부모를 떠나는 것이다

이러므로 남자가 부모를 떠나 그의 아내와 합하여 둘이 한 몸을 이룰지로다 (창 2:24)

딸이여 듣고 보고 귀를 기울일지어다 네 백성과 네 아버지의 집을 잊어버릴지어다 (시 45:10)

진정한 독립은 실제로 부모를 떠나는 것이다

4

현재 서구문화 가운데 만연되어 있는 최고의 불공정은 아마도 젊은이들이 충분한 지혜를 획득하기도 전에 세 가지 중요한 결정을 내려야 하는 일일 것이다. 이 세 가지란 신앙, 배우자, 직업에 관한 것으로서, 한 사람의 일생 전체에 영향을 미치는 결정들이다.

신앙과 직업에 관한 결정들은 사실 순간적으로는 그다지 중대하지 않을 수 있다. 물론 한 개인이 아직 젊었을 때에 신앙을 갖게 되는 것은 매우 중요하지만(전 12:1), 설사 우리가 최악의 사교에 빠졌다 할지라도, 주님은 우리를 다시 구속하시고 변화시켜 주실 수 있다. 또한 여러 해에 걸친 다양한 일거리나 직장 경험들이 후일 천직으로 부름 받는 순간에 큰 유익이 되었다는 사람들도 있다. 그러나 결혼은 결코 취소하거나 철회할 수 없다. 일단 선택을 하면 평생토록 변경시킬 수 없다.

지금 우리 문화의 유전자와 습관들은 20대를 넘기기 전에 배우자를 선택하도록 부추긴다. 이러한 선택은 우리에게 일평생 복이 될 수도 있지만, 일평생 괴로움이 될 수도 있다(그리스도의 은총으로 변화가 일어나지 않는 한 말이다).

한편 오늘날의 교육 시스템은 우리에게 '읽기, 쓰기, 수학'이라는 기본적인 기술들을 가르친다. 그러나 결혼에 필요한 인간관계 기술들은 거의 가르쳐 주지 않는다! 우리는 직업연수훈련, 직업학교, 학부, 대학원 등을 통해 직업을 위한 준비를 신중하게 갖춰 간다(이 부분에 관해 보다 상세한 내용을 원한다면, 서문을 참조하기 바란다). 교회와 주일학교는 우리가 인생 전반에 걸쳐 하나님과 함께 하는 삶을 살아가게 하려고 애를 쓴다. 그러나 인생에서 최고의 축복인 결혼과 인생에서 최고로 중요한 과업인 자녀양육에 관해 가르쳐 주는 학교는 전무하다.

하나님은 가족들을 가르쳐야 한다고 말씀하셨지만(잠 1-7장, 엡 6:4), 우리의 가정들은 비참한 실패를 거듭하곤 한다. 우리는 자녀들을 "캔디에 대한 환상이 아직도 머릿속에 남아 있는 동안" 거친 바다 속으로 내몬다. 그곳은 무지와 처리되지 못한 육체적 본성으로 인해 매우 적대적인 장소이며, 바다 밑에는 지뢰들과 총탄들이 은폐되어 있다.

우리는 그리스도의 몸이 잘 양육되어 기도사역을 수행할 수 있게 되길 바란다. 하지만 동시에 우리는 예방의학의 필요성도 주장해야 하지 않겠는가? 미국인들은 혼인증명서를 발행해 주기 전에 혼전교육의 의무화에 관한 법률제정을 위해 로비활동을 해야만 하지 않겠는가? 수개월 동안 결혼생활에 관한 상담을 받지 않은 사람에게는 이혼을 금지하는 법안을 통과시킬 수 있어야 하지 않겠는가? 고등학교에서 부모의 책임과 결혼관계에 관한 과목을 수강하도록 하는 방법도 가능하지 않겠는가?

우리가 잘못된 교훈이 주입될 가능성에 대하여 상당히 두려워하고 있는 것도 사실이다. 그러나 논쟁의 여지가 없는 지혜들, 일치되고 건전한 기본적인 지혜들도 분명히 존재한다. 이러한 지혜는 가르쳐질 수 있고 반드시 가르쳐져야 한다. 이 분야에는 곳곳에 함정들이 도사리고 있다. 또한 감히 누가 누구를 가르치고 조언해 줄 수 있다고 하겠는가? 그러나 이 과업에 착수하는 합법적인 옹호자들이 이 분야에는 반드시 필요하다.

발견하기

종종 젊은이들이 폴라와 나에게 와서 묻는 것이 있다. 그들이 앞으로 관심을 갖게 될 대상이 진정으로 자신들을 위한 사람인지 아닌지를 과연 어떻게 알 수 있느냐는 질문이다. 우리는 이따금씩 인간이 성경시대의 패턴으로 되돌아갈 수만 있었으면 하고 바랄 때가 있다. 성경시대만 해도 부모들은 자녀들을 위한 배우자를 직접 골라 주었다. 물론 만일 진실을 알았더라면, 성경시대의 방법이 훨씬 나았다고는 할 수 없었을지 모른다(최소한 이 방식에 있어 우리는 부모들을 비난할 수 없다. 자업자득이다).

수많은 그리스도인들이 자신의 약혼자가 과연 하나님께서 선택하신 사람인지 아닌지를 말해 달라고 하나님과 목사님, 기도사역자들에게 압력을 가해 온다. 이들의 생각은 외관상 선해 보일 수 있다. 그러나 우리는 그리스도인들에게 자신의 결단을 위해 하나님을 설득하려 하지 말라고 권면한다. 배우자에 관해 구체적인 질문을 던지기 전에, 우선 하나님과의 관계 안에서 다른 개인적인 선택들과 이에 따른 조치들이 반드시 선행되어야 한다.

무엇보다 먼저 하나님과 함께 하는 당신의 인생에 관한 물음부터 해결하라. 하나님을 단지 구세주(Savior)로서뿐 아니라 주님(Lord)으로 영접하라. 당신의 인생 전체를 주님의 돌보심에 맡겨 드리라. 그럴 때 비로소 정중하신 우리 주님은 당신의 자유의지의 범위 내에서 당신의 인생이라는 체스판에서 말들을 자유롭게 옮겨 놓으실 수 있다. 이런 과정을 통해 주님은 태초부터 당신을 위해 예비해 놓으신 배우자와 당신의 만남이 우연히 이루어지도록 섭리하신다.

대체로 주님은 당신에게 구체적인 사람을 말씀해 주시는 일은 하지 않으신다. 주님은 당신이 반드시 거쳐야 할 결정 과정을 회피하기를 원치 않으신다(물론 일단 당신이 결정을 내린 후에는, 주님이 이를 확증해 주시거나 거절하시는 경우도 종종 있다). 지혜로우신 하나님 아버지는 우리가 스스로 결정을 내리기 원하신다. 때때로 우리는 미래를 알아내면 고통을 모면할 수 있을 줄로 착각하여, 점쟁이의 말에 귀를 기울이려 하기도 한다. 그러나 하나님은 우리에게 이런 일을 하지 말라고 하신다.

"사람이 마음으로 자기의 길을 계획할지라도 그의 걸음을 인도하는 이는 여호와시니라"(잠 16:9). 아주 작은 방향키가 거대한 배를 인도해 간다. 그러나 배가 움직이지 않는다면 방향키는 아무런 쓸모도 없다. 일단 당신의 삶을 주님께 맡겨 드리기 바란다. 그런 다음에 어느 직장에 갈 것인지, 어느 학교에 갈 것인지, 어느 교회에 다닐 것인지를 결정하라. 당신의 삶을 주님을 섬기는 일에 헌신하라. 그러는 동안 주님은 당신을 당신의 배우자가 있는 곳으로 데려다 주실 것이다(창 2:18-22).

우리는 하나님의 섭리하심을 굳게 확신한다. 우리는 주님의 지혜를 신뢰한다. 주님은 우리를 완벽한 자유 가운데 머물게 하시면서도, 동시에 우리로 하여금 가장 정확한 사람을 발견해 내도록 섭리하신다. 주님은 하늘과 땅을 움직여서라도 우리가 미래의 배우자와 우연히 마주치도록 만들어 주실 수 있는 분이다.

남성들과 여성들은 가능한 한 결혼하기 전에 내면의 수많은 죄악된 요소들을 반드시 처리해야 한다. 그래야만 주님이 그들을 위해 최초로 선택해 놓으신 사람과 만날 수 있게 된다. 주님의 최초의 선택이 아닌 다른 누군가를 만나면 최악의 결실을 거두게 될 뿐이다.

한 남편과 아내를 찾아내기 위한 최고의 준비는 우선 자신의 마음과 생각을 정결케 하고 치유하는 일이다. 어떤 변화들, 아니 아마도 대부분의 변화들은 결혼생활을 통해 배우자가 우리의 죄악된 구조들을 폭로할 때 비로소 일어날 수 있다. 그러나 최소한 우리는 결과적으로 파멸보다는 도움이 될 사람을 끌어당기기 위해 가능한 한 미리미리 노출시키기를 원한다. 성경은 우리에게 다음과 같이 경고한다. "너는 청년의 때에 너의 창조주를 기억하라 곧 **곤고한 날이 이르기 전에, 나는 아무 낙이 없다고** 할 해들이 가깝기 전에"(전 12:1).

만일 주님께서 여성을 남성에게로 데려오시고(창 2:22) 우리가 서로 만날 수 있도록 인생을 계획해 가신다면, 우리는 이를 알아차리기 위해 어떻게 준비해야 할 것인가? 우리 앞에 나타난 그 혹은 그녀가 '바로 그 사람'임을 어떻게 알 수 있을까? 이 일에는 확실한 원칙들이나 보장이란 없다. 이 일은 언제나 우리의 가슴을 졸이게 한다. 그러나 몇 가지 단서들은 존재한다.

첫째, 이런 종류의 분별은 대체로 로맨틱한 열정에 의해 얻어지지는 않는다. 또한 "그는 나를 흥분시켜요" 내지는 "그녀는 나에게 정말 관심이 있어요" 등과 관련된 상황에서 얻어지는 것도 아니다. 우리는 때때로 '첫눈에 반하는 사랑'도 있다고 믿는다. 그러나 열정이 분별의 표식인 경우는 매우 드물다. 종종 분별은 마치 우리의 영 깊은 곳에서 느껴지는 심오한 인식과도 같다. 뭔가 딸깍 하는 소리가 난다. 여성의 경우는 영 안에서 일종의 경보음을 느낄 때가 많다. 그 사람이 행복해지기를 간절히 바라는 열정이 갑자기 내면에서 솟구쳐 오르면서 깜짝 놀랄 수도 있다. 이러한 인식이 그리 오랫동안 지속되는 것은 아니다.

폴라와 나는 우리 가정이 재정적으로 어려움을 겪었던 6개월 동안 연인관계로 사귀고 있었다. 그 무렵의 어느 봄날, 나는 재정적인 문제로 인해 가을학기에는 학교로 되돌아가지 못할 수도 있다는 소식을 알린 적이 있었다. 폴라는 마음에서 갑자기 슬픔을 느꼈고, 이를 통해 내가 바로 '그 사람'임에 틀림이 없음을 깨닫게 되었다.

여기에 두 번째 단서가 있다. 두 번째 단서는 좋은 감정이 아닌 상처를 통해 분별하는 방법이다. 우리는 상대방과 더 이상 함께 있을 수 없게 되었을 때, 단순히 낭만적인 갈망을 충족시키지 못한다는 것 이상으로 훨씬 더 깊은 차원의 아픔을 느끼는 자신을 발견한다.

우리가 그의 자녀들을 키우고, 그들의 삶을 보호하고, 축복하고, 충족시켜 줄 수 있는 사람이 아닐지도 모른다는 생각이 들 때, 찌르는 듯한 고통이 느껴진다. 우리는 숱한 싸움들과 장애물들을 통해 서로를 향한 깊은 헌신을 깨닫게 될지도 모른다. 상대방이 나에게 얼마나 중요한 사람인가에 관한 깨달음이 깊어질수록, 우리는 더 많이 싸움을 걸고, 더 많이 상처를 받고, 더 많이 허물을 캐내게 될 수도 있다. 혹은 달아남을 정당화하기 위해 무슨 행동이라도 하게 될 수 있다.

분별을 위한 가장 확실한 표지가 있다. 우리가 상대방으로부터 받고 싶은 것에 관하여 생각하기를 중단했다는 사실이다. 마치 '오늘밤 구시가에서 대단히 고통스러운 때'(1896년 조 헤이든이 작사한 재즈 제목으로, 1871년의 시카고 대화재사건을 패러디한 것 – 역주)처럼 말이다. 우리는 이 사람과 함께 하지 않는다면 잠자리에 들지 않겠다고 생각하는 자신을 발견하게 된다. 우리는 이 사람을 존경하고 싶어 한다. 우리는 이 사람을 돌봐주고 축복해 주고 싶어 한다. 이러한 갈망들은 정상적인 친절이나 도덕적 기준을 훨씬 능가하는 수준으로까지 고조된다.

이 사람에 관하여 우리는 고결한 표현으로 이루어진 공상을 하기 시작한다. 어떤 남성들은 데이트를 마치 성적 욕구를 채우기 위한 수단으로 취급해 온 경우도 있었다. 그러나 비록 성적으로 훨씬 더 깊은 끌림이 있다 할지라도, 그들은 예사롭지 않은 브레이크가 작동하고 있음을 깨닫는다. 열정은 뭔가 새로운 것에 의해 울타리에 갇힌다. 우리는 더 이상 받기만을 원치 않는다. 우리는 베풀고 싶다. 우리 안의 무언가가 자꾸만 이 여성에게 베풀어 주는 자의 입장에 서 있고 싶어 한다. 그때부터 계속하여 우리는 그녀를 보호해 주고 싶어 한다.

우리는 일종의 거룩한 질투로 말미암아 우리의 배우자를 발견하게 될 수도 있다. 모든 질투가 나쁜 것은 아니다. 솔로몬은 실투를 일종의 깊은 헌신의 징표로 보았다. "너는 나를 도장같이 마음에 품고 도장같이 팔에 두라 사랑은 죽음같이 강하고 **질투**는 스올같이 잔인하며 불길같이 일어나니 그 기세가 여호와의 불과 같으니라"(아 8:6).

우리의 하나님도 질투하시는 하나님이시다(신 5:9). 하나님의 질투는 우리를 향한 사랑이다. 하나님은 그 어떤 우상도 하나님의 자리를 대신 차지하기를 원치 않으신다. 우리는 우리가 배우자감으로 여기고 있는 사람에게 다른 누군가가 인사라도 하면 상처를 받거나 질투를 느낀다. 이러한 상처는 우리의 상처 난 자존감이나 자아에서 말미암은 것이 아니라, 상대방의 행복을 진심으로 걱정하는 마음에서 말미암은 것이다. 이때 우리는 우리가 미래의 배우자를 사랑하고 있다는 사실을 깨닫게 될 수 있다.

두 남녀가 얼마간 뒤로 물러나 냉각기를 갖는 것도 바람직하다. 만일 두 사람 간의 열정이 진정으로 하나님께서 의도하신 결혼을 위한 사랑이라면, "떨어져 있으면 그리워지는 법"이라는 옛사람들의 말이 상당히 진실이 된다. 우리는 그 사람과 떨어져 있으면 아픔을 느낀다. 감정들도 가라앉고, 생각들도 차분해지지만, 내면의 진실한 '고통'은 시들 줄을 모른다. 우리는 왠지 차분하지 못하고, 불완전함과 공허감을 느낀다. 마침내 우리는 그 사람이 우리 곁에 있지 않으면 더 이상 잘 살아갈 수 없음을 알게 된다. 이전까지만 해도 우리는 자유롭고 '온전하다'고 느끼면서 살아왔다. 그러나 일단 그 사람을 만난 이후로부터는 그 사람과 함께 하는 관계가 아니라면 결코 충만해지거나 온전해지지 못할 것처럼 느껴진다.

만일 결혼 후에 우리가 충만한 부부생활을 누리는 일에 실패하게 된다면, 이와 동일한 내적 충만함과 온전함을 이제는 결혼의 테두리를 벗어난 관계를 통해 채우려 할 수도 있다. 그러나 우리가 깨닫지 못하고 있는 것이 있다. 실제로 이런 감정들은 원래 우리의 남편이나 아내를 향한 것들이었다. 이러한 감정들은 결혼생활 속에서는 차단될 때가 많기에, 그 결과 전혀 엉뚱한 사람을 향해 전이되어 가곤 한다. 이런 경우에 감정들 자체는 결코 잘못된 것이 아니다. 다만 우리가 올무와 환상을 감정의 충족대상으로 삼은 것뿐이다. 이러한 감정들은 인생의 반려자와 더불어 충족되어야 할 우리 영의 깊은 갈망들이다.

사람들은 종종 나에게 혹시 또 다른 예비 배우자가 나타나지는 않을지의 여부를 묻곤 한다. 이들은 자신들이 잘못된 사람과 결혼했다고 확신하고 있기에 이런 질문을 던진다. 이들의 말이 어쩌면 맞을 수도 있겠지만, 여전히 나는 이런 말에 심각한 의문을 제기한다. 50여 년 이상의 오랜 기도사역을 통해, 내(존)가 이런 사람의 결혼이 정말 잘못된 선택이었다고 분별한 사례는 거의 열 손가락에 꼽을 만큼밖에 안 되었다. 하나님의 기적적인 섭리는 늘 나를 깜짝 놀라게 만든다. 가장 격렬한 싸움을 하고 있는 부부라 할지라도, 나는 여전히 두 사람이 '천생연분'임을 느끼고 깨달을 때가 많다.

최선의 선택이었을 수도 있고, 아니었을 수도 있다. 그러나 나는 하나님은 가장 고상하고 가장 풍요롭고 가장 좋은 결혼으로 만들어 주실 수 있는 분임을 믿는다. 이것이 우리의 믿음이 되어야 한다. 하나님께서 우리를 배우자와 연결시켜 주시는 과정에서, 우리는 실패에 대한 두려움을 느낄 수도 있고, 허둥댈 수도 있다. 이 과정은 옳게 보일 수도 있고, 그르게 보일 수도 있다. 그러나 주님은 우리와 배우자가 연합된 바로 그 자리를 통해 로마서 8장 28절의 믿음을 다시금 입증해 보이길 원하신다. 하나님은 우리 인생의 모든 순간과 상황 속에서 모든 것이 합력하여 선을 이루게 하시는 분이다. 그러므로 상담의 최고 목표는 단지 우리에게 가장 적합한 배우자가 누구인가를 알아내는 일에 초점이 맞춰져 있지 않다. 우리는 하나님께서 우리의 결혼을 최선으로 인도해 주시도록 내어 드려야 할 뿐이다.

사람들의 질문에 대한 대답은 이런 식으로 정리된다. 너무도 많은 사람들이 결혼생활로 들어간 후에 뒤돌아보며 이렇게 생각한다. '내가 실수한 것임에 틀림이 없어.' 이 문제에 관한 한 미리미리 해결해 두자. 머릿속에 어떤 의문들이 떠돌아다니며 괴롭힐지라도, 마음을 주님께 고정시키고 최선의 상황으로 만들기 위해 기꺼이 대가를 지불하겠다고 결심하라. 실수를 저질렀다는 확신이 아무리 강하게 든다 하더라도, 다음과 같은 나의 어머니의 지혜로운 말씀을 기억해야 한다. "아들아, 일단 네가 누구를 아내로 선택했다면, 네게는 돌아올 고향이 더 이상 없다는 사실을 반드시 기억해라. 물론 나는 너를 사랑하고 언제나 네 어미가 되어 주겠지만 말이다."

미혼 남녀들은 앞에 소개한 나의 어머니의 말씀을 늘 신중한 태도로 살아가라는 엄중한 경고로 받아들여야 한다. 성경은 우리에게 믿지 않는 자들과 멍에를 함께 하지 말라고 말씀한다(고후 6:14). 그렇다고 해서 이 말씀은 모든 신자들이 반드시 좋은 선택을 하게 될 것이라는 의미는 아니다. 신자들 중에서도 머리로는 믿고 공개적으로 믿음을 선언했어도, 마음으로부터 진실하게 믿고 있지는 않을 수도 있다. 이는 이 책이 다루려는 주제의 일부이기도 하다. 예수님을 구세주로 영접하는 의식을 통과한 사람들이라 할지라도, 여전히 마음으로는 전혀 주님을 믿지 않는 사람들이 얼마나 많은지 모른다.

반면에 공공연히 기독교 신앙을 고백하지는 않으나 오히려 대부분의 그리스도인들보다 훨씬 더 그리스도인다운 사람들도 있다! 그들은 갈라디아서 5장 22-23절에 언급된 모든 성령의 열매들을 맺으며 살아간다.

한 아가씨가 마음속으로 다음과 같이 생각할 수도 있다. '나는 그가 언젠가는 반드시 회심하리라 믿어.' '나는 그가 바로 내 배우자감이라는 걸 알고 있어.' 그 사람이 천생연분일 가능성은 얼마든지 있다. 그가 아직 회심하지 않은 상태라 해서 무조건 포기해 버려서는 안 된다. 그도 언젠가는 회심하게 될 수도 있다. 사도 바울의 말을 기억하자. "아내 된 자여 네가 남편을 구원할는지 어찌 알 수 있으며 남편 된 자여 네가 네 아내를 구원할는지 어찌 알 수 있으리요"(고전 7:16).

평생토록 그리스도인으로서의 덕목을 과시하며 살아가는 남녀들 중에는 여전히 그리스도를 영접하지 않은 사람들도 수없이 많다. 만일 그가 당신을 위한 바로 그 사람이라면, 그가 회심하기 전까지는 결혼하지 말라. 당신은 이렇게 질문할 수도 있다. "그런데 만약 그가 제 배우자감이 아니었으면 어쩌죠? 제가 착각했을 수도 있잖아요." 아니다. 당신이 착각했을 리가 없다. 그가 회심했다면 그에게 물어보라. 과연 하나님을 기쁘시게 하려고 회심했는지, 아니면 당신을 즐겁게 해주려고 회심했는지를 말이다.

그가 올바른 동기를 가질 때까지는 그와 결혼하지 말라. 만일 그의 동기가 바르지 못하다면, 그가 새롭게 발견한 '신앙'은 결혼의 종소리가 울리자마자 급속히 시들해질 것이다. 이 부분에 관해서는 다른 사람들의 분별을 통해 도움을 받으라. 사랑에 빠져 있는 동안에는 당신의 판단력이 최고로 무뎌져 있을 수도 있기 때문이다.

혼을 고요하고 평온한 상태로 유지하면서(시 131편) 작고 세미한 주님의 음성을 기다리기란 정말 힘든 일이다. 하나님의 축복을 바라면서 우리가 서둘러 돌진하지 않고 있음을 확신하는 일도 어렵다. 시간이 지남에 따라 성령님은 우리의 이기적인 욕구들을 잠잠케 해주시고, 하나님의 뜻을 알려 주신다. 불안은 가장 확실한 표지이다(여기서 말하는 불안이란 어린 시절에서 기인한 내면의 고통이 아니라, 걱정과 긴장에서 말미암은 불안이다).

평강도 하나의 척도이다. 우리의 약혼자가 다가오면, 우리의 마음과 생각은 사방팔방으로 흥분하는 반면, 내면 깊은 곳에서는 이제껏 한 번도 경험하지 못한 평안이 느껴진다. 외관상 우리는 평안을 제외한 온갖 방향으로 내달리는 듯하지만, 내면에는 폭풍의 흔적조차 찾아볼 수 없다. 뭔가가 안정을 되찾았다.

우리가 특히 아직 주님을 알지 못하는 누군가에 관해 알아내려 애쓸 때, 그 일 자체에 대하여 우리의 논리적인 생각은 얽혀 버릴 수도 있다. 우리는 그와 반대되는 온갖 생각들에 대하여 저항하면서, 같은 곳만을 끝없이 반복해서 선회하고 있을지도 모른다. 서두르고는 있지만 진척은 없다. 그러나 동시에 여전히 마음에서는 부드러운 깨달음을 얻고 있을 수도 있다. 이번에도 역시 시간은 하나님과 사람 편이다. 조급함은 원수이다. 이러한 내면의 깨달음과 그로 인한 침착함은 시간의 시험에 인내하도록 만들어 준다. 열정과 정욕은 시간의 테스트를 견뎌내지 못한다.

종종 오랫동안 맺어온 우정과 부부간의 사랑은 구분하기가 매우 어렵다. 특히 때때로 사랑이 우정이라는 문을 통해 들어오는 경우도 있기 때문이다. 우리는 짐 지기로서의 사랑과 로맨스를 혼동하며, 전이와 사랑을 혼동할 때가 많다. 기도사역자들이 사역을 받는 사람과 더불어 '사랑에 빠졌다'고 생각할 때가 얼마나 많은지 모른다. 이런 식의 관계들은, 물론 흔하지는 않지만, 부부간의 사랑으로 발전할 가능성도 있다. 욕구에 기반을 둔 관계들은 언제나 불안정하다. 또한 이러한 관계에서는 자유롭게 서로를 선택할 수 있는 두 사람의 동등한 자유인으로서 전이를 이겨낼 수 있는 경우가 매우 드물다. 소유욕이 사랑이라는 가면을 쓰고 있을 때가 너무도 빈번하다. 이상에 언급된 모든 혼동들을 해결할 최고의 수단은 시간이다.

성령님은 우리에게 분별력을 주시는 분이다. 그러나 속사람의 치유와 마찬가지로, 성숙은 하나님의 음성을 들을 수 있는 최고의 열쇠이다. 우리는 열매를 채 익기도 전에 따버리는 일이 없도록 주의해야 한다. 아마도 이것은 아가서에 언급된 경고의 말씀이 가진 또 하나의 의미이리라 싶다. "예루살렘 딸들아 내가 노루와 들사슴을 두고 너희에게 부탁한다 내 사랑이 원하기 전에는 흔들지 말고 깨우지 말지니라"(아 2:7; 3:5; 8:4, 거의 동일한 표현이 세 차례나 반복되고 있다).

지혜로운 권고를 받아들이는 일은 매우 중요하다. 이는 남편이나 아내를 선택함에 있어 해악을 예방하기 위해서만 아니라, 당신과 함께 할 사람을 찾기 위해 실제적으로 통과해 온 발견의 과정에서 용서할 것이나 확증할 것이 무엇인지를 깨닫기 위해서도 중요하다. 만일 당신의 결혼이라는 배가 이미 곤경에 처해 있는 상태라면, 당신은 머릿속으로 이 실패들이 현재의 문제가 아니라는 결론을 뒷받침할 근거들을 자꾸만 찾아내려 할지도 모른다. 당신은 다음과 같이 말하고 싶다. "아무래도 내가 잘못된 사람과 결혼한 것이 분명해." 그러나 당신이 선택했을 무렵의 마음의 과정들을 자세히 점검해 보고, 기도하면서 고요한 시간을 보내는 가운데, 성령님은 당신에게 다음과 같은 확신을 주실 수도 있다. "너는 올바른 사람과 만났다. 자, 이제 마음을 진정시키고 무엇이 잘못되었는지 알아보자."

상황에 따라 당신의 치유 과정을 도와줄 기독교 상담자나 기도사역자를 찾아보는 것도 바람직하다. 그들은 당신이 '발견하기'의 기술을 잘 이해할 수 있도록 도와줄 것이다. 낭만적인 마음의 경로들을 잘 이해하고 있는 기도사역자나 기독교 상담자는 고집스런 마음을 설득하여 무익한 질문을 멈추게 만드는 능력, 변명과 회피를 놓아 보내게 하는 능력, 성공적인 현재를 위한 과업에 착수하게 하는 능력을 가지고 있다.

떠나기

일단 예비 배우자를 찾아낸 후에는, 진행 중이던 오랜 과정은 새로운 국면으로 접어든다. 출생 직후부터 우리는 의존에서 독립으로의 긴 여행길에 오른다. 어머니의 자궁 안에서 모든 유기체적·정서적·영적 시스템은 전적으로 어머니와 아버지의 보호 하에 의존되어 있었다. 출생과 함께 우리는 자신만의 독립된 유기체적 존재가 된다. 만일 어머니와 분리된 상태에서 우리 몸의 기관들이 기능을 시작하지 않는다면, 당연히 죽을 수밖에 없다. 독립이나 떠남은 생명을 유지하기 위해 치러야 할 최초의 대가이다. 나아가 이 대가는 지속적으로 치러져야 한다.

갓난아기는 여전히 유기체적으로 의존되어 있다. 아기는 음식, 따뜻하게 감싸 주기, 씻어 주기 등 생명을 유지하는 데 필요한 온갖 기능들을 대신해 줄 누군가가 필요하다. 아기일 때 우리는 아무것도 혼자의 힘으로는 할 수 없다. 먹고 호흡하고 자고 배변하는 일을 제외하고는 말이다. 사실 이러한 일들조차도 누군가의 도움을 필요로 하는 것들이다. 우리는 젖떼기, 배변훈련, 걷기, 말하기, 옷 입기, 예절과 매너, 관습과 도덕 배우기 등의 여러 단계들을 거치면서 계속적으로 독립을 향해 나아간다.

십대가 되면서 우리는 개인화와 내면화 과정들을 통해 얼마간의 보이지 않는 탯줄들을 잘라낸다. 그러나 전부를 끊어내는 것은 아니다. 어떤 보이지 않는 충성심과 소속감들은 보다 근본적이고 새로운 충성심들의 요청이 있기 전까지는 완벽하게 점검될 수도 없고, 온전히 끊어낼 수도 없다. 이러한 보이지 않는 충성심과 소속감들은 우리의 마음을 사로잡고 있으면서, 우리로 하여금 부모가 보내는 신호에 행동으로 반응하도록 묶어 놓는다. 새로운 충성심들의 요청이 있을 때에도 탯줄은 단번에 끊어지는 것이 아니라, 헤아릴 수 없이 많은 사건들과 결정들을 통해 끊어진다. 결혼생활에서 발생하는 평범하고 일상적인 사건들은 부모로부터는 더욱더 분리되고, 서로를 향해서는 보다 더 깊이 연합될 것을 요구한다.

결혼한 부부들을 대상으로 사역하면서 만나게 되는 가장 평범하면서도 최고로 힘든 문제는, 떠남과 연합에 관한 사안이다. 결혼은 세 단계로 이루어진 과정이다. "이러므로 남자가 부모를 **떠나** 그의 아내와 **합하여 둘이 한 몸을 이룰지로다**"(창 2:24). 만일 남자나 여자가 아버지나 어머니를 떠나는 일에 실패하면, 두 번째 단계는 이루어질 수 없다. 두 사람의 연합은 불가능해진다. 떠남과 연합이 이루어지지 않고서야 세 번째 단계는 성취가 불가능한 것은 물론이고, 아예 착수조차 할 수 없다. 이들은 결코 한 몸이 될 수 없다.

떠남은 처음에는 단지 지리적으로 떠나오는 것에서 시작된다. 소년을 농장에 가지 못하게 하는 것과, 농장을 소년으로부터 취해 오는 것은 별개의 문제이다. 어머니가 행하던 모든 방식들은 한 남성의 생각 속에 수많은 바람들과 요구들을 통해 틀을 형성한다. 이 남성의 아내는 헤아릴 수 없이 많은 구체적인 항목들에 있어서 그의 어머니처럼 되거나 혹은 되지 않아야 한다. 보다 중요한 사실은 충성심, 말투, 명령하고 지배하는 방식들, 신호들, 반응들, 소속감들, 자기정체성 등, 어머니와의 관계를 통해 아들의 내면구조를 형성해 온 모든 것들이 죽음에 처해져야 한다는 것이다. 이는 새로운 관계가 살아남기 위하여 필수적이다.

어머니는 어떤 프로젝트에 대하여 아들의 도움을 요청하고 있다. 그러나 아들은 자신의 아내 그리고 자녀들과 함께 보내려고 이미 계획을 세워 놓은 상태이다. 자, 이런 상황에서 어느 것이 우선순위가 되어야 하는가? 신부의 어머니는 자꾸만 요구하고 질책하고 충고하려 든다. 그러나 신부의 남편은 이와는 달리 뭔가 단호히 결단한 모습이다. 신부는 이제 어느 쪽을 따라야 할까? 아버지는 아들의 아내와 자녀들이 보는 앞에서 아들을 교정하려고 애를 쓰고 있다. 아들이 가지고 있는 충성심은 어느 정도인가? 며느리는 과연 어느 시점에 발언을 해야 하는가? 아버지는 며느리나 온 가족들에게 일주일에 많은 시간을 집에서 함께 보내자고 요구한다. 부모공경에 관한 진정한 책임감이란 무엇인가? 또한 지나친 책임감이란 무엇인가?

휴일이나 휴가가 되면 부모를 방문해야 한다. 고향에 가면 으레 부모들이 무시당할 때가 점점 더 많아지면서 다툼이 불거지곤 한다. 아버지와 어머니는 계속 끼어들면서 자기들은 권리가 있다고 말한다. 또한 이들을 자신들의 아들이나 딸이라고 말한다. 아들이나 딸이 다음과 같이 말할 수 있는 권리를 가질 때는 과연 언제일까? "가 버리세요! 이건 제

인생이라고요!" 아버지와 어머니는 돈이나 자동차, 여러 가지 물품 등 수많은 것들을 제공해 주려고 한다. 부부가 이젠 충분하다고 말해야 할 때는 과연 언제인가?

남편이나 아내가 계속 부모의 집 옆으로 이사 가려 할 때, 현명한 부모는 어떻게 이를 중단시켜야 하는가? 딸이 날마다 집에 전화를 걸어 부모에게 이야기하는 일에 여러 시간을 보내는 듯하다. 정도를 지나쳐 너무 과도할 때는 언제인가? 지혜로운 부모라면 언제, 어떤 방식으로 이를 차단하고 제한해야 하는가? 어느 시점에 "더 이상은 안 된다!"라고 말해야 하는가? 경우에 따라 긍휼한 마음으로 이러한 법칙들을 바꾸어야 할 때는 언제이며, 또한 어떻게 바꾸어야 하는가? 안전기지(secure base)는 결혼생활에 얼마만큼 도움이 되는가? 혹은 안전기지가 결혼생활에 손상을 끼치는 정도는 얼마인가?

모든 경우는 각 사안의 시비를 가려 판정되어야 한다. 그러나 몇 가지 지침들은 확고하게 설정되어 있어야 한다. 우선, 새롭게 결혼한 각각의 부부들은 부모를 떠나 독립된 존재가 되어야 한다. 새로운 부부는 자신들만의 삶을 발견해내야 한다. 마치 개척자들처럼 이들도 스스로 자립해야 한다. 새롭게 부부가 된 남녀와 부모 모두가 이 사실을 인정하고 받아들여야 한다. 일단 이 사실이 양쪽 모두에게 수용되고 성취된 이후에는, 자녀들은 부모 집에 방문을 해도 되고, 부모들은 올무가 되거나 지장을 초래하지 않는 선에서 도움을 베풀 수 있다.

두 번째 지침은 자녀교육의 임무는 더 이상 끝났다는 깨달음과 관련된다. 부모들이여! 더 이상 계획하고 상담하고 훈육하고 충고하는 일을 포기하라. 당신은 더 이상 자녀들의 결정에 관여할 권리를 가지고 있지 않다. 결혼한 부부들이여! 당신들은 더 이상 이런 종류의 순종을 부모에게 행할 이유가 없다! 부모들은 더 이상 결혼한 아들이나 딸에게 무엇이든 명령할 수 있는 위치가 아니다! 당신의 배우자가 아니라 부모에게 순종하는 것은 칭찬할 만한 일이 아니다.

한 사람의 성인으로서 당신은 부모가 요청하는 것에 대하여 사랑 안에서 결정을 내려야 한다. 그러나 이러한 결정은 순전히 자유로운 선택에 의한 것이어야지, 결코 강제적인 선택 혹은 감정적이거나 충동적인 선택이 되어서는 안 된다. 성경은 아버지와 어머니를 공경하라고 명령하고 있지만, 결혼한 이후에도 계속해서 순종해야 하는 것은 아니다. 결혼한 부부들에게 있어 부모 공경이란 어떻게 하는 것일까? 우선적으로는 배우자와 자녀들이 필요로 하는 책임적인 태도들과 섬김을 제공해 주고, 그런 다음에야 부모를 섬겨야 한다. 배우자와 자녀들보다 부모를 먼저 섬겨서는 안 된다.

폴라와 나는 우리의 여섯 자녀들 중 누구에게도 결코 명령을 하는 법이 없다. 현재 이들은 모두 결혼해서 집을 떠나갔다. 자녀들에게 명령할 수 있는 관계는 그들이 성년이 되면서 막을 내렸다. 안타깝게도 수많은 부모들이 여전히 이미 성인이 된 자녀들을 마치 열 살짜리 아이에게 하듯 대한다. 훈련담당 하사관은 자신의 관할 하에 있는 신병들에 대해 소리도 지르고 무시할 수도 있다. 그러나 상사에게도 이와 동일한 태도로 대했다가는 자칫 계급을 강등당할 수도 있다! 부모들은 일단 성인이 된 자녀들은 더 이상 신병이 아니라는 사실을 깨달아야 한다. 그들은 이미 새로운 군단에 속한 자들이다. 부모들은 성인이 된 자녀들을 존경과 경의로 대해야 한다.

세 번째 지침은 충성심 및 애착과 관련된다. 남편과 아내는 상호 간에 룻이 나오미에게 했던 말을 동일하게 주고받아야 한다. "어머니께서 가시는 곳에 나도 가고 어머니께서 머무시는 곳에서 나도 머물겠나이다 어머니의 백성이 나의 백성이 되고 어머니의 하나님이 나의 하나님이 되시리니"(룻 1:16). 아내가 남편에게 자신의 부모가 살고 있는 집 근처에서 살자고 정서적으로 강요하는 것은 적절치 못하다. 아내는 남편이 가자고 하는 곳은 어디든 함께 갈 수 있을 만큼 정서적으로 자유로워야 한다. 결코 자신의 고집을 내세워 정서적으로 남편의 머리를 내리치거나 마치 순교자적인 태도를 취하는 일은 없어야 한다. 남편도 자신의 부모들에게 끌려다니거나 혹은 부모 집과 가까운 곳에서 살자고 아내에게 강요해서는 안 된다.

부모들이여! 자녀들을 위한 사랑은 언제나 자유롭게 스스럼없이 베풀라. 사랑을 마치 자녀들을 묶어 두기 위한 도구로 사용해서는 안 된다. 만일 당신의 결혼한 자녀들이 자유롭게 가까이에 와서 살기로 하거나, 혹은 손자손녀들을 데리고 종종 방문해 온다면, 이는 마땅한 일로서 모두에게 축복이 된다. 그러나 당신은 현재의 시점에서 호의를 이끌어내기 위해 과거에 베풀어 준 섬김의 행위들을 악용해서는 안 된다. 물론 결혼한 자녀들도 부모에게 이런 일을 허용해서는 안 된다. 그런 시절은 이미 끝이 났다. 빚은 이미 청산되었다. 결혼식 날은 마치 희년의 날과도 같다.

예수님은 십자가 위에 모든 것을 내려놓으셨다. 주님께서 베푸신 선물은 결코 사람들을 주님께 묶어 놓기 위한 것이 아니었다. 주님은 모든 것을 거저 베풀어 주셨다. 우리가 주님께로부터 받은 것은 가장 고상하고 고귀한 선물이었다. 그러나 이로 인해 우리가 주님께 빚졌다고 생각하고 주님이 주신 은사에 의해 조종당한다면, 이는 주님을 모욕하는 처사이다! 주님의 은사는 결코 우리를 올무에 빠뜨리기 위함이 아니다. 주님의 은사는 우리를 자유케 한다. 부모의 사랑도 이와 마찬가지이다. 임신된 순간으로부터 점차 성장해 가는 과정에서 제공된 모든 부모의 사랑은 거저 주어진 것이다. 이러한 사랑을 마치 자녀들을 덫에 걸려들게 하는 수단으로 이해하면 안 된다.

부부가 자신의 부모들을 위해 뭔가를 해주고 싶어 할 수도 있다. 특히 나이든 부모를 둔 경우에 그러하다. 사실 결혼한 남녀에게 부모를 공경하라고 요구하시는 분은 하나님이시지, 그들의 부모나 법률들이 아니다. 나(존)로서는, 연로하신 아버지에게 집을 마련해 드린 일이나, 나의 어머니를 한동안 우리 집 근처에서 사시도록 해드린 일은 상당한 기쁨이었다. 그러나 부모들은 무엇을 얻을 목적으로 과거를 이용해서는 안 된다. 자녀든 부모이든 간에, 어느 한편이라도 상대편을 놓아주거나 혹은 탯줄로 인한 묶임을 끊어낼 능력이 없다는 사실이 감지된 경우, 우리는 종종 부부들에게 다음과 같이 충고한다. 부모의 집에서 500마일 떨어져 있더라도 가까우니, 차라리 천 마일 정도는 거리를 두고 살아야 한다고 말이다. 반면에 자녀와 부모 모두 이미 서로에 대해 자유로워진 경우에는, 두 집이 서로 붙어 있어도 아무런 상관이 없다.

네 번째 지침은 감정 및 재정적인 안전과 관련된다. 부모들은 자녀에게 다음과 같이 양날 가진 메시지를 말해 주어야 한다. "너는 엄마, 아빠가 있는 집으로 도망쳐 오면 절대 안 된다." "우리는 늘 여기 있겠다. 넌 언제라도 우리에게 올 수 있어." 첫 번째 메시지가 내포하는 의미는 다음과 같다. "너는 최선을 다해야 한다. 우리를 끌어들여 네 결혼을 손상시키는 일이 없도록 해라. 너희 선에서 문제를 해결해라. 네 힘으로 최선을 다하기 전까지는 절대로 집에 올 생각을 하지 마라." 한편 두 번째 메시지는 다음과 같은 뜻을 함축한다. "하는 일마다 안 될 때는 우리가 여기 든든히 존재하고 있다는 걸 기억해라." 선물이나 도움은 자식이 집안의 생계를 담당하는 자로서의 위상과 확신을 약화시키거나 훼손하지 않는 범위 내에서 제공되어야 한다. 특별히 선물이나 도움을 자녀들을 의존적으로 만들거나 올무에 빠뜨리기 위한 수단으로 사용해서는 결코 안 된다.

다섯 번째 지침은 설교 및 기도에 관한 것이다. 부모와 결혼한 자녀 간에 지속되는 가장 파괴적인 패턴은 아마도 설교이리라. 부모들은 결혼한 자녀들에게 자꾸 설교하려 들어서는 안 된다. 오히려 자녀들을 통해 배우라. 자녀들도 언제, 어떻게 다음과 같이 말해야 하는지를 배워야 한다. "아빠(혹은 엄마)! 이건 제 인생이에요." 결혼한 자녀들은 부모들의 설교에 굴복하지 않는 법을 배워야 한다. 부모들은 더 이상 설교할 권리가 없다. 지혜로운 젊은이는 노인들의 권고에 귀를 기울인다. 그러나 이들 사이에는 반드시 자유와 공간이 확보되어 있어야지, 결코 조종과 통제가 이루어져서는 안 된다.

종종 '옛 시골'의 부모들이 최악일 경우가 많다. 강한 문화 속에서 자라난 사람들일수록 부모들의 부적절한 개입에 대해 자유로워지기가 훨씬 더 어렵다. 어떤 문화에서는 부모가 장광설을 늘어놓거나 성인 자녀에 대해 말로 조종하는 것을 마치 전통적인 특권 내지 미덕으로까지 여긴다.

심지어는 기도마저도 혼적인 수준에서 이루어질 때 결혼한 자녀들을 조종하는 수단이 될 수 있다. 다음과 같은 기도를 예로 들 수 있다. "주님,

소니가 자기 아내를 잘 대해 주게 해주세요." 이런 기도는 잘못된 것이다. 이는 자녀들을 통제할 목적으로 하나님을 통제하려는 기도이다. 주님은 이런 식의 기도에는 응답하지 않으신다. 또한 우리가 드린 기도의 에너지가 우리의 자녀들을 괴롭힐 수도 있다.

자녀들을 위해 기도하는 것은 좋은 일이다. 이는 부모로서 마땅히 지속해야 할 의무이다. 우리는 기도를 통해 자녀들에게 부모로서 최고로 위대한 축복과 가장 강력한 선물을 줄 수 있다. 그러나 이 모든 것들은 존경과 불간섭이라는 지침 하에서 행해져야 한다. 자녀의 삶을 간섭하려 들지 않을 때, 비로소 성공적인 기도를 드릴 수 있다. 사실 남의 삶에 개입하려 들지 않는 태도로 드리는 기도야말로 진정한 기도이다.

자녀들이 어렸을 때, 그들은 우리의 발을 밟고 섰다. 자녀들이 좀 더 나이를 먹었을 때, 그들은 우리의 마음을 밟고 섰다! 그들이 어렸을 때는 우리가 그들을 통제했다. 그들이 결혼한 이후에는 그들 자신이 스스로의 인생을 통제한다. 좀 더 나이가 들면, 그들의 마음과 행동이 때때로 우리의 마음을 아프게 한다. 그러나 우리는 거짓된 방패를 가지고 있어서는 안 된다. 자녀들로 인해 너무 많은 상처를 받지 않기 위해 그들을 통제하려고 해서는 안 된다. 우리는 자녀들을 곤경에서 벗어나게 해주려고 통제함으로써 그들로 인해 상처받지 않도록 우리의 마음을 보호하려 애써서는 안 된다. 우리는 자녀들의 삶에 강제적인 영향력을 행사하기 위한 어떠한 수단도 사용해서는 안 된다.

우리는 언제라도 기꺼이 도움을 베풀 마음의 준비를 하고 그들 옆에 있어 주어야 한다. 그러나 늘 입술을 조심해야 한다. 혹여 우리의 도움이, 심지어는 우리의 기도를 통해서라도 자녀들의 날개를 다치게 해서는 안 되기 때문이다.

끝으로, 손자손녀들에 관해 생각해 보도록 하자. 손자손녀들에게도 동일한 지침이 적용된다. 우리는 그들에게 사랑을 베풀 수는 있다. 그러나 그들의 훈육과 발달을 책임지는 것은 부모의 몫이 되어야 한다. 우리 가정에서 손자손녀들은 어느 정도 우리의 훈육에 영향을 받는다. 이웃집 아이들이라 할지라도 우리 집에 와 머물고 있는 동안에는 우리의 규칙을 따르라고 요구한다. 그러나 그들이 자기들의 집으로 돌아가면, 그들에 대한 책임은 더 이상 우리에게 있지 않다. 그들의 집에서 그들에 대한 훈육의 책임은 오직 그들의 부모들에게 있다.

만일 어느 부부가 훈육자의 위치를 일부러 우리에게 위임할 경우, 우리는 그들의 권위에 신중하게 복종하는 가운데 이를 받아들여야 한다. 어느 부부가 거만하고 여전히 남을 훈육하려하는 조부모를 모시고 살아가고 있다고 가정해 보자. 만일 그 조부모가 부부의 말을 듣지 않는다면, 더 이상 자식의 집을 방문하지 못하도록 엄격한 조치를 취해야 한다. 부모들은 할머니나 할아버지가 부모의 위치와 권위를 침범하도록 내버려 두어서는 안 된다.

우리를 방문하는 이들 중에는 과거에 자녀들을 성희롱한 아버지들이 너무도 많다. 현재 이런 아버지를 둔 젊은 어머니는 혹시 그가 또다시 자신의 자녀들까지 성희롱을 하지나 않을까 하는 염려에 사로잡혀 있다. 부모에 대한 충성심과 과거에 저지른 범죄에 대한 지나친 연민이 아이들의 안전보다 결코 우선되어서는 안 된다! 자녀들의 앞날에는 풍성한 삶이 기다리고 있다. 그들이 불안정한 부모들로 인해 미래를 희생당해서는 안 된다. 어떤 상황에서도 일단 자식을 성희롱한 것으로 알려진 사람을 손자나 손녀와 단 둘이만 있도록 방치해서는 절대로 안 된다! 만일 쉽게 안심할 수 없는 상황이라면, 조부모의 방문을 지극히 짧은 시간 동안만으로 제한하고, 늘 어머니가 함께 있어 주어야 한다. 부모는 무슨 일이 있어도 자녀의 안전을 보호해 줄 의무가 있다.

우리가 염두에 두어야 할 또 하나의 사실이 있다. 알코올 중독자의 경우와 마찬가지로(과거에 한번 알코올 중독자였던 사람은 언제든지 다시금 알코올 중독에 빠질 가능성이 있다), 한때 성희롱 가해자였던 사람도 언제든지 또 다시 동일한 약점에 빠져들 수 있다. 당시 아동학대에 관한 한 동부 워싱턴의 최고권위자였던 우리의 친구 레이첼 존슨이 단호한 태도로 말한 바가 있다. 그리스도와는 상관없이 아동 성학대자는 언젠가는 반드시 동일한 일을 반복하기 마련이라는 내용이었다.

아무리 많은 치유를 받았어도, 한때 아동 성학대자였던 조부모와 자녀를 단 둘이만 있게 하는 것은 결코 지혜롭지 못하다. 우리의 경험에 따르더라도, 대단한 기적이 일어나지 않는 한, 성희롱 가해자는 언젠가는 또 다시 동일한 범죄를 저지른다. 아무리 기적적인 경우라 할지라도, 성학대자를 유혹이 도사리는 장소에 방치해 두어서는 안 된다. 이것이 다소 가혹해 보일지도 모른다. 그러나 자녀를 성희롱한 아버지는 이런 식으로 대가를 치르도록 해야 한다. 또한 할아버지로서 일생 동안 지속적으로 이렇게 죗값을 치러야 한다. 사실 손자나 손녀를 성희롱한 사람은 반드시 끊어져야 마땅하다(레 18:10, 29).

하나님은 아버지를 믿고 딸이나 의붓딸, 손녀의 성을 보호해 줄 책임을 위탁하셨다. 이러한 책임보다 성스러운 것이 또 무엇이겠는가! 하나님의 신뢰를 저버린 사람은 불만 없이 반드시 응분의 대가를 받아야 한다. 아무리 자비와 용서를 베풀어준다 하여도, 경계심까지 약화시켜서는 안 된다.

내가 이런 이야기를 하는 목적은 결코 징벌이 아니다. 나는 회복을 위해 이 글을 쓴다. 자녀를 성희롱한 아버지가 엄격한 규제들에 복종하는 모습은 결코 벌을 받는 것이 아니다. 이는 회복을 위한 것이요, 상처 입은 사람의 마음을 치유하기 위함이다. 동일한 말을 계속 반복하는 나의 모습이 엄격하고 가혹해 보일 수도 있다. 그러나 내가 이렇게 할 수밖에 없는 이유가 있다. 그동안 나는 상심한 어머니들을 대상으로 사역해야 했던 경우가 셀 수 없을 정도로 많았다. 이들은 남편들이 과거의 잘못을 통해 교훈을 얻었다고 생각했었다. 그러나 남편이 딸에게 또 다시 나쁜 짓을 한 사실이 밝혀지면서 이 어머니들은 흐느껴 울 수밖에 없었다. 가망 없는 일은 아예 하지를 말라. 당신이 그래야 할 이유는 전혀 없다!

일반적으로 성숙한 자녀를 놓아 보내고 이들에게 간섭하지 않는 일과 관련하여, 아버지들보다는 어머니들이 훨씬 더 힘들어한다. 시골의 가정에서는 어머니들보다 아버지들이 더 힘들어할 때도 많다. 그러나 대부분의 미국 가정의 경우, 아버지들에 비해 어머니들이 자녀들에 대해 잔소리를 하지 않고 혼자 내버려두기를 훨씬 더 어려워한다.

거듭해서 말하겠다. 부부들이여! 당신들은 이런 어머니들에 대해 부드럽지만 단호하고 신속한 태도를 표현하는 법을 배워야 한다. 엄격하면서도 따뜻한 어조로 다음과 같이 말씀드리는 것도 어머니에 대한 배려가 될 수 있다. "엄마, 이 문제에 관한 한 더 이상 아무 말씀도 하지 마세요. 저도 이제 장성한 어른이에요. 제가 결혼식을 올린 날 이후로 엄마의 임무는 끝났어요. 엄마는 지금 저를 간섭하고 있는 거예요. 제발 이젠 그만 하세요." 지혜로운 어머니라면 이 정도만으로도 충분하다. 고집이 센 어머니에게는 다음과 같이 말씀드리는 것도 좋다. "엄마, 정중하게 부탁드리는데, 이젠 그만 좀 가주세요."

어머니의 존재가 당신의 가정 안에서 방해거리가 되는데도 그냥 내버려둔다면, 이는 결코 어머니에 대한 배려가 아니다. 거짓 죄책감은 다음과 같이 말한다. "엄마한테 그렇게 괴로움을 끼치고 나서도, 네가 엄마 없이 조금이라도 살 수 있을 것 같아?" 아마 당신이 혼자라면 충분히 그럴 수도 있고, 그래야만 한다. 그러나 당신은 혼자가 아니다.

당신의 최우선순위는 당신의 아내(혹은 남편)와 자녀들이다. 당신이 유년기를 지나는 동안에 아내와 자녀들이 당신의 어머니에게 폐를 끼칠 일은 없었다. 따라서 당신이 현재까지 지불해야 한다고 여기는 벌금이 얼마이든 상관없이, 그들로서는 지불해야 할 이유가 조금도 없다! 만일 식구들이 당신의 어머니를 잘 견뎌낼 수만 있다면, 그들로서는 희생을 감수하는 것도 좋은 일이다. 그러나 당신의 어머니가 지나친 방해거리가 되고 있다면, 현재의 가족들이 최우선순위가 되어야 하므로 그녀는 반드시 떠나야 한다.

기도사역자의 한 사람으로서 내가 이 문제를 거듭 반복해서 단호하게 말하는 이유가 있다. 단연코 말하건대, 한쪽 배우자 혹은 양쪽 배우자가 고향을 떠나기 싫어하거나 혹은 떠나지 못함으로써 결혼이 파경에 처하게 되는 경우가 얼마나 많은지 모른다! 떠남은 한 몸을 이루기 위해 반드시 필요한 선결조건이다. 배우자가 차지해야 할 마음의 자리에 한쪽 혹은 양쪽 부모가 머물러 있는 한, 부부는 결코 한 몸이 될 수 없다. 최선의 환경 속에서도 우리의 마음이 자발적으로 부모를 떠나 배우자에게 향하려면 수년이 걸린다. 나는 폴라와 결혼한 이후에도 몇 년 동안이나 직업신청란에 자동적으로 나의 부모님이 계신 고향 주소를 써넣곤 했다!

한 몸 되기

한 몸 되기는 선택에 관한 문제이다. 단 한 번의 선택이 아니라 몇 번이고 거듭된 선택이 요청된다. 한 몸이 되기 위해 우리는 지속적으로 배우자를 위해 헌신해야 한다. "나는 혼자가 아닙니다. 나는 당신과 함께 살아가는 존재입니다." 부부간의 사랑은 낭만적인 감정이 아니다. 부부간의 사랑은 날마다 책임적인 행위들로 표현하는 헌신을 의미한다. 한 몸 되기는 선택의 문제이다. 일상적으로 발생하는 사소한 일들에도 희생이 요구된다. 이러한 선택은 매일, 매년 지속된다.

떠남이 닫음에 관한 문제라면(지속적으로 가해 오는 부모의 부적절한 영향력에 대하여 마음과 생각을 차단함을 의미한다), 한 몸 되기는 우선은 배우자를 향해 개방하고 그 후에는 다른 모든 사람들에 대하여 닫는 것과 관련된 문제이다. 대부분의 결혼예식이 "오직 그(그녀)만을 지키라"는 문구를 포함하는 것은 하나님께서 제정하신 지혜이다. 우리의 마음을 남편이나 아내에게는 계속해서 열어 두고, 다른 모든 사람들에 대해서는 닫아 두는 것은 위대한 결3혼생활의 예술이다. 이는 비단 성적인 부분에 관해서만이 아니라 부부가 함께 하는 무수히 많은 영역들과도 관련된 말이다.

연합은 고결한 결혼생활에서 성취해야 할 일차적인 소명이자 과업이다. 나의 지성소에 언제든지 마음대로 드나들 권리를 가진 사람은 오직 폴라뿐이다. 나와 더불어 온전하고 숨김없는 관계를 누릴 권리도 폴라만 가지고 있다. 나의 모든 비밀들을 마음 놓고 터놓을 수 있는 대상도 오직 폴라뿐이다. 연합이란, 온갖 교제의 영역들과 관련하여 아무리 고통스러워도 나의 아내에게만은 계속해서 열어 두고, 다른 모든 이들에 대하여는 계속해서 닫아 두는 것을 말한다. 폴라에게만 속해 있는 것을 다른 사람들과 나누려는 유혹이 아무리 행복해 보인다 하더라도 말이다.

결혼은 온전한 행복을 향하여 지속적으로 나아가는 과정이다. 그런데 많은 부부들이 도중하차하여 자신이 편한 자리를 찾아 쉬고 있다. 온전한 행복을 향해 계속해서 나아가는 부부들은 거의 드물다.

온전함이란 생각과 마음의 연합을 말한다. 온전함 가운데에서는 두 사람 중 어느 한쪽도 배제되거나 저지당하는 일 없이, 각각 상대방으로 말미암아 자신이 이룰 수 있는 최고의 모습으로 변화되고 강화되고 성취한다. 두 사람 모두 상대방이 없었더라면 결코 온전함을 이룰 수가 없었다. 온전함은 일종의 리듬이며, 춤이고, 이중주이다. 온전함은 자유롭고 자발적이면서도 질서가 있고 규칙적이다. 두 사람 모두 홀로 설 수는 있지만, 홀로 서기를 선택하지 않는다. 이들이 함께 하기를 선택함으로써, 단순히 하나에 하나를 더한 것보다 훨씬 더 위대한 무언가가 이루어진다.

두 사람이 하나가 되려면 이들의 중심에 용서와 십자가가 놓여야 한다. 은혜가 아니고서야 그 누구라도 연합 가운데 존재하는 불같은 갈등을 견뎌낼 수 없다. 상처는 상처를 낳고, 반응은 반응을 요구한다. 이는 심리학적으로나 심고 거둠의 법칙으로나 타당한 현상이다. 십자가상에 예수님은 우리가 뿌린 악한 씨앗들의 요구들을 거둬들이신다. 이로써 우리를 자유케 해주시고, 우리로 하여금 풍성한 축복을 거두게 해주신다. 우선 우리가 주님께 복종하지 않고서는, 결코 서로에게 진정으로 복종할 수 없다(엡 5:21).

에덴동산에서 하나님은 남자와 여자를 창조하셨다. 남자와 여자 모두가 서로를 필요로 했다. 결혼한 상태는 창조시의 상태와도 같다! 아담과 하와 모두는 상대방이 없는 시절을 생각할 수도 없었다! 하와는 아담이 없는 삶을 상상할 수도 없었다! 우리가 들은 이야기는 오직 창조와 그 이후의 연합에 관한 것뿐이다.

아담과 하와는 함께 일을 했다. 정원을 손질하고 지키는 일은 나중에 추가적으로 부가되었거나 타락으로 인해 초래된 상황이 아니었다. 이러한 노동은 창조를 통해 축복으로 부여받은 조건이었다(창 2:15를 참조하라). 타락으로 인해 노동이 시작된 것이 아니었다. 타락으로 말미암아 노동에 긴장과 땀이 더해졌을 뿐이다. 예수 그리스도 안에서 누리는 '쉼'(re-creation)은 결코 게으름을 의미하지 않는다. 이는 긴장이나 땀 흘림 없이 수행되는 일상적인 일을 말한다(창 3:17-19를 참조하라).

우리의 논점은 다음과 같다. 어떤 부부라도 노동이 없이는 온전한 연합에 이를 수 없다! "우리는 그가 만드신 바라 그리스도 예수 안에서 선한 일을 위하여 지으심을 받은 자니 이 일은 하나님이 전에 예비하사 우리로 그 가운데서 행하게 하심이니라"(엡 2:10). 우리의 천직(vocation)은 그야말로 '우리의' 천직이다. 우리 둘 중 어느 한 사람 혹은 우리 모두가 우연히 찾아내어 하기 시작한 무언가가 아니다. 우리의 천직은 하나님께서 우리 두 사람을 창조하실 때부터 예정해 놓으신 계획안이었다.

직업은 천직이 아니다. 천직은 일종의 소명이다. 천직이라는 말은 '부르다'라는 뜻을 지닌 라틴어 '보카레'(vocare)에서 유래했다. 바울에게 있어 천막 만드는 일은 사도로서의 부르심에 응답하기 위한 수단으로 허락된 직업이었다. 물론 천직이 한 사람의 직업일 수도 있다. 이런 경우에 해당하는 부부는 갑절의 복을 받는다. 그러나 결혼한 사람의 천직은 정의상으로 볼 때는 단수형이 아니다. 비록 이들이 물리적으로 서로 다른 일들을 수행하고 있다 할지라도, 마음의 태도까지 단독적이어서는 안 된다. 각각의 개별적인 두 과업이 그 어떤 직업의 목적보다도 훨씬 더 방대한 공동체적인 목표 안에서 연합과 조화를 이루는 일에 이바지해야 한다.

하나님께서 아담을 보시며 독처하는 것이 좋지 못하다고 하신 것도, 아담이 수행하던 천직이라는 맥락 안에서 하신 말씀이었다. "여호와 하나님이 이르시되 사람이 혼자 사는 것이 좋지 아니하니 내가 그를 위하여 돕는 배필을 지으리라 하시니라"(창 2:18). 천직은 하나님으로부터 말미암은 부르심이다. 바로 이 일을 위해 사람이 창조되었다. 그 사람과 함께 할 아내가 창조된 것도 이 목적 때문이었다.

결혼한 사람으로서 자신의 과업을 혼자서 성취하려고 애쓰는 사람은 매우 위험하다. 그동안 우리가 지켜본 바에 의하면, 이런 식의 외로움으로 인해 결국 수백 명의 남자들이 간음에 빠져들었다. 아내 이외의 다른 여성(비서, 동료)이 자신이 필요로 하는 천직의 배필의 역할을 충족시켜 줄 것으로 착각했기 때문이다.

부부가 천직으로의 부르심을 동시에 인식하지 못할 수도 있다. 심지어 여러 해 동안 말이다. 만일 부부가 천직에 대한 부르심을 동시에 깨달을 수만 있다면, 이는 크나 큰 축복이다. 그러나 그렇게 될 때까지는 삶에 대한 신중한 자세와 인내가 요구된다. 부부의 온전한 하나 됨은 천직의 맥락 안에서만 가능하다. 부부는 천직의 맥락을 벗어나서 온전히 하나가 될 수 없다. 왜냐하면 이것이야말로 창조 시로부터 그들의 목적이자 부르심이기 때문이다.

모든 부부는 천직을 가지고 있다. 그들이 이를 깨달았을 수도 있고, 아직 모르고 있을 수도 있다. 자신들의 천직이 무엇인지 한 번도 구체적으로 명명해 본 적은 없어도, 현재 이를 수행 중인 사람들도 많을 것이다. 천직이 반드시 남들이 인정할 만큼 신성하다는 평판을 가지고 있을 필요는 없다. 동산을 경작하는 일이 얼마나 영적이고 거룩하게 보였겠는가!

하나님은 남성들과 여성들을 농부로, 교육가로, 가정을 꾸리는 사람으로, 출판업자로, 상업인 등으로 부르셨다. 어떤 이들에게는 쓰레기를 수거하는 것이 직업이지만, 어떤 이들에게는 이와 동일한 일이 천직이다. 하늘나라의 후원과 예술성 안에서는 무슨 일이든 할 수 있다. 어떤 이에게는 주지사가 되는 일도 직업에 불과할 수가 있다. 반면 그는 자녀들과 함께 하고 정원의 장미넝쿨을 손질하는 일에서 자신의 천직을 성취하고 있는지도 모른다. 다른 사람의 천직이 무엇일지는 사람이 어떻게 알겠는가?

남편과 아내가 자신의 천직을 의식석인 차원에서 깨닫고 이에 함께 응답해 나간다면야 더할 나위 없이 좋다. 그러나 어찌 됐든 부부가 일상적인 일을 단순히 함께 수행하는 것만으로도 연합의 온전함과 축복은 따라오게 되어 있다.

하늘나라의 보상은 결코 게으르고 노는 사람들이 아닌 보다 위대한 일꾼들에게 주어진다.

다섯 달란트 받았던 자는 다섯 달란트를 더 가지고 와서 이르되 주인이여 내게 다섯 달란트를 주셨는데 보소서 내가 또 다섯 달란트를 남겼나이다 그 주인이 이르되 잘하였도다 착하고 충성된 종아 네가 적은 일에 충성하였으매 내가 많은 것을 네게 맡기리니 네 주인의 즐거움에 참여할지어다 하고 두 달란트 받았던 자도 와서 이르되 주인이여 내게 두 달란트를 주셨는데 보소서 내가 또 두 달란트를 남겼나이다 그 주인이 이르되 잘하였도다 착하고 충성된 종아 네가 적은 일에 충성하였으매 내가 많은 것을 네게 맡기리니 네 주인의 즐거움에 참여할지어다 하고 (마 25:20-23)

한 남성과 여성은 이 세상에서 힘을 합쳐 천직을 감당함으로써 삶의 온전함을 성취한다. 그러나 이뿐만이 아니다. 이러한 천직으로 말미암아 하나님은 이들이 후일에 있을 하늘나라의 삶에서도 섬길 수 있도록 예비해 놓으셨다. 결혼의 목적은 죽음의 문턱을 초월하여 존재하는 영혼 안에 예금을 비축해 놓는 일이다. 결혼 자체는 죽음과 함께 끝난다. 그러나 우리는 이러한 것들을 죽을 때에도 가져갈 수 있다. 우리가 지적·정서적·영적으로 변화된 만큼만 가져갈 수 있다. 우리가 어떻게 변화되었든지 이는 하나님과 사람에 대한 섬김 가운데 배우자와의 관계를 통해 이루어진 것들이다.

이 세상을 떠날 때, 우리는 그동안 형성해 온 성격, 여러 가지 기억들로 이루어진 생각 등을 함께 가지고 간다. 이는 이후에 우리가 하늘나라에서 수행하게 될 노동을 위한 것들이다. 이것이야말로 결혼과 온전히 하나 됨의 궁극적인 목적이다. 마침내 우리는 하나님께서 이미 계획해 놓으신 대로 하늘나라에서 만드실 꽃다발에 사용될 독특하고 특별한 종류의 꽃이 될 것이다.

두 사람이 하나가 되려면 이들의 중심에 용서와 십자가가 놓여야 한다. 은혜가 아니고서야 그 누구라도 연합 가운데 존재하는 불같은 갈등을 견뎌낼 수 없다.

LETTING GO OF YOUR PAST

Chapter 5

하나 됨의 능력

그리스도를 경외함으로 피차 복종하라 아내들이여 자기 남편에게 복종하기를 주께 하듯 하라 이는 남편이 아내의 머리 됨이 그리스도께서 교회의 머리 됨과 같음이니 그가 바로 몸의 구주시니라 그러므로 교회가 그리스도에게 하듯 아내들도 범사에 자기 남편에게 복종할지니라 남편들아 아내 사랑하기를 그리스도께서 교회를 사랑하시고 그 교회를 위하여 자신을 주심 같이 하라 이는 곧 물로 씻어 말씀으로 깨끗하게 하사 거룩하게 하시고 자기 앞에 영광스러운 교회로 세우사 티나 주름 잡힌 것이나 이런 것들이 없이 거룩하고 흠이 없게 하려 하심이라 이와 같이 남편들도 자기 아내 사랑하기를 자기 자신과 같이 할지니 자기 아내를 사랑하는 자는 자기를 사랑하는 것이라 누구든지 언제나 자기 육체를 미워하지 않고 오직 양육하여 보호하기를 그리스도께서 교회에게 함과 같이 하나니 우리는 그 몸의 지체임이라 그러므로 사람이 부모를 떠나 그의 아내와 합하여 그 둘이 한 육체가 될지니 (엡 5:21-31)

이에 예수께서 제자들에게 이르시되 누구든지 나를 따라오려거든 자기를 부인하고 자기 십자가를 지고 나를 따를 것이니라 누구든지 제 목숨을 구원하고자 하면 잃을 것이요 누구든지 나를 위하여 제 목숨을 잃으면 찾으리라 (마 16: 24-25)

하나 됨의 능력

5

　　　　　하나 됨을 방해하는 문제는 자기중심적인 이기성이다. 그동안 말이나 글로 다루어 온 모든 문제들의 이면에는 인류 공통의 병폐가 존재한다. 이 병폐란 단순히 말해 자기중심적인 이기성이다. 모든 인간이 공통적으로 저지르고 있는 범죄는 끊임없이 일인자가 되려고 애쓰는 모습이다! 자기중심적인 이기성의 반대는 결코 자기희생이나 친절, 베푸는 것이 아니다. 관대하고 친절하고 긍휼이 많은 사람도 여전히 자기에 의해 동기부여 되고 있을 수 있다. 물론 관대함이 유익한 것은 사실이다. 그러나 습관적으로 관대한 생활방식을 개발한다고 해서 쉽게 자기를 극복할 수 있는 것은 아니다.

　　이기성과 인색함은 공봉경계를 누고 연섭해 있는 속성늘이 아니다. 이기성은 단순히 자기 자신이나 소유물을 다른 사람에게 잘 나눠주지 않으려는 사람을 가리킬 때 사용되는 말이 아니다. 이기적인 사람이란 그야말로 '자기본위'의 사람을 뜻한다. 이들은 자기규정 안에서, 자기규정을 위하여 살아간다. 다른 사람을 위해 선한 행위를 하든, 혹은 우리가 일반적으로 이기적이라고 인정하는 모습으로 살아가고 있든 관계없이 말이다.

대체로 관대한 사람들은 사회에서 호평을 받는다. 모든 이들이 이렇게 관대한 사람들은 자연히 결혼생활도 잘 유지하고 있을 것이라고 예상한다. 물론 그럴 때도 있긴 하지만, 언제나 그런 것은 아니다. 왜냐하면 결혼생활이야말로 이기적인 자기중심성의 정체가 반드시 드러나고야 마는 자리이기 때문이다.

자기중심적인 이기성은 하나 됨이 온전히 꽃피우는 일에 결정적인 파괴력으로 작용하는 궁극적인 질병의 뿌리이다. 여전히 자기의 통제가 이루어지고 있는 한, 우리는 온전한 공동체적인 존재는 되지 못한다.

하나 됨을 방해하는 것은 두려움, 곧 죽음에 대한 두려움이다. "또 죽기를 무서워하므로 한평생 매여 종노릇하는 모든 자들을 놓아 주려 하심이니"(히 2:15). 우리가 두려워하는 죽음은 육신적인 자기의 통제로부터의 죽음을 말한다. 우리는 자기의 구조물들, 인격과 성격의 습관들을 놓아 보내기를 두려워한다. 우리는 이런 구조물과 습관들을 통해 주변의 사람들과 상황들에 적응하고 자신의 인생을 통제해 올 수 있었다고 생각한다.

"내가 진실로 진실로 너희에게 이르노니 한 알의 밀이 땅에 떨어져 죽지 아니하면 한 알 그대로 있고 죽으면 많은 열매를 맺느니라"(요 12:24). 우리는 이제껏 자기를 인생을 통제하는 수단으로 사용해 왔다. 이런 자기에 대해 죽기 전까지, 우리는 1차적인 관계를 맺고 있는 주변의 모든 사람들을 무의식적으로 우리의 궤도 안에 들어온 인공위성들로 여기게 된다. 우리 주변의 사람들이 제자리를 지키면서 우리가 당연하게 생각하고 있는 모습의 삶의 방식을 만족시켜 주고 있는 한, 우리는 안심하면서 주변 사람들도 평안히 지내도록 내버려 둔다.

그러나 그들이 우리가 견지하고 있는 삶의 방식을 위협해 오기라도 하면, 그때부터 우리의 삶은 불안정해진다. 우리는 그들을 본래의 궤도로 복구시키기 위해 우리가 해야만 한다고 생각하는 일은 무엇이든 하려고 한다. 명령도 하고, 감언이설로 꾀기도 하며, 위협도 하고, 질책도 하며, 조종도 하고, 달래기도 하며, 때리기도 한다. 포옹하기도 하고, 무언의 위협을 가하기도 하며, 장광설을 늘어놓기도 한다. 우리는 사랑하는 사람들을 현 상태로 되돌려놓기를 바라는 마음으로 무슨 짓이든 한다. 행동의 종류는 부드럽고 온화한 방식들로부터 심한 짜증에 이르기까지 다양하다.

이때 우리가 이런 식으로 행동하는 것이 다른 사람들에 대한 애정 어린 관심 때문이 아님을 대체로 모르고 있을 때가 많다. 우리는 사람들을 사랑하기 때문에 우리가 이렇게 행동한다고 오해하며 허풍을 떤다. 그러나 실제로 우리를 몰아가고 있는 힘은 자기의 왕국이다. 우리는 수많은 사람들에게 에워싸인 상황에서도 여전히 홀로 머물러 있다. 이는 아무도 다른 이로부터 통제당하기를 원치 않기 때문이다. 그 누구도 우리의 궤도 안에서 한낱 인공위성 같은 존재로 머물러 있기를 원치 않는다. 우리가 안전하게 공동체적인 존재가 되기 위해서는 반드시 자기의 죽음을 통과해야 한다.

복종에 의해 통제당하다

어떤 남편들이나 아내들은 상대방이 지니고 있는 삶의 이미지에 자신을 굴복시킨다. 아내 중에는 남편이 가진 모든 욕구들에 고분고분 복종하는 이도 있을 수 있다. 이런 아내는 자신이 마치 에베소서 5장 22절의 말씀에 순종하고 있다고 생각하고 있을지 모른다. 이는 복종에 관한 가르침들 중 균형을 잃은 대부분의 것들이 견지하고 있는 입장인 듯하다. 이러한 아내는 마치 자신을 철저히 부인하고, 남편을 위해 진실하고 자기희생적인 사랑으로 자신을 내어준 사람처럼 보인다. 그러나 반드시 그렇지만은 않다. 우선 그녀는 진정한 자신이 되는 일을 회피할 방법을 찾아낸 것인지도 모른다. 다음으로, 보다 미묘하게 남편을 통제할 수 있는 방법을 발견해낸 것일 수도 있다.

사실상 그녀는 복종하는 역할을 담당함으로써 자신의 환경을 통제하고 있는 것인지도 모른다. 이러한 모습은 당장 평화롭게 지내는 데는 도움이 된다(그러나 이는 생명력이 없는 돌덩어리와도 같은 정적일 따름이다). 이런 식의 복종은 그녀로 하여금 남편을 위한 생기 있고 활달한 배필로서 위험을 무릅쓴 적극적인 태도로는 대하지 못하게 만든다. 그녀는 적절한 반려자라기보다는 오히려 연장된 남편에 불과하다. 그녀는 남편을 즐겁게 해주는 방법을 터득하고는 이를 늘 행함으로써 남편을 통제한다. 외관상으로 남편은 기뻐하고 있는 듯 보인다. 그러나 실제로 이런 남편의 내면은 죽어 가고 있다.

한 남편이 자신의 아내를 신실하게 섬기고 있을 수는 있다. 그러나 이는 그가 아내를 한 인간으로서 대하고 있는 것이라기보다, 오히려 시중들고 있는 것인지도 모른다. 그는 소년 시절에 어머니에게 순종함으로써 잔소리를 가라앉히는 법을 터득했을 수도 있다. 결국 그는 평화를 유지하기 위해서라면 무슨 일이든 함으로써 어머니를 통제하고 달랬던 것이다. 그는 이런 식으로 아내를 누그러뜨리기 위해 감정을 악용하는 법을 무의식적으로 체득해 왔다.

이런 남편은 언뜻 이상적인 모습으로 보일 수도 있다. 아내로서는 이같이 이상적인 남편을 문제로 보기가 상당히 어렵다. 단지 그녀는 자신이 불행하다는 사실만을 인식하고 있을 따름이다. 뭔가 충족되고 있지 못한 느낌이다. 대가 약한 남편을 둔 아내일수록 화도 훨씬 더 많이 낸다. 또한 남편이 하는 일에 대해 훨씬 더 많은 사항들을 맹목적으로 요구한다. 이런 아내들은 지금 무의식적으로 남편에게 제발 좀 틀을 깨고 나오라고 부추기고 있다. 이들은 무의식적으로 남편이 삶에 대한 주도권을 쥐고 가정의 머리가 되기를 바라고 있는 것이다.

때때로 통제가 휘둘러지는 방식은 교묘한 친절을 통해서가 아니라, 강요와 소란스러움, 노여움을 통해 이루어지기도 한다. 이런 형태의 통제는 정체를 쉽게 인식할 수 있다. 그러나 그렇다고 해서 통제를 훨씬 더 쉽게 중단시킬 수 있는 것은 아니다. 우리는 이런 식으로 남을 통제하는 사람들을 강한 성격의 소유자라고 생각하는 경향이 있다. "그에게 저항하는 게 무서워. 그는 너무 강한 사람이거든." 실제로 몹시 흥분하여 으름장을 놓는 사람의 이면에는 두려움에 빠진 작은 아이가 존재한다. 그는 다른 사람들을 깜짝 놀라게 함으로써 자신의 세계를 통제하는 법을 터득해 왔다.

통제를 위해 사용되는 방법이 무엇이든 간에, 통제의 동기는 언제나 동일하게 자기이다. 통제의 결과도 늘 마찬가지이다. 온전한 공동체적인 삶과 통전성(integrity)을 이루어내는 일에 실패하고 마는 것이다.

하나 됨을 통한 진정한 복종

사도 바울은 성공적인 결혼생활을 위해 한 가지 방법을 제시하였다. "그리스도를 경외함으로 피차 복종하라"(엡 5:21). 이는 매우 단순해 보이는 격언이지만, 결혼관계에 있어서는 절대적으로 중요한 법칙이다. 이 말씀은 다음과 같은 의미로 해석될 수 있다. "당신이 예수 그리스도께 복종하지 않는다면, 서로에게도 복종할 수 없다." "당신이 그리스도 안에서 자기의 죽음을 통과하지 않았다면, 다른 사람과의 관계 안에서도 자기의 죽음을 통과할 수 없다." 혹은 그 역도 가능하다. "당신이 성령님 안에서 살아가고 있을 때에라야, 비로소 예수님처럼 다른 사람에게 생명을 내어줄 수 있고, 서로를 위해서도 목숨을 내어줄 수 있다."

인간의 행동법칙은 이와는 정반대이다. 주 예수 그리스도께 복종하지 않는 자(자신의 인격을 변화시킬 만큼 주님과 친밀하지 않은 자)는 누구든, 반드시 다른 사람의 육신에 복종하기 마련이다. 우리 안에 있는 자기의 왕국을 십자가상에 가져갈 수 있는 이유는 오직 주님께서 우리를 주님과 동일시해 주셨기 때문이다. 이와 마찬가지로 성령께서 우리에게 능력을 주셔야만, 비로소 우리는 자기의 벽을 뛰어넘어 주님 안에서 그분을 위하여 살아갈 수 있다. 이럴 때 비로소 어느 방면에서든 진정한 삶이 출현하기 시작한다. 특히 결혼생활의 경우가 그러하다.

상대방을 위해 한 사람을 삭제시키거나 혹은 한 사람이 상대방을 자기의 연장으로 삼고서는 결코 진정한 하나 됨이 이루어질 수 없다. 참된 하나 됨은 그리스도 안에서 자기의 죽음을 통해서만 가능하다. 그리스도 안에서 자기가 죽고, 우리 안에 있는 주님의 성품으로부터 동기들과 충동들이 솟구쳐 나와야 한다. "그는 흥하여야 하겠고 나는 쇠하여야 하리라"(요 3:30). 흔히 이 말씀에 대해 사람들은 다음과 같이 오해하여 인용할 때가 많은데, 이는 죽음과 거듭남에 대해 주님께서 허락해 주신 질서를 뒤집어엎는 표현이다.

만일 내가 쇠하기 위해 열심히 노력한다면, 우리에게 남는 것은 오직 또 다른 자기의 책략뿐이다. 주님의 선택과 주님의 주도하심으로 말미암아 주님께서 흥하실 때에라야 비로소 나는 성공적인 자기의 죽음을 이룰 수 있다. 주님의 생명이 내 안에서 솟아오를 때에라야 자기를 능가하는 다른 무언가가 강력한 동기부여제가 되기 시작할 것이다.

주님의 생명은 결코 나를 없애 버리는 것이 아니다. 주님의 자기죽음은 너무도 완벽하기에, 내가 나에 대하여 더 많이 죽고 주 안에서 살게 될수록 더욱 온전한 내가 된다. 나는 마치 판에 박은 듯 예수 그리스도와 똑같이 되는 것이 아니다. 나는 하나님께서 창조하신 목적대로 온전한 나의 모습을 회복해 간다. 나는 나라는 존재에 대하여 자랑할 것도, 교만할 것도, 나 자신에게 공을 돌릴 것도 없다(고전 1:31). 모든 것은 하나님께서 하셨다. 나는 단지 주님 안에서 그분을 위해 살아간다. 그리고 주님은 내 안에서 나를 위해 살아가신다.

온전한 죽음을 통해 온전한 새 생명을 얻었을 때, 배우자는 성령님으로 말미암아 상대방의 바람과 욕구들을 민감하게 느낄 수 있다. 그는 자신이 감지한 바를 육신적인 목적, 곧 정욕이나 저열한 동기들을 충족시킬 목적으로 악용하지 않는다. 우리는 성령님의 도움을 받아 배우자에게 도움이 되는 것이 무엇인지를 지혜롭게 분별해 내고, 그에 맞게 적절히 행동하는 법을 터득해야 한다. 이후로는 하나 됨이란 서로 상대방을 말살시키거나 조종하는 것이 아니라, 두 사람의 하나님의 자녀들이 신선한 기쁨을 누리는 일이 된다. 이들은 발견과 모험의 세계에서 축복 가운데 즐거워하면서, 서로뿐 아니라 다른 모든 이들을 축복하고 만족시켜 주는 일을 모색한다.

우리의 마음은 함께 노래를 부른다. 우리의 정신은 잘 조율되어 있어서 생각의 교향곡과 행동의 합주곡을 위하여 아주 사소한 실마리까지도 민감하게 포착해 낸다. 다른 이들을 축복해 주는 삶이라는 하나의 목적, 하나의 목표가 연합이라는 협주곡 안에서 모든 일을 하나로 묶어 준다.

두 사람의 영은 매우 포용적이고 서로를 향해 자유롭게 흘러간다. 이때 신체적으로 함께 하는 활동은 피로가 아닌 생기를 강화시키고, 안락함을 부여해 주는 리듬이요 행동이 된다. 둘이서 함께 해야 할 일상적인 일들이 아무리 부담스러워도 상관없다. 하나 됨은 마치 교향악에서 이루어지는 조화와도 같다. 두 개인은 자유롭고 자발적이며 개방적인 자세로 각각 자기 자신이 된다. 동시에 두 사람은 예배와 경배를 위한 하나의 멜로디처럼 자연스럽게 조화를 이룬다.

하나 됨이란 독자성의 상실을 의미하지 않는다. 하나 됨은 공동체적인 다수가 각각의 개인을 함입하고 빨아들이는 것과는 같지 않다. 하나 됨이란 마치 하나의 공통된 화염 속에서 두 개의 불꽃이 타오르는 것과도 같다. 혹은 합창단에서 테너와 알토가 각자의 개성을 충분히 살려서 함께 노래하는 것과도 같다.

육신적인 노력을 통한 연합

하나 됨에는 빈번히 이를 산출해 내기 위한 육신적인 노력이 수반된다. 하나 됨은 우리가 직접적으로 노력하거나 돌보거나 평가하거나 노심초사한다고 해서 얻어질 수 있는 것이 아니다. 하나 됨은 일종의 결과이다. 하나 됨은 그리스도 안에서의 삶을 통해 얻을 수 있는 부산물이다. 따라서 하나 됨을 회복하기 위해 부단히 노력하는 것은 결코 균열의 해결책이 될 수는 없다. 이러한 노력은 오히려 우열 가리기와 판단으로 인해 결국 분열을 더욱 가중시킬 따름이다. 하나 됨을 회복하기 위하여 우리는 주님을 예배하고 경배하는 자세로 돌아가야 한다. 더 이상 자기에게 관심을 기울이지 않아야 한다. 주님께서 우리를 향하실 때, 비로소 하나 됨도 함께 회복된다.

우리는 공동체를 셀 그룹으로 만들었다. 우리는 날마다 서로를 위해 기도하고 기쁨과 문젯거리들을 함께 나눔으로써 하나 됨을 이루어 가기를 원했다. 우리는 언약관계에 착수했지만, 신혼여행에서 돌아온 부부들이 흔히 그렇듯, 결국 갈등과 불화에 휩싸이고 말았다. 이때 주님은 우리가 하나 됨을 이루지 못하는 원인이 육신적인 노력 때문이라고 알려주셨다. 뿐만 아니라, 사람들이 하나가 되려고 노력할 때마다 주님께서 이를 좌절시켜 놓으셨다는 사실을 지적해 주셨다.

주님은 우리에게 바벨탑 사건을 상기시켜 주셨다. 주님은 하나가 되려는 인간의 노력을 무산시켜 버리셨다. 바벨탑 사건 이후 주님은 인류의 언어를 혼잡케 하셨고, 모두를 뿔뿔이 흩어 놓으셨다(창 11:1-9). 주님은 나라들의 연맹, 국제연합 등을 무산시키고 인류를 흩어 놓은 장본인이 사탄의 세력이 아니라 바로 하나님 자신이셨음을 우리에게 계시해 주셨다. 인류 역사 속에서 인간이 육신적인 노력으로 연합을 시도할 때마다, 주님은 이를 산산조각 나게 하셨고 사람들을 흩어 놓으셨다.

우리의 육체가 철저히 분열을 조장하는 원인임을 통렬하게 인식하는 순간, 우리는 다음과 같이 부르짖을 수밖에 없다. "그럼 우리가 어떻게 해야 공동체적인 몸을 이룰 수 있단 말입니까?" 우리가 기도를 드리고 있는 동안, 주님은 그룹 구성원 중 한 명에게 환상을 통해 응답해 주셨다. 푸른 초장에서 모든 양들이 목자 주변에 떼 지어 모여 있는 환상이었다. 이때 주님은 다음과 같이 말씀하셨다. "너희가 가장 우선적으로 나를 찾을 때, 너희들 각자가 내 곁으로 오려고 열심히 애쓸 때, 너희들은 자연히 서로를 향해서도 보다 가까이 이끌리게 된단다. 그 밖의 모든 것은 하나님께서 제정하신 질서를 왜곡시키는 것이고, 결국 분열을 초래할 수밖에 없단다."

결혼생활에서(교회나 그 밖의 다른 곳에서도) 부부의 하나 됨은 하나님을 우선적으로 추구함으로써 가능해진다. 주님의 주권이 인정되지 않는 곳에서는 반드시 이기주의가 고개를 쳐들기 마련이고(과거에 한 번 죽었다 할지라도), 즉각적으로 분열이 찾아온다.

> 시기와 다툼이 있는 곳에는 혼란과 모든 악한 일이 있음이라 오직 위로부터 난 지혜는 첫째 성결하고 다음에 화평하고 관용하고 양순하며 긍휼과

선한 열매가 가득하고 편견과 거짓이 없나니 화평하게 하는 자들은 화평
으로 심어 의의 열매를 거두느니라 (약 3:16-18)

배우자 중에는 열심히 주님을 추구하지 않는 이도 있을 수 있다. 그러나 믿지 않는 배우자라 할지라도 믿는 배우자를 통해 거룩하게 된다 (고전 7:14). 그러므로 한쪽 배우자가 가진 결함이 마음의 연합이나 하나 됨에 반드시 방해물로 작용하는 것은 아니다.

하나 됨이 어려운 이유는 지속적으로 힘든 용서가 수반되어야 하기 때문이다. 혹자는 결혼생활을 가리켜 하루 24시간 내내 용서의 기술을 습관적으로 적용해야 하는 과정이라고 말한다. 고의적으로 상처를 주는 것은 물론이고, 마치 파리들이 과자 부스러기에 모여들 듯 얼마나 자주 전혀 의도하지 않은 책략들이 구사되곤 하는지 모른다. 그러나 우리는 자신이 상처받고 있다는 사실조차 깨닫지 못할 때가 많다. 받은 상처에 대한 대책을 생각하지 못하는 것도 당연하다. 마침내 어느 지점에 이르면, 머릿속에서 울분이 터져 나오기 시작한다. 혹은 자신이 상처받았음을 알고 있어도, 이미 기진맥진해진 감정들과 사건들을 더 이상 성공적으로 십자가에 묶어 두고 끝내 버릴 수 있을 만큼 제대로 붙들고 있지는 못한다.

싸움이 불거져 나온다는 것은 대체로 그만큼 우리가 예수님과 벌어져 있음을 보여 주는 척도이다. 만일 우리가 예수님과 친밀한 관계로 살아왔다면, 아마도 요한일서 1장 7절의 말씀은 우리 안에 성취되었을 것임에 틀림없다. "그가 빛 가운데 계신 것같이 우리도 빛 가운데 행하면 우리가 서로 사귐이 있고 그 아들 예수의 피가 우리를 모든 죄에서 깨

끗하게 하실 것이요." 이제 우리는 요한일서 1장 9절의 단계로 접어든다. 우리는 우리의 죄를 자백해야 한다. 서로에게 큰 소리로 자백하는 과정을 통해서만 연합이 회복될 수 있다. 싸움의 예방책은 헌신이다. 반면에 싸움의 유일한 해결책은 자백과 용서이다.

하나 됨을 힘들게 하는 것은 비전과 목적의 상실이다. 우리가 자기를 초월하여 더 이상 목적들의 부르심으로 나아오지 않게 되었을 때, 우리의 원초적이고 육신적인 목적(주기보다 받기)이 되살아난다. 마침내 우리는 요구와 거절이라는 통속적인 노래를 다시금 울려 퍼지게 한다. 목적은 우리가 일상의 업무로 돌아갔을 때에라야 비로소 회복된다. 자꾸만 문제에 관해서만 생각하고 이야기하면, 결국 비난만 가중되고 방어벽만 높아진다. 말없이 주님을 섬기는 것이 단순하면서도 유일한 해답이다(벧전 3:1-2).

그리스도로 말미암은 하나 됨에 관한 진리

하나 됨은 목적이 아니다. 하나 됨은 목적에 도달하기 위한 조건이다. 목적은 예수님이다. 인생과 목적과 부르심의 성취가 우리의 목표이다. 하나 됨은 손에 손을 맞잡고 살아가는 일이며, 부르심은 우리의 삶이 지향해 가는 곳이다.

하나 됨은 웃음과 마음의 평안을 특징으로 한다. 하나 됨 안에는 신뢰가 넘쳐난다. 신뢰란 상대방이 결코 실패하지 않으리라는 믿음이 아니다. 신뢰란 하나님이 우리를 선하게 인도해 주시는 분이라는 사실과 하나 됨을 이룬 모든 구성원들이 어떤 죄의 위협을 받더라도 언젠가는 반드시 회복될 것임을 믿는 것이다.

신뢰는 인내이다. 나는 다른 사람들뿐 아니라 나 자신에 대해서도 너무 성급하게 잘못을 교정하려 들지 않는다. 그러다가 혹시 모두를 잃어버릴 수도 있기 때문이다. 신뢰는 관용이다. 다른 사람이나 내가 저지른 실수들이나 고의적인 범죄들마저 한낱 순간적인 것들에 불과하다. 내가 해야 할 바는 오직 그들을 사랑하고 긍휼히 여기며 용서하는 일뿐이다.

우리는 하나 됨을 이루었을 때에라야 다른 사람의 성취에 대해 진정으로 기뻐할 수 있게 된다. 자기가 온전히 죽음에 처해지기 전까지는 단지 기뻐한다고 생각하고 있는 것에 불과하다. 우리 내면에서는 여전히 질투와 열등감으로 이를 갈고 있다. 하나 됨이 이루어진 상태에서는 다른 이의 행위가 우리보다 훨씬 탁월했을 때야말로 우리를 위한 최고차원의 성취를 획득하는 순간이 된다. 왜냐하면 우리는 각자가 힘을 실어 주는 지원체계의 일부임을 잘 알고 있기 때문이다.

우리는 하나이기 때문에 다른 형제의 성공은 우리 모두의 성공이 된다. "내가 진실로 진실로 너희에게 이르노니 나를 믿는 자는 내가 하는 일을 그도 할 것이요 또한 그보다 큰 일도 하리니"(요 14:12). 이 말씀이 우리의 목표요 우리의 즐거움이다.

우리는 다른 사람에게 우리의 자리를 내어 주는 것을 두려워하지 않는다. 이때 우리 내면의 가장 깊은 곳으로부터 다른 이의 행복을 기뻐하는 마음이 솟아오른다. 우리는 이런 기쁨을 일부러 꾸며낼 필요가 없다. 또한 기쁨의 끝에 입 안에 쓴맛이 남고 낙담이 되는 것이 아니라, 만족과 행복감이 생겨난다.

하나 됨은 비탄을 특징으로 하기도 한다. 우리와 하나 된 누군가가 상처를 받았을 때, 우리는 우리의 감정 이상으로 비탄에 빠진다. 우리 영의 깊은 곳에서 슬픔으로 눈물을 흘리다가 결국 표면으로 울음을 터뜨린다. 현상 자체만으로는 가슴 아픈 일이지만, 이러한 슬픔에는 달콤함도 내재되어 있다. 왜냐하면 이것이 다른 사람에 대한 사랑에서 우러나온 슬픔이기 때문이다(전 7:2-8).

때때로 이런 종류의 슬픔은 사건에 대한 의식적인 자각이 있기 훨씬 전에 느껴지기도 한다. 우리의 영이 지닌 감지능력은 생각 차원의 깨달음을 훨씬 능가한다. 나중에 우리가 슬퍼하던 일의 정체를 확실히 알게 되었을 때에는 안도감을 느낀다. 우리는 사실을 알게 됨으로써 슬픔으로 말미암아 효과적인 행동에 착수하게 된다. 사랑하는 사람을 위로해 줄 수도 있고, 기도를 해줄 수도 있다. 그리고 사실에 대한 지식이 공포를 조장하지는 않는다. 서로를 위한 경건한 슬픔은 기쁨에 의해 견고하게 지탱된다(전 7:2-8, 고후 7:10).

우리는 하나 됨의 안팎을 마음대로 드나든다. 마치 세차게 부는 바람에 모자가 끊임없이 들썩거리듯 말이다. 이 바람은 육체의 본성이 되살아나도록 요구하는 바람이요, 자기를 드러내라고 외쳐대는 귀에 거슬리는 소리이자 상실의 바람이다. 그러나 우리를 회복시켜 주시는 분은 예수님이시다. 우리가 주님께 우리를 회복시키도록 내어 드리지 않을 때, 하나 됨을 방해하는 문제가 초래된다. 어리석음에는 반드시 교만이 따른다. 강경함과 고집스러움은 육체의 본성을 구축하는 특성이다. 요컨대, 이기적인 자기중심성의 왕국을 다스리는 것이 교만이다. 교만은 끊임없이 자신의 무덤을 찾아낸다. 그리하여 남아 있는 미미한 생명이나마 훅

불어서라도 되살아나게 하려고 온갖 방법들을 모색한다.

"그러므로 하나님의 능하신 손 아래에서 겸손하라 때가 되면 너희를 높이시리라 너희 염려를 다 주께 맡기라 이는 그가 너희를 돌보심이니라"(벧전 5:6-7). 본문에서 '맡기라'에 해당하는 헬라어는 실제로, 마치 창을 던지듯 '매우 강력한 힘으로 세게 내던지다'라는 뜻을 내포하고 있다. 따라서 하나 됨은 우리의 두려움들을 열렬한 자세로 계속해서 하나님께 던져 버리는 상태를 말한다.

교만은 두려움에서 나온다. 우리가 공허함이나 위협감을 느낄 때, 불안하거나 비굴한 마음이 들 때, 교만은 마치 쪼그라든 풍선 같은 우리를 부풀어 오르게 만드는 거짓 위로자이다. 우리 자신이 우리 안의 주님만큼 소중한 존재임을 느낄 때, 더 이상 우리는 우쭐댈 필요도 없고, 자랑하거나 방어할 필요도 없다. "서로 마음을 같이하며 높은 데 마음을 두지 말고 도리어 낮은 데 처하며 스스로 지혜 있는 체 하지 말라"(롬 12:16).

일부러 겸손하기 위해 애쓴다고 해서 교만의 문제를 해결할 수는 없다. 이는 자기가 다시 한 번 게임을 펼치는 것에 불과하다. 하나님의 능하신 손 아래서 자신을 겸손히 낮추려면, 역경의 한복판에서도 주님을 찬양해야 한다. 주님께 모든 존귀와 영광과 권세를 올려 드려야 한다. 이것이야말로 우리가 겸손해질 수 있는 효과적인 방법이다. 다른 사람의 죄가 아니라 우리 자신의 죄를 자백하라. 특히 우리에게 상처를 입힌 상대방이 명백히 잘못된 경우라 할지라도 말이다. 이런 경우의 자백은 우리의 자존심을 상하게 한다. 우리는 우리 안에 있는 쓴 뿌리를 찾아내어 자신의 정당성을 입증하려는 교만을 제거해야 한다. 간단히 말해, 자기를 겸손케 하는 최선의 방법은 십자가상에서 자기를 죽음에 처하게 하는 일이다.

변화는 결코 끝이 없다. 우리의 모습은 마치 겸손으로 인해 메달을 받았더라도 한 번 이를 목에 건 후에는 치워 버리는 사람처럼 되어야 한다. 다른 사람들을 나보다 낫게 여기는 것은(빌 2:3) 겸손의 표지이다. 진정한 겸손은 자기가 펼치는 게임이 아니다. 우리가 자신의 죄성을 깊이 자각할 때, 비로소 진정으로 겸손해질 수 있다(시 34:18).

역설적이게도, 하나 됨의 축복은 대체로 무수히 많은 은밀한 자기의 벽들로부터 탈출하기 위하여 우리의 영이 힘을 얻을 때 실현된다. 따라서 어떤 이들은 이상하게도 하나 됨을 이룬 후에 또다시 실패와 분열로 이끄는 성급한 행위들을 저지르곤 한다고 말하기도 한다. 갑자기 하나 됨을 이루었다가는 다시 갑자기 하나 됨을 깨뜨리곤 하는 이유가 여기에 있다. 그러나 일단 하나 됨이라는 축복을 맛본 사람은 다음 차원의 성숙을 향해 나아가려고 노력하게 된다. 아무리 여러 가지 위험과 위협들, 실패와 교만들이 부수적으로 따른다 할지라도 말이다.

그러므로 하나 됨은 결코 정적인 것도, 지루한 것도 아니다. 하나 됨은 벼랑에서 뛰어내리기 위한 일종의 전주곡이다. 대개 뭔가를 새롭게 시도할 용기가 없는 자는 믿음의 도약을 할 수 없다. 용기는 하나님의 은혜로 우리에게 주어진다. 그러나 하나님으로부터 오는 용기는 우리가 연합을 이루었을 때 우리에게 전달되는 경우가 대부분이다.

따라서 하나 됨은 마치 바람 속에서 꺼져갈 듯 타오르는 촛불과도 같다. 그러나 이 촛불은 믿을 수 없을 만큼 강하다. 비록 숱한 문제들이 다가와 이 불을 훅 불어서 꺼버리려 하지만, 하나님의 사랑의 불에 의해 다시 점화하여 타오른다.

변화를 통한 성숙에 이르기 위하여 하나 됨은 반드시 선행되어야 한다. 이는 결혼생활이나 전반적인 그리스도의 몸 모두에게 해당되는 말이다.

그가 어떤 사람은 사도로, 어떤 사람은 선지자로, 어떤 사람은 복음 전하는 자로, 어떤 사람은 목사와 교사로 삼으셨으니 이는 성도를 온전하게 하여 봉사의 일을 하게 하며 그리스도의 몸을 세우려 하심이라 우리가 다 하나님의 아들을 믿는 것과 아는 일에 하나가 되어 온전한 사람을 이루어 그리스도의 장성한 분량이 충만한 데까지 이르리니 (엡 4:11-13)

하나 됨을 회복하기 위하여 우리는 주님을 예배하고 경배하는 자세로 돌아가야 한다. 더 이상 자기에게 관심을 기울이지 않아야 한다. 주님께서 우리를 향하실 때, 비로소 하나 됨도 함께 회복된다.

LETTING GO OF YOUR PAST

Chapter 6

성적인
온전함을 향하여

네 샘으로 복되게 하라 네가 젊어서 취한 아내를 즐거워하라 그는 사랑스러운 암사슴 같고 아름다운 암노루 같으니 너는 그의 품을 항상 족하게 여기며 그의 사랑을 항상 연모하라 (잠 5:18-19)

이와 같이 남편들도 자기 아내 사랑하기를 자기 자신과 같이 할지니 자기 아내를 사랑하는 자는 자기를 사랑하는 것이라 누구든지 언제나 자기 육체를 미워하지 않고 오직 양육하여 보호하기를 그리스도께서 교회에게 함과 같이 하나니 (엡 5:28-29)

하나님의 뜻은 이것이니 너희의 거룩함이라 곧 음란을 버리고 각각 거룩함과 존귀함으로 자기의 아내 대할 줄을 알고 하나님을 모르는 이방인과 같이 색욕을 따르지 말고 이 일에 분수를 넘어서 형제를 해하지 말라 이는 우리가 너희에게 미리 말하고 증언한 것과 같이 이 모든 일에 주께서 신원하여 주심이라 하나님이 우리를 부르심은 부정하게 하심이 아니요 거룩하게 하심이니 (살전 4:3-7)

성적인 온전함을 향하여

6

하나님께서는 인간을 성을 즐길 수 있는 존재로 창조하셨다. 주님은 우리의 민감한 영을 정교하게 얽혀 있고 놀랄 만큼 강하며 감수성이 예민한 몸과 하나가 되도록 만들어 놓으셨다. 주님은 우리가 성적인 연합을 통하여 높은 차원의 은총을 맛볼 수 있도록 해주셨다. 각자의 몸을 통해 상대방에게 거룩하고 완벽한 충족감을 주는 방법으로 결혼한 부부의 성적인 연합만큼 좋은 것은 없다.

하나님께서 부부간의 성적 연합을 고안해 내신 목적은 다양하다. 원기 회복, 충만함, 휴식, 재조정, 해방, 교제, 출산, 치유, 사랑에 관한 교훈, 예민함 훈련, 상대방을 위해 자신의 생명을 내려놓는 법 개발, 완성, 공동체적인 삶을 살아가는 왕국 안으로 들어가기, 감사, 갈망, 희망, 인내, 즐거움, 웃음, 신비, 포용 등 축복의 항목들은 끝도 없이 많다. 성적 연합은 하나님께서 인간에게 주신 최고의 신체적인 선물이다. 그러나 성적 연합이 이토록 놀라운 축복을 내포하고 있는 것이므로, 일단 성이 은폐되고 왜곡되면 그만큼 파괴적인 힘을 방출하게 된다.

성적인 축복은 인간 사이에 이루어지는 다른 어떤 형태의 만남보다도 우리가 온전한 인간이 되는 것에 훨씬 더 많이 의존한다. 인간이란 사랑스럽고 깨어 있으며 민감한 개인적인 영을 가진 존재이다. 이러한 영으로 말미암아, 사람은 자신보다 남을 더 소중히 여길 수 있고, 남의 감정을 공감할 수도 있다.

우리는 단지 존재하는 것만으로 자연히 인간이 되는 것은 아니다. 우리의 인간성은 어린 시절부터 풍부한 애정을 통해 양육되어야 한다. 이런 과정을 지나면서 우리는 사랑의 능력을 구비해 간다. 모든 피조물 중 유일하게 인간만이 동종인 인간에 의해 양육되어야만 온전한 인간이 될 수 있다. 개를 고양이와 함께 키워도, 개는 여전히 개처럼 행동한다. 말을 소들과 함께 키웠다고 해서, 말이 소처럼 행동하는 것은 아니다. 그러나 늑대들 틈에서 자라난 인간은(이는 역사적으로 실화이다), 커서 네 발로 걷게 될 뿐 아니라 달을 보면 짖어댄다(발견된 직후 신속히 인간이 되도록 훈련을 받지 않는 한 말이다).

우리는 사랑하기 위해 사랑을 받아야 한다. 누군가에게 말을 걸 수 있으려면, 우선은 누군가가 우리에게 말을 걸어 주어야 한다. 우리가 사회적인 반응을 보일 수 있으려면, 그만큼 훈련되어야 한다. 우리는 마치 동물들의 경우처럼 이 모든 일들을 본능적으로 습득하지는 못한다. 인간은 지구상 어떤 피조물보다도 부모에게 의존하는 기간이 길다. 인간은 반드시 사회적 과정을 거쳐야 한다. 이는 우리가 어린 시절에 부모와 사회에 대해 보이는 반응들이 대체로 우리의 인격을 형성한다는 것을 의미한다. 특히 이러한 반응방식은 후일 성인이 되어 다른 사람들과 성적인 관계를 맺는 방식이기도 하다.

성적인 축복은 우리의 영이 지닌 능력에 달려 있다. 우리가 가진 영의 능력으로 우리는 몸을 통해 상대방에게 도달하여 그를 양육하고, 축복하며, 포옹하고, 상대방의 영과 마음을 황홀하게 만들어 준다. 이러한 능력은 우리가 아버지와 어머니와 더불어 누린 관계에 의해 활성화되고 양육되며 훈련된다. 우리는 여섯 살이 되기 이전에 성인이 되어 성을 온전히 즐길 수 있는 능력이 이미 확립되기도 하고, 파괴되기도 한다. 특히 아버지로부터 받아야 할 것을 받지 못했을 때, 우리는 인간으로서 마땅히 누려야 할 온전함을 누릴 수 없게 된다. 그 결과 우리의 삶에 마치 얕은 물속에 숨겨진 암초와도 같은 왜곡된 형태들이 찾아온다.

인간이 된다는 것은 (최소한) 예수님처럼 되는 것을 말한다. 여기서 우리가 말하고자 하는 것은 인본주의가 아니다. 인본주의는 사탄의 복제품이다. 인본주의는 사람으로 하여금 스스로를 높이도록 부추기고, 상상 속에서 만들어낸 권리들을 취하라고 자극한다. 우리는 다만 주님께서 행하신 일에 관해 언급하고 있을 뿐이다. 주님은 이 땅 위에 주님의 아들들과 딸들을 출현시키기 원하신다. 예수님은 온전한 인간으로서의 삶을 사셨다.

우리는 종종 그릇된 의도를 가지고 다음과 같이 말하곤 한다. "나는 단지 인간이기 때문에 그 (나쁜) 일을 한 것뿐이에요." 그렇지 않다. 우리가 그렇게 나쁜 짓을 한 것은 순전히 우리가 비인간적이었기 때문이다. 우리가 만일 진정한 인간이었다면, 우리는 예수님처럼 행동했을 것이다. 예수님처럼 긍휼이 풍성하고, 따뜻하며, 개방적이고, 잘 베풀며, 포용력 있고, 남을 양육해 주는 자가 되었을 것이다. 우리의 영은 우리의 몸과 완벽하게 연합되어 있는 상태로, 우리 자신뿐 아니라 주님을 위해 남을 수용하기를 기뻐하였을 것이다.

이같이 남에게 축복이 되는 살아 있는 삶이야말로 우리에게 충족감을 주는 자연스러운 삶이다. 예수님처럼 우리도 다른 사람의 행복을 위해 기꺼이 우리 것을 잃는 고통을 감내할 수 있게 된다. 자신을 희생하고서라도 기꺼이 남을 위해 베푸는 마음이야말로, 부부간의 성적 연합을 성공으로 이끄는 본질적인 요인이다. 남편과 아내 모두가 각자의 몸을 통해 자신의 전 존재를 상대방을 만족시켜 주기 위해 기꺼이 내어 주려는 마음이 있어야만, 비로소 두 사람은 온전한 성적인 축복에 도달할 수 있다.

인간이 된다는 것은 (최소한) 상대방을 공감할 줄 아는 사람이 되는 것이다. 이는 기능을 활발하게 수행하는 영을 가지고 있으면서 우리 몸의 감각들을 통해 상대방의 아픔을 함께 느끼고, 상대방의 기쁨에 함께 동참할 수 있음을 의미한다. 이는 상대방의 아픔에 공감하여 함께 아파하는 능력을 말한다. 양심과 관련하여, 이는 형제가 아프지 않도록 우리가 형제를 위하여 미리 아파하는 능력을 의미한다. 우리가 마땅히 아픔을 통과함으로써 우리의 형제는 아파하지 않아도 된다. 그러므로 인간이 되기 위한 능력을 보여주는 첫째 지표는, 활동하는 양심을 갖는 일이다. 양심은 인간성의 본질을 말해 준다.

우리가 사랑으로 충만하며 제 기능을 수행하는 영을 가지고 있지 않다면, 형제가 현재 느끼고 있는 감정을 돌봐줄 수도 없고, 어쩌다가 우연히 형제에게 해를 끼치고서도 전혀 불편한 감정을 느끼지도 못할 것이다. 비인간적이라 함은 동료 인간의 행복에 대해 전혀 무관심한 것을 말하는데, 사악한 짓을 저지르고 다니는 거리의 폭력단들을 예로 들 수 있다. 또한 오늘날 아버지 없이 자라는 자녀들이 헤아릴 수 없이 많이 증가되고 있다. 이들은 양심이 결핍된 모습을 드러내고 있다(딤후 3:1-5).

우리는 태어날 때부터 영을 가지고 있었다. 그러나 우리의 영은 아직 어떻게 다른 사람을 사랑해야 하는지를 알지 못한다. 남을 사랑하는 능력은 반드시 누군가에 의해 일깨워져야 하고, 누군가가 산출시켜 주어야 한다. 또한 지도해 주고 훈육해 주는 누군가의 도움이 반드시 필요하다. 양육과 훈육의 책임은 특히 아버지들에게 부여되었다. "또 아비들아 너희 자녀를 노엽게 하지 말고 오직 주의 교훈과 훈계로 양육하라"(엡 6:4). 어머니들은 생명을 주고 영양분을 공급해 준다. 그리고 아버지들은 삶을 이끌어 내고 구체적인 모양으로 빚어 가는 일에 일차적인 책임을 진다.

성인으로서 성적인 존재가 될 수 있는 능력은 이미 어린 시절에 형성된다. 어린 시절에 여자아이의 영은 든든한 아버지의 팔에 안전하게 안겨 있는 법을 배운다. 아이는 점차 뛰어놀면서 장난을 친다. 의자에 앉아 있는 아버지의 무릎 위에서 아버지와 함께 살살 흔들거릴 때도 있다. 아버지의 품 안에 포옥 안기기도 한다. 아이로 인해 아버지는 즐거워한다. 점차 아이는 남을 행복하게 해주는 법과 남으로 인해 자신이 행복해지는 법을 터득해 간다. 한 남성의 품 안에 자신을 편안하게 맡기는 법도 배워 간다. 자신의 영을 상대방 안으로 자유롭게 흘려보내는 법도 알게 된다. 그녀는 어떻게 해야 반대 성을 가진 상대방의 품 안에서 자신의 영이 활기를 띠게 되는지도 깨닫는다.

만일 아내가 어린 시절에 아버지와 더불어 이러한 삶을 보내 본 적이 전혀 없다면, 아마도 그녀는 성적인 절정에 도달하지 못하게 될 수도 있다. 왜냐하면 성이 절정에 도달한 순간에는 반드시 자신에 대한 통제를 남편에게 내어 주어야 하기 때문이다. 이 일이 그녀에게는 불가능하다. 물론 그녀는 성적 연합을 통해 누리는 신체적인 자극은 즐기고 있을지 모른다. 그러나 마지막 절정의 순간에 자신을 상대방에게 내어 주는 기능이 전혀 일깨워지지 않았다면, 성적 연합을 통한 영광은 그녀에게 있어 전혀 딴 세계의 일에 불과하다. 아마 그녀는 하나님께서 원래 의도해 주신 바를 자신이 상실했다는 사실을 깨달은 적조차 없을지도 모른다. 산의 신선한 공기를 마셔 본 사람만이 이 세상에는 강바닥의 무겁고 찌는 듯한 공기만 존재하는 것이 아니라는 사실을 진정으로 이해한다.

한 남성이 성적인 존재가 될 수 있는 능력도 이상과 동일한 방식으로 형성된다. 물론 그가 성적인 존재가 됨에 있어 어머니와의 동일시를 통해 흡수하는 분량은 딸의 경우에 비해 훨씬 더 많을지도 모른다. 그러나 다른 이와 교제하고 다른 이를 수용하는 영의 능력과 모양새는 아버지와 함께 보낸 삶을 통해 형성된다.

소년의 영은 껴안기, 뛰어놀기, 목마 타기, 들판 거닐기, 농담하며 웃어대기, 모의 전투, 게임 등을 통해 다른 이들에게 어떻게 반응해야 하는지를 배워 간다. 아버지가 어머니를 어떻게 받아들이고, 또한 어떤 식으로 거리를 두는가를 지켜보면서 자라나는 소년 안에 한 남성과 여성이 더불어 살아가는 방식이 스며들 듯 개념화되어 간다. 아버지가 동정을 베푸는 모습, 성급하게 거짓된 결론에 도달하는 모습, 상처를 공감해 주는 모습, 약점을 보며 욕설을 퍼붓는 모습, 부드러운 손길로 쓰다듬어 주는 모습, 아프게 찰싹 때리는 모습 등, 매일 목격하는 무수히 많은 아버지의 모습들이 성장하는 아들의 영 안에 입력된다. 그의 영 안에 입력된 내용들은 그의 몸과 인격을 통해 그대로 표현된다.

아버지들이 아들들과 딸들에게 성의 축복에 관해 가르치는 것은 하나님께서 원래 의도하신 바였다. 주님은 아버지를 통해 우리에게 성적인 부도덕을 멀리하라는 경고를 주시기 원하셨다. 잠언 1-7장을 읽어 보라. 특히 잠언 5장 1-5절의 말씀을 유념하기 바란다.

> 내 아들아 내 지혜에 주의하며
> 내 명철에 네 귀를 기울여서
> 근신을 지키며
> 네 입술로 지식을 지키도록 하라
> 대저 음녀의 입술은 꿀을 떨어뜨리며
> 그의 입은 기름보다 미끄러우나
> 나중은 쑥 같이 쓰고
> 두 날 가진 칼 같이 날카로우며
> 그의 발은 사지로 내려가며
> 그의 걸음은 스올로 나아가나니

나무는 결코 뿌리를 하늘로 뻗을 수 없고, 줄기를 땅으로 뻗을 수 없다. 우리는 주님께서 어떤 특정 사항들에 관해서는 성장을 위한 시기와 방식에 있어 고정된 틀을 벗어나지 못하도록 엄격하게 정해 놓으셨음을 잘 이해한다. 예를 들어 자동차를 최고 속도로 운전한다고 해서 바퀴가 공중에서 회전하여 목적지에 훨씬 더 빨리 도착하게 될 것이라고 바랄 수는 없는 노릇이다. 우리는 인간이 만든 것들도 원칙을 준수하지 않으면 작동하지 않으리라는 것을 잘 안다. 그런데 성경을 믿는다는 그리스도인들이 다음과 같은 하나님의 말씀을 진정한 메시지로 받아들이지 않는 모습은 참으로 이상하다. 하나님께서는 "너희는 간음하지 말라!"고 말씀하셨다.

과학적으로 볼 때, 우리는 기계들을 작동시키려면 반드시 법칙에 순종해야 함을 알고 있다. 만일 법칙에 따르지 않으면, 기계가 작동하지 않거나 망가져 버린다. 영양학적인 관점에서, 어떤 것들은 우리의 느낌이나 생각에 상관없이 우리 몸에 독이 되기도 함을 잘 안다. 그런데 하나님께서 주신 권리의 범주 안에서 이루어지는 성관계가 아닐 때, 또한 하나님께서 거룩하게 하신 아름다운 관계 안에서 이루어지는 부부간의 성관계가 아닐 때, 온갖 형태의 성병들이 난무하게 되는 것은 너무도 당연한 일이다.

그동안 우리는 어쩜 그토록 철저히 이런 사실을 모르고 있었단 말인가! 이런 사실 하나만 놓고 보더라도, 우리의 생각이 하나님의 법에 얼마나 둔감하게 반응하는지를 충분히 인정할 수 있지 않겠는가? "그들의 그릇됨에 상당한 보응을 그들 자신이 받았느니라"(롬 1:27).

우리 모두는 취소할 수도, 변경할 수도 없는 하나님의 법의 절대성에 관하여 추호의 의심도 없이 제대로 알아야 한다. 주님의 말씀은 문자 그대로 주님께서 우리에게 주신 선물로 인한 축복을 확실히 보장해 주시기 위함이다. 주님께서 우리에게 "너는 ~을 하지 말라"고 하신 것은, 결코 우리의 즐거움을 박탈하시기 위함이 아니었다. 주님은 우리가 창조의 섭리에 따라 참된 충만함을 즐기기 원하신다.

결혼관계 밖에서 이루어지는 성관계는 결단코 축복이 될 수 없다! 성령님은 성관계 가운데 우리의 영을 통해 우주의 사랑노래를 부르신다. 성령님은 하나님께서 금하신 장소로는 결코 흘러가지 않으신다! 결혼 밖에서 이루어지는 성관계뿐 아니라 부부관계 이외의 모든 성관계는 죄이고 손상이다. 나아가 이는 하나님의 창조의 가치를 떨어뜨리는 일이며, 하나님께 대한 모욕이자 거역이요, 하나님을 우롱하는 일이다.

우리는 누군가가 자신의 성적인 죄악을 자백하는 말을 들을 때, 결코 "어머, 그래도 괜찮아요!" 혹은 "너무 심한 죄책감은 갖지 마세요!"와 같은 식으로 말해서는 안 된다. 우리는 다음과 같이 조언해 주어서도 안 된다. "한 번 해봐요. 그렇게 하는 것이 당신의 억압을 극복할 수 있는 길이에요." 이는 하나님께서 보시기에 혐오스러운 일이다. 물론 하나님은 사람의 마음과 형편에 대해 긍휼과 용서의 눈으로 바라보시지만, 하나님의 도덕법에는 절대로 예외가 있을 수 없다.

수많은 성적인 범죄나 탈선행위들의 배후를 살펴보면, 늘 어떤 형태로든 어린 시절에 뭔가 파괴되고 저지당한 사건들이 존재하고 있다. 우리는 성령님으로 하여금 원인이 되는 뿌리를 깊이 파헤쳐 주시도록 맡겨 드려야 한다. 우리에게 도움이 될 만한 기독교 상담자나 기도사역자를 만나게 될 수도 있다. 하나님의 말씀의 검으로 생각이 날카롭게 벼려진 사역자들이 우리에게 도움이 된다.

바꾸어 표현하면, 만일 진정한 의미로 인간됨을 이룬 자였다면, 결코 탈선행위나 성적 범죄에는 빠져들지 않았을 것이다. 그의 영의 양심이 크고 강력한 소리로 노래하고 있었을 것이고, 그는 죄악된 행위를 저지르기도 전에 극도의 혐오감을 느끼며 돌아섰을 것이다. 그러나 우리는 그 정도로 능력을 갖춘 인간이 되지 못한다. 특히 사역자들인 우리는 실제로 범한 죄보다 훨씬 더 많은 비난을 받는다는 사실을 기억해야 한다. 우리는 오직 한 사람이지만, 우리를 타락시키려 하는 사람들은 수도 없이 많기 때문이다.

그러나 이번 장에서 우리가 일차적으로 다루려는 것은 현재 드러난 성적인 범죄에 관해서가 아니다. 우리는 범죄의 토대로서 어린 시절에 형성된 구조들과 사건들을 주로 다루려고 한다. 과거에 만들어진 죄악 된 구조들을 드러내고 치유를 받음으로써, 우리는 주님께서 예비해 놓으신 영광스러운 미래의 주인공으로 변화되어 갈 것이다.

모든 성적인 탈선행위나 범죄의 이면에는 반드시 인격의 결함이 존재한다. 다음의 사실을 하나의 법칙으로 설정해 두자. 온전한 사람은 결코 성적인 범죄에 빠지지 않는다!(요일 3:9) 성적인 범죄는 우리의 육체가 보기에는 제아무리 유혹적일지 몰라도, 우리의 영은 이를 혐오스러워 한다. 그리스도 안에서 온전한 인간은 성적인 범죄에 자연스럽게 마음을 빼앗기는 일이 없다. 온전한 인간은 오히려 이런 것들을 멀리한다. 우리의 갈망이 끊임없이 성적인 범죄를 향해 끌려간다면, 이는 우리 안에 존재하는 잘못된 뿌리에서 기인한 현상이다. 좋은 열매가 나쁜 열매를 맺는 법은 없다. 나쁜 나무만이 나쁜 열매를 맺는다(마 7:17).

우리는 아예 처음부터 다음과 같은 거짓된 관념들을 단번에 중단시키려고 한다. 다음은 우리가 기도사역자들로서 흔히 들어온 말들이다. "음, 전 어쩔 수가 없었어요. 단지 사랑에 빠졌던 것뿐이니까요." "그녀를 너무 사랑하기에 절대로 그녀와 헤어질 수 없을 것만 같아요." "네가 그 사람을 사랑한다면, 어떻게 그게 죄가 될 수 있겠니. 안 그래?" 이것은 터무니없는 소리들이다! 말도 안 되는 속임수이다! 사랑은 절대 잘못된 일을 행치 않는다! 좋은 나무는 결코 나쁜 열매를 맺지 않는다.

정욕, 손상된 인격, 그리스도와 분리된 죽은 양심, 속임수 등은 죄를 낳는다. 간음이나 불륜을 저지른 사람은 결코 사랑에 빠진 것이 아니다. 그는 증오에 빠졌다. 정말로 사랑이 동기였다면, 어떻게 상대방을 이용해먹고 조종할 수가 있단 말인가? 인간적인 사랑만 있었더라도 그는 상대방의 성역을 존중해 주었을 것이다. 남녀 간에 존재하는 하나님의 사랑은 하나님과 하나님의 법, 그리고 상대방의 혼과 몸의 성역을 존중해 주었을 것이다.

성적인 범죄를 저지르는 사람들은 자기중심적이고 이기적인 명분들을 들이대면서 온갖 거룩한 것들을 무시해 버린다. 낭만적이고 허울 좋고 둘러대기 위한 겉치레의 실상을 단번에 파헤쳐 보자. 부도덕은 추한 것이지, 결코 아름답지 않다. 부도덕은 파괴적인 것이고, 결코 자유를 가져다주지 않는다. 메스꺼운 것이지 결코 고결한 것이 아니다. 증오할 만한 것이지, 결코 사랑스러운 것이 아니다. 부도덕은 오직 두 사람에게만 은밀히 부여하신 거룩함을 무참히 짓밟아 버린다. 부도덕은 결코 충족감을 주지 않는다.

포르노그래피 및 미성년자 관람불가인 R등급과 X등급은 결코 성을 영광스럽게 표현하지 않는다. 오히려 성을 모욕할 뿐이다. 결혼관계 밖에서 이루어지는 성관계들은 절대로 개인에게 충만감을 주지 못한다. 오히려 사람을 고갈시키고 공허감을 느끼도록 만들어 놓는다. 결혼을 해 본 적이 없는 사람은 그동안 아무리 많은 불륜관계를 맺어 왔다 할지라도 진정한 의미의 성관계는 단 한 번도 해본 적이 없었다고 할 수 있다. 제아무리 '애인'으로서 평판이 자자했다 할지라도 말이다. 사실 그는 '연인'이 아니다. 고작해야 인간이 되어 가는 단계에서 거짓된 놀이를 즐기던 자기중심적인 작은 소년에 불과하다.

전설에 따르면, 1,003차례나 불륜행각을 벌인 돈 후안이 지옥에 갔을 때, 사탄은 그에게 겨우 '어릿광대의 외투'만을 주었다고 한다. 이에 그가 항의하듯 물었다. "이게 뭡니까! 저는 광대가 아니에요. 저는 위대한 연인이었다고요." 그러자 사탄이 그에게 조건을 내걸었다. 만일 그가 그 숱한 '연인들' 중 한 사람이라도 정확하게 이름을 기억하고 있다면, 그 어릿광대의 옷을 입지 않아도 될 것이라는 내용이었다. 이에 돈 후안은 과거의 연인들을 하나하나 떠올리기 시작했다. 그러나 그는 단 한 사람의 이름도 기억해 낼 수가 없었다. 마침내 그도 사실을 인정할 수밖에 없었다. 그는 연인이 아니라 광대에 불과했었다. 어릿광대의 외투야말로 그가 영원토록 입고 있기에 안성맞춤인 옷이었다.

진정한 연인은 결코 상대방을 이용하지 않는다. 진정한 사랑을 하는 사람은 결코 자기 아내가 아닌 다른 여인의 가슴을 끌어안지 않는다(잠 5:18-20). 진정한 사랑을 하는 사람은 하나님께서 단 한명의 상대자만을 위해 예비해 두신 축복의 영광을 파멸시키지 않는다.

> 하나님의 뜻은 이것이니 너희의 거룩함이라 곧 음란을 버리고 각각 거룩함과 존귀함으로 자기의 아내 대할 줄을 알고 하나님을 모르는 이방인과 같이 색욕을 따르지 말고 이 일에 분수를 넘어서 형제를 해하지 말라 이는 우리가 너희에게 미리 말하고 증언한 것과 같이 이 모든 일에 주께서 신원하여 주심이라 (살전 4:3-6)

다른 남자의 아내를 품는 것은 하나님께서 오직 그 남자에게만 주신 영광을 속여서 빼앗는 일이다. "어진 여인은 그 지아비의 면류관이나 욕을 끼치는 여인은 그 지아비의 **뼈**가 썩음 같게 하느니라"(잠 12:4).

오늘날의 젊은이들은 대중매체를 통해 집중적으로 쏟아져 내리는 거짓의 폭포 속에서 허우적거리고 있다. 영화, 소설, 신문, 잡지, 만화, 정기간행물, 거짓된 상담자와 교사들, 라디오, 텔레비전, 유행가, 가십난 등 대중매체의 종류는 무수히 많다. 이 모든 대중매체들은 한결같이 섹스는 언제, 어디서든 해도 좋은 것이라고 주장한다. 이보다 훨씬 더 유해한 것은 다음과 같은 '준(準)도덕적인' 발언들이다. "네가 사랑에 **빠진** 거라면 뭐든 괜찮아."

이러한 풍조가 지니는 가장 파괴적인 국면은 주로 부모관계의 모델과 관련된다. 별거와 그에 따른 데이트, 이혼, 자녀들도 보고 느낄 수 있는 불륜, 심지어는 때때로 꼭 닫히지 않은 뒷문으로 거짓된 성적 파트너들을 집안에 데려오는 모습들 등이다.

나(존)는 종종 사탄이 여자를 추격하는 동안 입을 통해 뿜어대는 홍수에 관하여 생각해 볼 때가 있다(계 12:15). 홍수가 사탄의 입을 통해 나온다는 표현에 주목하기 바란다. 아마도 사탄의 입에서 나오는 홍수란, 특히 우리 세대에 사람들이 끝도 없이 토해내는 성적이고 부도덕하고 신학적으로 '무익한 말'이 아니겠는가?

간음

간음이란 결혼하기 전에 갖는 성관계를 말한다. 앞에서 언급된 홍수가 간음의 원인은 아니다. 사실 이러한 홍수는 정숙한 젊은이마저 쓸어가려 할 수도 있다. 그러나 중요한 사실이 있다. 그 젊은이가 예수님 안에서 견고하고 온전하기만 하다면, 그는 쓰러질 수도 없고 쓰러지지도 않는다. "이로 말미암아 모든 경건한 자는 주를 만날 기회를 얻어서 주께 기도할지라 진실로 홍수가 범람할지라도 그에게 미치지 못하리이다"(시 32:6).

우리의 목적은 표면적인 압박들을 다루는 데 있지 않다. 우리는 타락의 뿌리가 되는 원인들을 다루기 원한다. 스위스의 심리학자인 피아제는 뿌리가 되는 원인에 대해 다음과 같이 진술한다. "만일 사람이 자신의 성적 순결을 지켜낸다면, 그(그녀)는 자신의 아버지와(나) 어머니를 사랑하는 것이다. 만일 사람이 간음을 저지른다면, 그는 자신의 아버지와(나) 어머니를 미워하는 것이다."

여러 해 전에 간음을 저질렀다면서 우리를 찾아오는 사람들이 수없이 많다. 그들은 은밀하게 혹은 다른 누군가에게 사실을 고백하기도 했고, 용서의 메시지를 듣기도 했다. 그럼에도 불구하고 여전히 죄책감과 더럽혀진 느낌을 떨쳐 버릴 수가 없었다. 단지 몇 개의 질문만 던져 보아도, 우리는 그들의 성적인 범죄가 결코 단독적인 문제가 아니라 다른 것들과 연관되어 있음을 쉽게 알게 된다.

그들 안에는 부모를 향한 분노와 반항이 내재되어 있었을 수도 있다. 혹은 부모로 하여금 자녀의 영광을 즐거워하지 못하게 하려고 일부러 자신을 망가뜨린 것이거나 아버지의 사랑에 굶주려 있었던 건지도 모른다. 아버지의 사랑에 갈급한 나머지, 그녀는 너무도 자극적인 한 남자의 손길에 대해 도저히 "아니요!"라고 말할 수 없었다. 혹은 부모를 벌주고 싶어 했을 수도 있다. 혹은 어려서부터 줄곧 아버지의 부재 가운데 자라 왔기에, 단지 기능하는 양심을 구비하지 못한 것이 원인이었을 수도 있다. 혹은 남자들이나 여자들은 "원래 저렇다"는 말을 거듭 되풀이해서 입증해 보고 싶은 욕구 때문이었는지도 모른다(한쪽 혹은 양쪽 부모에 대한 비난을 그대로 입증해 보이고 싶었는지도 모른다).

우리의 임무는 내담자들의 자백을 들은 후 각각의 간음 사건 이면에 숨겨진 실제적인 원인들을 찾아내는 일이다. 대부분의 경우, 아무리 노력해도 도덕성을 지키지 못하는 여성은 어려서부터 가시적으로 표현되는 아버지의 사랑을 받지 못하고 자라왔을 가능성이 많다. 이런 여성은 자기 자신이 되도록 만들어 주는 정중한 보살핌과 사랑을 거의 받아 본 적이 없었다. 그녀는 스스로 쓸모없는 존재라고 믿는다. 이런 마당에 자신을 따라오는 남자의 도구가 되지 말아야 할 이유가 어디 있겠는가? 특히 자신의 몸에 접촉하는 누군가의 손길은 마치 내면에 존재하는 깊은 공허와 욕구까지 충족시켜 주는 것만 같다.

당신이 목회자나 친한 친구로부터 이미 당신이 용서 받았고 간음죄에서 해방되었다는 말을 들었다 해도, 아마도 여전히 당신은 완전히 자유로워지지는 못했을 것이 분명하다. 당신에게는 기도사역자나 기독교 상담자의 도움이 반드시 필요하다. 그들의 도움으로 당신은 은폐되어 있던 어린 시절의 모든 상처와 원한들을 털어놓고, 이를 기도사역을 통해 돌파해 내어야 한다. 당신 자신에 대한 사랑과 존경도 반드시 회복해야 한다. 발견해 낸 간음의 원인을 결코 범죄를 합리화시키는 변명거리로 삼아서는 안 된다.

간음의 원인이란 현재 죄를 짓도록 만드는 썩은 뿌리이다. 당신이 난잡한 성행위를 저질러 온 진정한 원인이 일차적으로는 성적인 문제가 아니라 심리적인 문제임을 깨닫고 이해하는 것이 중요하다. 이때 비로소 당신은 온갖 성적 충동들을 더러운 것으로 보는 시각을 중단할 수 있게 된다. 이제 당신은 점차 참되고 적절한 인간적인 충동들이 성적인 영역들 안에 흐르도록 허용할 수 있게 된다. 공인된 기독교 상담자나 기도사역자의 도움을 통해 당신은 새로운 성적 정체성을 개발시킬 수 있다. 이러한 성적 정체성은 두려워할 것이 아니라 소중히 여기며 간직해야 하는 것이다.

간음, 간통, 동성애, 기타 성도착 등 온갖 성적인 행위를 통하여 당신의 영은 상대방과 연합된다. "창녀와 합하는 자는 그와 한 몸인 줄을 알지 못하느냐 일렀으되 둘이 한 육체가 된다 하셨나니"(고전 6:16). 하나님은 어떤 남성이나 여성이든 우리 안에 들어오기만 하면, 즉시로 우리의 영과 상대방의 영이 하나가 되도록 만들어 놓으셨다. 각 사람의 영은 연합이 이루어진 순간부터 자신 안에 들어와 연합을 이룬 상대방을 줄곧 찾아내어 충족시키고 돌봐주고 소중히 품으려 한다.

꽃이 좋은 땅에 심겨지면, 그 꽃은 심겨진 자리에서 뿌리를 내리고 꽃을 피운다. 꽃은 낯설고 메마른 땅에서는 제대로 꽃을 피우지도, 온전한 열매를 맺지도 못한다. 이와 아주 동일하게, 하나님은 결혼식과 그에 따른 성적 연합을 통하여 우리를 배우자의 몸과 마음과 생각과 혼과 영이라는 비옥한 땅에 심으시려는 계획을 가지고 계셨다. 오직 폴라만이 나를 위한 비옥한 땅이다. 오직 폴라만이 내가 남성으로서 어떤 존재인지를 나에게 말해 줄 수 있다. 다른 모든 여성들은, 아무리 얼굴과 몸매가 예쁘고 성격이 좋아도 나를 혼란시키는 거짓을 말해 줄 수밖에 없다. 이런 까닭에 성경은 다음과 같이 말씀한다. "여인과 간음하는 자는 무지

한 자라 이것을 행하는 자는 **자기의 영혼을 망하게 하며**"(잠 6:32).

그러나 안타깝게도 일단 잘못된 연합에 들어간 경우, 우리의 영은 계속해서 그 연합을 기억하면서 상대방을 충족시켜 줄 길을 모색하게 된다. 만일 수많은 파트너들과 더불어 부도덕한 연합을 맺어 온 경우, 우리의 영은 마치 사방팔방으로 전류를 흘려보내려고 애쓰는 과부화에 걸린 변압기와도 같다. 자백과 사면, 분리 기도를 통해 과거의 불법적인 파트너의 영으로부터 해방된 이들은 사역을 받고 난 후 다음과 같이 절규할 때가 많다. "이제까지 한 번도 경험하지 못했던 자유가 느껴져요. 그 동안 제가 얼마나 산산조각 나 있는 느낌이었는지 제대로 인식조차 못하고 살았네요. 이젠 다시 통합된 느낌이에요." 당연한 말씀이다! 이들의 영은 잃어버린 파트너들을 찾아내어 충족시켜 주려고 계속해서 하늘과 땅을 헤집고 다닐 필요가 없어졌다!

만일 당신이 기도사역자나 기독교 상담자의 도움으로 치유의 과정에 착수하기로 결심했다면, 우선 이 일이 얼마나 통합적인 성격을 지니는지를 잘 이해하기 바란다. 당신이 성적인 부도덕을 자백할 때, 단지 예수님의 권세로 용서만 받고 마는 것은 아니다. 뿌리를 찾아내어 용서하라는 권유만 받고 그치는 것도 아니다. 왜곡된 구조들만 바로잡고 마는 것도 아니다. 당신은 예수님의 이름이 가진 하나님의 권능으로 말미암아 당신과 더불어 부도덕한 행위에 동참한 사람의 영으로부터의 분리도 체험하게 될 것이다. 당신은 그러한 잘못된 연합(연합들)을 잊어버리게 될 것이다. 당신은 그(그들)로부터 풀려나게 될 것이다.

자유를 얻은 당신의 영은 오직 당신의 남편이나 아내와만 결합하게 될 것이다. 성경은 우리에게 말씀한다. "네가 땅에서 무엇이든지 풀면 하늘에서도 풀리리라"(마 16:19).

간통

간통도 간음의 경우와 거의 동일한 원인들로 말미암아 일어난다. 간통은 자신의 배우자 이외의 사람과 더불어 성적으로 연합하는 일이다. 만일 결혼한 사람이 결혼하지 않은 사람과 성관계를 한 경우, 이때 결혼한 사람은 '간통'을 저지른 것이고, 결혼하지 않은 사람은 '간음'을 저지른 것이다. 부부관계들 중에는 확실히 취약점을 야기하는 문제들을 내포하고 있는 경우들도 있다. 이러한 문제들이 우리로 하여금 불법적인 관계를 찾아 나서게 만든다. 때로는 간음을 저지르는 원인이 어린 시절의 뿌리와는 그다지 연관이 없어 보이기도 한다. 그러므로 우리는 현재 부부관계 안에 취약적인 정황들만 없었어도 부부간의 신실함은 당연히 지켜 냈으리라는 생각에 맞서, 진지한 자세로 항의해야만 할 수도 있다.

현재 부부관계에 문제가 있었기 때문이라는 생각은 부분적으로 맞는 말일 수 있다. 문제를 야기한 현재의 원인들을 간과할 수가 없는 노릇이기 때문이다. 그러나 우리는 기도사역자나 기독교 상담자의 도움으로 부정을 초래한 보다 깊은 원인, 보다 강력한 원인들을 주로 어린 시절의 뿌리들로부터 찾아내야 한다. 대체로 우리의 의식적인 자각이 현재의 자극에 어떻게 반응하고 수용할지를 결정하는 요인은 종종 은폐되어 있는 무의식적인 쓴 뿌리들일 경우가 대부분이다. 쓴 뿌리들은 보이지 않게 감추어져 있을 때가 많다. 따라서 우리가 현재의 환경들로 인해 압박을 받는 상황에 처해 있다면, 이러한 쓴 뿌리들은 우리가 통제할 수 없을 정도로 훨씬 더 강력하게 우리를 몰아간다.

이해를 돕기 위해 예를 들어 보겠다. 그동안 폴라와 내가 목격해 온 것들 중 가장 일반적인 문제의 원인은 의사소통의 실패였다. 부부 중 한쪽이 문제가 있을 수 있고, 양쪽 모두에 문제가 있을 수도 있다. 의사소통에 실패한 부부는 외롭고 연약한 상태에 처하게 된다. 당사자가 지각하든 못하든 간에, 이런 상황에 처한 사람은 내면에서 정서적인 죽음을 경험한다. 조만간 누군가가 찾아온다. 그는 장벽들을 뚫고 넘어와 마음에서 마음으로, 영혼에서 영혼으로 대화할 수 있는 능력을 가진 사람이다.

정서적으로 다시 살아난 듯한 느낌은 참으로 놀랄 만하다. 이때 성적 욕구들이 다시 일깨워지기 시작해도 그는 죄책감을 느끼지 못한다. 엄중한 경고의 신호들이나 무거운 죄책감을 예상하고 있었던 이들로서는 당황스럽기까지 하다.

예를 들어, 어떤 사람은 영이 너무도 심각하게 죽어 있는 상태여서 양심의 신호가 전혀 송출되지 않고 있음을 깨닫지도 못할 수 있다. 그는 자신의 정서적인 혼의 능력이 되살아났다는 느낌이 너무 좋은 나머지, 이 관계가 잘못되었다거나 죄악된 것이라는 사실을 믿지 못한다. 만일 그가 지속적으로 간통관계를 이어간다면, 그는 자신의 생각이 보내오는 가냘픈 신호를 듣게 될 수도 있다. 그의 생각은 그에게 자꾸만 하나님의 법을 상기시켜 주려고 한다. 그러나 그의 마음은 여전히 노래하고 있다. 그는 자신이 '사랑에 빠졌다'고 생각한다. 이쯤 되면 그는 완전히 혼동에 빠진다.

하나님의 법도 잘못될 수가 있는 걸까? 하나님의 법이 단지 사람들의 상상에 불과한 것일 수도 있을까? 이 관계가 정말 죄악이었다면, 어떻게 그 같은 살아 있는 느낌을 받을 수 있었겠는가? 그는 만일 자신이 아내와 이혼하고 이 '영혼의 반려자'와 결혼한다면, 머지않아 이 여자도 또 한 명의 '어머니'였음을 깨닫게 되리라는 것을 지금은 전혀 알지 못한다. 결국 이 여자도 그와는 교감을 나눌 수 없는 존재가 되어 버릴 것이고, 그는 곧 또 다른 '영혼의 반려자'를 찾아 나서야만 할 것이다.

상황적으로 너무 외로워서 어쩔 수 없이 간통관계에 빠져들었다고 말할 수도 있다. 죄악 된 관계를 통해 느껴지는 행복감으로 혼란스러울 수도 있다. 심한 죄책감이 느껴지지 않을 수도 있다. 그럼에도 불구하고 이 모든 일들의 이면에는, 다른 쓴 뿌리들 혹은 어머니와의 부실한 관계로 인한 원한이 존재하고 있을 수가 있다. 이 사악한 뿌리야말로 진정한 원인이다. 다만 현재 상황적으로 존재하는 문제들에 의해 이 뿌리가 활성화된 것뿐이다.

이러한 패턴은 수없이 많은 다른 형태들로 나타난다. 비서, 직장 동료, 가장 친한 친구의 아내나 남편, 다른 사람을 상담해 주는 이 혹은 상담을 받는 이, 이웃사람, 처제나 처남, 선한 사업을 수행하는 위원회에서 함께 일하는 사람 등과의 관계에서 말이다. 어떤 사람들은 의도적으로 간통적인 관계를 찾아 나서기도 하는데, 참으로 안타까운 경우이다. 그러나 일반적으로 '선량한' 사람들은 은밀한 욕구들이나 손상된 영역들로 인해 이미 판단력을 잃어버린 경우가 대부분이다.

이들은 '옳고 그름'을 명확하게 구별해 주는 사람을 만날 때, 비로소 분별력을 얻는다. 우리에게는 간통관계 안에서 실제로 무슨 일이 일어나고 있는지를 밝혀 줄 기도사역자의 도움이 필요하다. 우리는 원인을 다루어야지, 단지 결과만을 다루는 차원에 머물러서는 안 된다.

기타 성도착 형태들

성경은 모든 형태의 성도착 행위들을 엄격하게 금지한다. 여기서 말하는 성도착 행위들이란, 근친상간, 수간(獸姦), '메나주 아 트루아'(세 사람이 함께 하는 성관계), 동성애 등이다.

누구든지 남의 아내와 간음하는 자 곧 그의 이웃의 아내와 간음하는 자는 그 간부와 음부를 반드시 죽일지니라 누구든지 그의 아버지의 아내와 동침하는 자는 그의 아버지의 하체를 범하였은즉 둘 다 반드시 죽일지니 그들의 피가 자기들에게로 돌아가리라 누구든지 그의 며느리와 동침하거든 둘 다 반드시 죽일지니 그들이 가증한 일을 행하였음이라 그들의 피가 자기들에게로 돌아가리라 누구든지 여인과 동침하듯 남자와 동침하면 둘 다 가증한 일을 행함인즉 반드시 죽일지니 자기의 피가 자기에게로 돌아가리라 누구든지 아내와 자기의 장모를 함께 데리고 살면 악행인즉 그와 그들을 함께 불사를지니 이는 너희 중에 악행이 없게 하려 함이니라 남자가 짐승과 교합하면 반드시 죽이고 너희는 그 짐승도 죽일 것이며 여자가 짐승에게 가까이 하여 교합하면 너는 여자와 짐승을 죽이되 그들을 반드시 죽일지니 그들의 피가 자기들에게로 돌아가리라 누구든지 그의 자매 곧 그의 아버지의 딸이나 그의 어머니의 딸을 데려다가 그 여자의 하체를 보고 여자는 그 남자의 하체를 보면 부끄러운 일이라 그들의 민족 앞에서 그들이 끊어질지니 그가 자기의 자매의 하체를 범하였은즉 그가 그의 죄를 담당하리라 누구든지 월경 중의 여인과 동침하여 그의 하체를 범하면 남자는 그 여인의 근원을 드러냈고 여인은 자기의 피 근원을 드러내었음인즉 둘 다 백성 중에서 끊어지리라 네 이모나 고모의 하체를 범하지 말지니 이는 살붙이의 하체인즉 그들이 그들의 죄를 담당하리라 누구든지 그의 숙모와 동침하면 그의 숙부의 하체를 범함이니 그들은 그들의 죄를 담당하여 자식이 없이 죽으리라 누구든지 그의 형제의 아내를 데리고 살면 더러운 일이라 그가 그의 형제의 하체를 범함이니 그들에게 자식이 없으리라 (레 20:10-21)

동성애에 관해서는 다음 장에서 보다 상세하게 다루기로 하겠다. 여기서는 그 밖의 성적인 견고한 진들에 관해 살펴보려고 한다. 《상한 영의 치유》(순전한나드 역간)를 저술할 무렵, 우리는 여성들이 다섯 명에 한 명 꼴로 성희롱을 경험했다는 통계자료를 접한 적이 있었다. 다른 많은 조사자료들은 이 비율을 세 명에 한 명 꼴로 밝히고 있다. 이 비율은 계속해서 증가되고 있다.[1] 나라가 하나님을 등지고 하나님의 말씀을 거역하면, 하나님은 우리를 "부끄러운 욕심에 내버려"(롬 1:26) 두신다.

근친상간과 성희롱

아버지나 의붓아버지가 딸을 성희롱하거나 딸과 동침했을 때, 딸뿐

---

1) United Nations Population Fund, "A Human Rights and Health Priority," The State of the World Population 2000, http://www.unfpa.org/swp/2000/english/ch03.html (accessed september 10, 2007)

아니라 아버지 자신도 치명적인 해악을 입는다. 상실에 관해 자각하든 못하든, 그는 혼란에 빠졌고 수치 가운데 파괴되었다. 그의 남성성 자체가 훼손되었다. 그는 아버지 됨의 본질을 무너뜨렸다. 아버지로서 그는 자신의 책임 하에 있는 여성들을 보호해 주어야 했고, 딸의 성을 거룩한 것으로 잘 돌봐주었어야 했다.

딸도 파괴되고 말았다. 성적으로 한 사람의 아내가 될 수 있는 영의 본질적인 능력이며, 자신의 거룩한 영을 몸을 통해 한 남편에게 내어 줄 수 있는 능력이 모두 산산조각 났고, 원천적으로 더럽혀졌다. 그녀의 영이 가지고 있던 존경스런 아버지에 대한 충성심은 혼란스러워졌고, 거룩함은 오염되었다. 아버지의 성적 파트너가 됨으로써 아버지의 영과 딸의 영이 하나로 연합되었기 때문이다. 이제 딸에게는 거룩한 연합 가운데 자신의 영을 통해 남편에게 안식을 주고 새 힘을 공급해 줄 능력이 완전히 사라져 버렸다.

오직 주님의 은총만이 그녀를 아내와 어머니로 회복시켜 줄 수 있다. 아버지를 용서하고 아버지에게서 분리되어야 할뿐 아니라, 그녀 안에 재창조를 이뤄 주실 주님의 부활의 능력이 역사해야만 한다. 우리가 지난 50여 년 동안 기도사역에 종사해 오면서 발견한 사실은 근친상간만큼이나 파괴적이고 사람을 더럽히는 것이 없다는 것이다.

여자아이들은 숙녀가 되어 가는 과정에서 자유와 안전감을 느끼는 가운데 마음껏 아버지의 칭송을 이끌어 낼 수 있어야 한다. 나이 어린 딸과 양쪽 부모 모두는 딸이 순수한 동기를 가지고 있음을 잘 이해해야 한다. 또한 딸의 행동을 훌륭한 것으로 받아들여야 한다. 그러나 많은 남성들이 어린 딸의 행동을 잘못 이해하여 성적인 유혹의 제스처로 받아들인다. 혹은 양심의 기능이 너무 약하여 아예 신호를 무시하고 야만적으로 반응하기도 한다.

이런 까닭에 성희롱이나 강간을 당한 수많은 소녀들은 죄책감을 느낀다. 그들은 이런 일이 발생한 것은 자신이 뭔가 잘못된 행동을 했기 때문이라고 느낄 때가 많다. 한 남성을 적절히 유혹하라고 하나님께서 부여해주신 능력이 이제는 더러운 것이 되고 말았으니, 이 얼마나 수치스런 일인가! 그녀는 더 이상 자신의 신체적 아름다움을 발산하기를 두려워하게 될 수도 있다.

만일 분노와 반항에 사로잡혀 있는 경우라면, 그녀는 남성들을 성적인 올무에 걸려들게 하려고 자신의 신체적 아름다움을 마음껏 과시하며 다니는 쪽으로 치달을 수 있다. 그러나 남성들을 유혹하기 위해 아무리 대단한 성적인 능력을 휘두르고 있다 한들, 실제로 이런 여성은 진정한 만족감을 느끼지 못한다. 그녀의 내면 가장 깊은 곳에서는 혹시라도 자신의 진정한 아름다움이 고통의 공포를 되살리지나 않을까를 두려워하고 있다.

그녀의 영은 여전히 아버지로부터 받은 상처와 수치로 인해 뒤로 물러나 있는 상태이다. 그녀의 마음과 영은 혼동을 느끼고 있을 수도 있다. 아울러 아버지를 미혹한 것에 대해 진정한 죄책감을 갖고 있기라도 한 듯, 용서를 열망하고 있을지도 모른다. 그러나 그녀는 실제로 무슨 일이 일어났는지를 제대로 이해해야 한다. 그녀가 잘못한 것은 아니었다.

아버지나 의붓아버지에 의해 성적으로 희생당한 딸은 어머니와의 관계마저도 손상되어 버렸음을 알게 된다. 과연 이 모든 사실을 어머니에게 이야기해야만 하는 걸까? 이 일은 어머니의 결혼생활에 어떤 영향을 미칠 것인가? 만일 어머니에게 사실을 말하지 않으면 어떻게 될까?

어머니의 침소를 취한 사실은 딸의 마음에 걷잡을 수 없는 육신적인 양가감정들을 불러일으킨다. 이때 늘 그런 것은 아니지만, 그녀에게는 유혹의 게임에서 자신이 어머니를 패배시켰다는 원치 않는 기쁨과 죄책감, 어머니의 침소를 더럽힌 사실에 따르는 수치(그러나 어떤 이유로든 간에 어머니에게 상처와 벌을 주어야 했을 경우, 외설적인 기쁨이 솟구치는 것을 피할 길이 없다), 아버지를 향한 강한 동료애의 감정, 혹은 강한 자기거절, 어머니에게 이야기하고 싶은 강한 욕구 및 이를 방해하는 두려움, 임신의 가능성에 대한 두려움, 아버지에 대한 맹렬한 증오와 혐오감 등이 수반될 소지가 높다. 아버지에 대해 증오와 혐오를 품고 있을 때, 딸은 어머니가 "아빠에게 좀 더 친절하게 대하면 안 되겠니?" 혹은 "최근 너와 아빠 사이가 도대체 왜 그런 거냐?"라고 물어도 대답할 말을 찾아내지 못한다.

만일 당신이 어린 시절에 성적 학대로 고통을 당한 경험이 있다면, 사탄은 틀림없이 당신으로 하여금 자신이 다른 모든 여자아이들과는 다른 존재라고 믿도록 만들었을 것이다. 당신은 이렇게 생각하고 있을지도 모른다. '하지만 어쨌든, 자기 아버지를 유혹한 여자들이 얼마나 되겠어? 나는 정말 자기통제도 못하는 혐오스런 존재일 뿐이야. 사람들이 진실을 알면 나를 좋아하지 않을 거야. 심지어 내 곁에 오려고도 하지 않을 거야.'

이때 당신이 반드시 알아야 할 사실이 있다. 당신은 결백하다. 또한 당신은 결코 혼자가 아니다. 당신이 이 사실을 이해하기 위한 최선의 방법은, 당신이 경험한 바를 누군가와 나누는 일이다. 당신의 이야기를 끝까지 들어주고 치유로까지 인도해 줄 수 있는 기도사역자라면 가장 바람직하다. 반면에, 당신의 이야기를 누구와 나눌 것인지도 신중하게 결정해야 한다. 남의 비밀을 잘 누설하는 사람에게 이야기를 했을 경우, 그동안 올바른 사람과의 나눔을 통해 이뤄 놓은 모든 좋은 일들마저 수포로 돌아갈 수 있다.

일회성 혹은 몇 차례만으로 끝난 사건이라면, 지속적으로 근친상간적인 파트너가 되도록 강요받아 온 경우만큼 손상이 심각하지는 않다. 그동안 수많은 사례들을 상담해 온 결과, 우리는 피해를 당한 여성들에게서 한 가지 공통적인 결과를 발견하였다. 이들은 한 여성이 된다는 것과 관련하여 마음과 눈이 완전히 죽어 있었다. 이 여성들은 스스로를 포기해 버린 듯했다. 자신을 마치 한 번 이용당하고 폐기처분 당한 도구에 불과한 것으로 여기고 있는 듯했다.

만일 당신이 장기간에 걸쳐 이 같은 성적 학대를 받아왔다면, 당신이 혼자의 힘으로 상처를 치유하는 일은 거의 불가능하다. 당신에게는 당신을 전적으로 위탁할 수 있고 치유로 안내해 줄 만한 기도사역자가 필요하다. 치유는 결코 단기간에 쉽게 이루어지지는 않을 것이다. 그러나 온전함으로의 여정은 언젠가는 끝마칠 날이 온다.

대부분의 치유 과정은 잘 관리되어야 한다. 전이나 혼란스런 감정들, 의존의 문제들을 피하기 위해 치유에는 경험 많은 사역자의 노력이 반드시 필요하다. 누군가를 부활시키는 작업은 마치 주님께서 "나사로야, 나오너라"라고 외치듯, 언제나 그렇게 깨끗하고 분명하게 이루어지는 것만은 아니다. 우리는 주님이 아니다. 비록 주님이 우리를 통하여 일하시긴 하지만 말이다.

다른 사람을 부활시키는 작업은 우리 자신에게도 영향을 준다. 남을 섬기는 동안 우리는 늘 자신의 마음을 잘 지켜낼 수 있어야 한다. 다름 아닌 바로 이 부분에서 수많은 기도사역자들과 상담자들이 실패하곤 한다. 부활과 온전함으로의 여정에서 도움을 받으려면, 당신은 반드시 평판이 매우 좋은 사람을 선택해야 한다.

메나주 아 트루아

'메나주 아 트루아'란 한 명의 남성과 두 명의 여성이 함께 성관계를 하는 것을 말한다. 종종 '메나주 아 트루아'의 이면에 존재하는 것은 진정한 성적인 축복을 통해서만 충족될 수 있는 마음의 갈망들을 채우려는 굶주림일 경우가 많다. 사실 몇몇 정욕의 형태들은 진실한 갈망을 올바른 방법으로 만족시키지 못하도록 금지당한 경우에 나타난다. 결국 이 에너지는 (육체적인 욕구와 사탄의 영향으로 더욱 증대된 상태로) 거짓된 발산 통로를 모색하게 된다. 영이 죽어 있기에 참된 방법으로 욕구를 만족시키는 일이 불가능해졌을 때, 자연히 이런 남녀들은 굶주림을 느낀다. 이때 인격의 다른 부분에 결함을 가지고 있는 남녀들은 정욕을 채우기 위한 수단으로 '메나주 아 트루아' 등과 같은 성도착적인 형태를 선택할 수도 있다.

성도착적인 행위들은 결코 진정한 만족을 주지 않는다. 그러나 기대를 불러일으키기에 충분할 정도로 짜릿한 전율은 느끼게 하여 사람의 마음을 온통 빼앗아 강박적으로 만들어 놓는다. 일단 이 길에 들어선 사람은 싫증날 정도가 되거나 보다 더 퇴폐적인 방법을 발굴해 내려는 모습이 되어 간다.

때때로 과도한 성취지향성이 반전될 경우에 '메나주 아 트루아'가 일어나기도 한다. 이들의 내면에는 뭔가를 실험해 보려는 엄청난 굶주림과 착한 이미지를 깨부수고 더럽히기 위해 뭔가 좀 더 정욕적인 일을 저지르고 싶어 하는 욕망이 존재한다. 한번은 알고 지내는 한 목회자에게 그의 성취지향성과 착한 이미지를 벗어나고 싶어 하는 욕구에 관해 경고를 해준 적이 있었다. 그는 나의 경고를 받아들이지 못했다. 결국 그는 '메나주 아 트루아'에 말려들었다. 자신도 소스라칠 정도로 놀랐으나, 다시금 심각한 상태로 빠져들었다. 과연 이 일이 앞으로 어떻게 될지는 우리도 의문이다. 주님의 은총이 개입해 주시지 않는 한 말이다.

종종 철저한 율법 준수가 '메나주 아 트루아'에 빠지도록 부추기는 연료가 되기도 한다. "죄의 권능은 율법이라"(고전 15:56). 여기서 '메나주 아 트루아'를 야기하는 동력은 성취지향성과는 단 한 가지 면에서 다르다. 의로움을 유지하기 위해 법적인 엄격함이라는 특수한 방식을 사용한다는 점이다. 이는 억압을 강요한다. 바리새인들은 자신의 생각이나 감정들을 이러한 영역에 관여시켜서는 절대로 안 되기 때문이다.

나이 든 한 지혜로운 목회자가 언젠가 나에게 다음과 같은 말을 해 주었다. "존, 새들이 사람의 머리 위로 날아다니는 것까지 막을 수는 없네. 하지만 그것들이 머리에 둥지를 틀지 못하게는 할 수 있지." 누구든 머릿속이나 마음으로 드는 정욕적인 생각들을 완전히 차단하며 살아갈 수는 없다. 그러나 마음으로 간음하지 않으며 살아갈 수는 있다(마 5:28). 고의적으로 이런 일들을 상상 속에서 즐기면서 그것들에 머물러 있지만 않는다면 말이다. 이럴 경우 다음과 같이 기도를 드려야 한다. "바로 접니다, 주님! 저야말로 죄인입니다. 저를 용서해 주옵소서." 기도를 드린

후 이전 일은 깡그리 잊어버리라.

그러나 철두철미한 사람들은 지극히 사소한 감정들이나 생각들과도 더불어 싸움을 벌인다. 어떻게든 육신적으로 의로움을 유지하고 싶기 때문이다. 어쩔 수 없이 이들은 끝도 없는 싸움에 말려들고 만다. 마침내 어떤 이들은 폭발하듯 '메나주 아 트루아'로 빠져들기도 하고, 또 어떤 이들은 다른 형태의 타락으로 치닫는다. 이들은 모두 잘못된 순종의 동기들을 가지고 있었다. 그것은 예수님 안에서 안식하는 살아있는 영에서 말미암은 순종이 아니었다. 오히려 자기 의로 가득 찬 마음과 생각에서 말미암은 허영이 이들이 순종하려는 동기였다.

포르노그래피

아이에게 자꾸 '하지 말라'고만 하면 그 아이는 반항하게 된다. 포르노그래피의 효과도 이와 동일하다. 오래전 부모의 금지항목들을 끊어내고 자유케 되어 사랑 안에서 자신의 토대를 새롭게 발견한 사람들에게 있어 포르노그래피는 천하고 혐오스러운 것일 뿐, 더 이상 사람을 유혹하는 것이 되지는 못한다.

우리는 기도사역자의 도움으로 포르노그래피의 영향력을 파쇄할 수 있다. 어린 시절에 형성된 반항과 원한의 뿌리들을 제거함으로써 말이다. 어떤 종류의 성도착이라 할지라도, 기도사역자는 각각의 사례에 존재하는 독특한 요인을 발견해 내고 뿌리들을 다룬다. 기도사역자의 도움을 통해, 당신은 이 같은 종류의 올무들에 대하여 영속적인 승리의 삶을 보장받게 될 것이다.

성적인 범죄로부터 벗어나기 위해

아마도 본 장을 계속 읽어 내려가는 동안, 당신도 용서할 수 없는 특정 행위들에 묶여 있다고 느끼고 있을지도 모르겠다. 그러나 하나님 아버지께서 주 예수 그리스도를 통해 용서해 주지 못하실 만큼 큰 죄는 존재하지 않는다(성령님을 훼방한 죄는 제외함). 아무리 심각한 성도착적인 범죄라 할지라도 관계없다.

수많은 세월이 흘렀어도, 나(존)는 친딸에게 정기적으로 성적인 학대를 가하는 한 남성을 보며 이따금씩 강한 분노와 혐오감을 느끼곤 한다. 나라는 사람은 그 남성에게 용서를 선포해 줄 만한 인물이 못 되는 것만은 확실한 듯 싶다. 그러나 긍휼의 사역은 주님의 몫이지, 결코 내 몫이 아니다(물론 당신의 기도사역자의 몫도 아니다). 따라서 용서의 기도는 늘 놀라운 결과를 가져다준다. 나를 비롯한 다른 기도사역자들의 느낌이 어떠하든 상관없다.

성찬식과 세례(침례)식은 집행하는 성직자의 영적 상태와는 무관하게 유효하다. 마찬가지로, 당신도 앞으로 당신이 통과하게 될 일에 관한 개인적인 느낌이 어떠하든지, 그렇게 염려하지 않아도 된다. 우리 안에 아무리 미처 처리되지 못한 분노들이 있다 한들, 자백과 회개와 용서의 효력을 결코 가로막을 수는 없다. 기독교 상담자와 기도사역자는 그리스도를 대표하는 직임을 감당할 소명을 가진 사람들이다. 따라서 마음속으로 엄습해 오는 온갖 변덕스러운 감정들에 굴복해서는 안 된다.

당신이 유념해야 할 사실이 또 있다. 성적인 이슈들을 해결하기 위해 도움을 받는 동안, 때로는 상황들이 불필요하게 복잡해질 수도 있다. 당신을 돕고 있는 기도사역자를 향한 정욕의 감정들로 인해 고군분투하게 될 수도 있다. 이럴 경우 당신의 상황을 기도사역자에게 그대로 털어놓으라. 믿음과 경험을 가진 사역자라면, 지금 당신에게 무슨 일이 일어나고 있는지를 잘 분별해 낼 것이다.

나는 기도사역자로서 매일매일 나 자신을 주님의 손에 맡겨 드린다. 또한 사역을 받는 사람과 나 사이에 주님의 십자가를 세워 둔다. 나는 예수님께서 내 마음을 지켜 주고 계신 것을 알고 있다. 주님은 당신의 기도사역자의 마음도 지켜 주실 것이다. 당신이 과거의 은밀한 일들을 처리해 갈 때, 당신의 마음속에서는 온갖 감정들이 요동쳐댈 것이다. 주님은 당신의 기도사역자를 도와주셔서 당신으로 하여금 이러한 감정들을 잘 다룰 수 있도록 해주실 것이다.

진실한 사역자는 먼저 자신의 안전을 주님 안에서 찾고, 그 다음으로는 배우자에게서 찾는다. 나 역시도 폴라의 사랑을 통해 안전을 발견한다. 설사 정욕적이고 죄악된 나의 마음이 다른 사람의 감정들에 반응하여 자극된다 할지라도, 나는 결코 이러한 감정들을 즐기거나 행동에 옮기지는 않는다. 나는 이 낯선 정욕적인 감정들이 내 것이 아님을 잘 알고 있다. 다만 성령께서 나로 하여금 상대방 안에 있는 정욕을 느낄 수 있게 해주신 것뿐이다. 내 안에서 분별은 이런 식으로 작동한다. 대개 한두 가지 질문만 던져 보아도 이것이 사실임이 금방 밝혀진다. 일단 상대방이 어떤 감정을 느끼고 있는지를 경고해 준 후에는 내 안에 일어났던 감정들이 신속히 사라진다.

이 교훈은 우리가 반드시 배워 두어야 할 만큼 중요하다. 너무도 많은 이들이 '사랑'의 느낌들을 진짜인 줄로 착각하여 유혹에 굴복하고 말았다. 이런 까닭에 어떤 교사들은 남성은 절대로 여성에게 사역해서는 안 되고, 여성은 절대로 남성에게 사역해서는 안 된다고 사뭇 단호하게 주장해 왔다. 이 같은 조언이 얼핏 현명한 소리로 들리기도 한다. 그러나 대체로 이는 두려움에서 기인한 것이지, 결코 경건한 지혜에서 말미암은 말이 아니다.

당신이 성적인 이슈를 위해 도움을 구하려고 한다면, 나의 말에 유념하기 바란다. 당신이 여성이라면, 온전함에 이르기 위하여 당신에게는 남성 사역자의 도움이 필요할 수도 있다. 물론 예수님은 이러한 교사들의 지혜와는 상관이 없는 분이셨다. 만일 예수님께서 이들의 지혜를 중시하셨다면, 아마도 우물가에서 그렇게 오랫동안 여인에게 사역하고 계시지는 않으셨을 것이다(요 4장).

한편 어떤 이들은 남성이 여성에게 사역할 경우에는 반드시 아내나 기타 증인을 입참시켜야 한다고 주장한다. 이는 지혜롭고 적절한 처사이다. 그러나 늘 그렇게 할 수는 없다. 두 사람이 한 사람보다는 낫다(전 4:9). 성적인 범죄를 두려워하는 것보다 이 방법이 훨씬 유익하다.

우리는 육체의 힘이나 사탄과 그의 졸개들의 힘을 지나치게 치켜세우지 말아야 한다. 만일 한 그리스도인이 다른 이성과 함께 하는 영역에서 신뢰를 받을 만큼 강건하지 못하다면, 그는 더 이상 사역을 하지 말아야 한다.

혼자 살아가는 남성이나 아내와의 관계에 문제가 있는 남성은 누군가를 옆에 두고 필요할 때마다 도움을 받음으로써 스스로를 보호할 수 있어야 한다. 불미스런 개입이 일어났음을 보여주는 첫 번째 표지가 드러나자마자, 다른 누군가가 함께 있어 줄 때까지 그는 해당 사역을 포기하거나 잠시 중단해야 한다. 이렇게 함으로써 결코 육신에게 기회를 내어주지 않아야 한다. 몇몇 상담자가 타락하기도 했다는 사실 때문에, 우리는 잘못된 해결책을 충동적으로 선택하는 일이 없어야 한다.

기도사역에는 수많은 위험요소들이 수반된다. 그러나 이런 위험요소들에 대해 성경적 근거를 결여한 세상적인 지혜로 해결하려 해서는 안 된다. 예수님은 두려움이나 후퇴가 아닌 자유 안에서 행하는 모범을 보여주셨다. 그렇지 않다면, 모든 남성 의사는 성관계에 대한 우려로 인해 절대로 여성 환자들은 진찰하지 말라는 주장이라도 해야 하는가?

내가 이와 같은 주의사항들을 말하는 데는 이유가 있다. 나는 그동안 수많은 기도사역자들이 사역을 받는 사람과 더불어 성적인 관계로 빠져든 사실을 잘 알고 있다. 이들은 특히 성적 이슈를 다루는 사역을 하다가 이렇게 실패했다.

우리가 살펴본 바에 의하면, 기도사역자들이 가장 쉽게 걸려드는 최고로 심각한 두 개의 함정이 있다. 그것은 우울증이나 성적 불륜에 빠진 내담자를 대상으로 사역하는 경우이다. 성적으로 타락하는 경우는 전체 기도사역자들 중 지극히 소수에 불과하다. 그러나 일단 한 번 이런 일이 발생하면, 이후로는 매우 빈번히 발생한다. 사실 기도사역자가 느낀 유혹적인 감정들은 단순히 공감적 동일시로 말미암은 것들이었다. 그럼에도 불구하고 그는 이러한 감정들이 실제로 자신의 것이라고 순진하게 믿어 버렸다. 이것이 바로 불륜을 초래하는 가장 흔한 계기이다. 우리가 이런 사실을 잘 이해할 때, 사역자와 내담자와의 불륜을 예방할 수 있다.

앞에서도 언급했듯이 당신이 누군가의 도움을 구하려는 단계에 있다면, 배우자와 좋은 관계를 유지하는 기도사역자를 만나게 해달라고 주님께 기도하기 바란다. 내가 주저함 없이 당부하고 싶은 것이 있다. 부부관계가 안정되지 못한 사람은 자신의 마음이 다시금 차분히 진정될 때까지 사역을 중단해야 한다.

자위행위와 오랄 섹스

우리가 성적인 분야를 다루면서 반드시 언급하고 지나가야 할 두 개의 심각한 성적인 관심사가 있다. 우리를 찾아와서 자신은 강박적으로 자위행위를 행한다고 자백하는 이들이 수없이 많다. 우리는 자위행위의 문제에 관해서는 다른 모든 경우들과는 매우 상반된 입장으로 다룬다.

예를 들어 긴장감이 감도는 가정에서 자라난 아이가 있다고 해보자. 이 아이는 사춘기로 접어들면서, 사정(남성의 경우)과 클라이맥스(여성의 경우)의 경험이 놀라운 해방감과 평안을 가져다준다는 사실을 터득하게 된다. '이것도 하지 말고 저것도 하지 말라'는 억압이 상존하는 상황에서 긴장을 벗어나고 싶은 욕구가 맞물리면, 자위행위는 종종 하나의 습관으로 자리를 잡는다. 육신과의 싸움이 진행되고 자위행위를 계속해서 안도감과 동일시함에 따라 이는 해를 거듭하면서 강박적인 행위가 되어 간다.

성경에는 문자 그대로 자위행위라는 표현은 나와 있지 않다. 다만 몽설(wet dreams)과 부정(uncleanness)이 언급되어 있을 따름이다(레 15:16, 신 23:10). 성경은 오난의 죄에 관하여 말해 준다. 그는 죽은 형을 위해 아들을 낳아 주지 않으려고 당시의 관습상 자신의 아내였던 형수와 관계할 때마다 일부러 정액을 땅바닥에 쏟아 버렸다(창 38:9). 혹자는 오난의 경우를 자위행위가 아닌 질외사정이었다고 주장한다.

많은 이들이 성경에 자위행위가 언급되지 않은 이유는 그것이 죄가 아니기 때문이라고 말한다. 그러나 우리는 이들의 견해에 동의하지 않는다. 우리는 자위행위는 언제나 죄라고 생각한다. 자기만족을 위한 우상숭배의 행위이기 때문이다. 성경은 우상숭배를 철저히 금한다. 나는 다른 상황들에서는 사람들에게 죄책감을 불러일으키기 위해 자위행위를 죄라고 말한다. 죄책감을 느껴야만 이를 십자가로 가져갈 수 있기 때문이다. 그러나 여기서만은 반대의 입장을 취한다. 나는 여기서 처음이자 마지막으로 말한다. 자위행위 자체에 대해서는 죄책감을 느끼지 않아도 된다.

진정한 죄책감은 우선은 성에 관한 것이 아니라 우상숭배에 관한 것이다. 하나님께 기도함으로써 구해야 할 위로와 구원을 자신의 몸에서 찾아내려고 하기 때문이다. 이와 동일한 원리가 무절제한 흡연, 음주, 골프, 낚시 등 우리가 남용하고 있는 모든 사항들에 그대로 적용된다. 하나님께 직접 기도를 드림으로 누려야 할 해방감을 다른 것을 통해 얻으려 해서는 안 된다.

이런 사람에게 나는 자위행위를 안도감과의 동일시, 억압의 힘, 우상숭배와 관련된 죄책감 등과 관련시켜 말해 준다. 그 후 다음과 같은 이야기를 덧붙인다. "우선 우상숭배를 행한 것에 대해 용서를 구합시다. 그리고 그렇게 고군분투하는 방법 말고 이 습관에서 구원해 줄 다른 발산의 통로들이 있는지를 찾아봅시다."

여기에 나는 다음과 같은 말을 추가하기도 한다. "어쩌다 실수해도 괜찮습니다. 스스로를 용서하십시오. 하지만 그 습관을 떨쳐 버리려고 무조건 억압하기만 하면, 오히려 긴장만 증대되고 세력은 점점 커질 뿐입니다"(나는 다른 우상숭배의 죄악에 대해서는 결코 이런 식으로 상담하지 않는다. 우상숭배의 죄악은 어떤 대가를 치르더라도 반드시 중단되어야 한다). 이 특별한 습관은 몸 안에 이미 수로를 형성해 두었다. 반사행동을 극복할 수 있는 최선의 길은 정면대결의 방법보다 오히려 이를 무시하는 방법이다.

나도 이와 동일한 원리를 사용해 본 적이 있다. 어린 시절에 내게는 욕을 하는 습관이 있었다. 내가 아무리 그만두려고 결심해도 싸움은 그칠 줄 몰랐다. 이때 나는 한 가지 사실을 발견했다. 싸움 자체에 더욱 에너지를 쏟아 부을수록, 오히려 습관을 더욱 강화시키는 결과만 초래되었다. 나는 방향을 전환하여 예수님을 바라보고 주님께만 초점을 두기 시작했다. 싸움에 대해서는 무시하고, 실수할 때마다 매번 주님의 용서하심을 신뢰하기 시작했다. 그러자 어느새 싸움은 끝나 버렸다. 육신적인 노력은 문제에 계속 힘만 실어 준다. 예수님 안에 안식하는 것만이 위기의 해결책이다.

공상이 수반될 때(자위행위의 경우는 거의 언제나 그러하다), 문제는 도덕적으로 훨씬 더 심각해진다. 지나친 흡연이나 음주, 골프 등에 비하면 말이다. 예수님은 성적인 공상을 간음과 동일한 것으로 보셨다. "나는 너희에게 이르노니 음욕을 품고 여자를 보는 자마다 마음에 이미 간음하였느니라"(마 5:28). 이 경우에도 죄책감을 잔뜩 불러일으키면 범죄를 저지르게 될 경향성만 더욱 강화시킬 뿐이다.

예를 들어 누가 당신에게 빨간 점무늬 원숭이를 절대로 상상해서는 안 된다고 말했다고 가정해 보자. 이 말을 들은 당신은 머릿속에 가장 먼저 무엇을 떠올리겠는가? 이와 마찬가지로, 누군가가 당신에게 성적인 이미지를 더 이상 마음에 상상하지 말라고 소리쳤다고 해보자. 실제로 이런 말은 당신의 생각들이 마음껏 내달릴 수 있는 선로를 만들어 낼 따름이다.

나는 사람들에게 다음과 같이 가르친다. 성적 공상이 들거나 자위행위를 하고 싶은 유혹이 들 때마다, 이 사실을 인정하되 결코 심각하게 여기지는 말라. 당신의 마음의 눈을 예수님께 고정시키라. 그리고 충동의 기차가 선로를 내달리지 못하도록 막아 줄 기도사역자를 찾아보라. 나는 이들을 위해 다음과 같이 기도한다. "나는 예수님의 이름으로 각각의 자위행위들을 모두 용서합니다. 이제 몸을 향하여 명령합니다. 몸은 이 습관에서 분리될지어다. 나는 평안이나 정서적 안도감을 자위행위와 동일시하였던 것을 끊습니다. 나는 속사람에게 이제는 십자가 밑으로 나아가 기도함으로써만 해방감을 누리고, 더 이상 육체적인 자극을 통해서는 해방감을 찾지 않을 것을 선포합니다."

수많은 사람들이 사역을 받고 돌아간 뒤 다음과 같은 소식을 전해 주었다. "존 목사님, 아세요? 그 기도가 효력이 있었어요! 더 이상 예전처럼 고군분투하지 않게 되었다고요!" 어떤 이들은 이렇게 말하기도 한다. "여전히 가끔씩은 실수할 때가 있어요. 하지만 더 이상 강박적으로 저지르지는 않아요. 저는 제 자신을 용서하고 정죄감에 사로잡히지도 않는답니다."

기도사역자들에게 당부하고 싶다. 제발 자위행위를 마치 축사를 행해야 할 문제인 양 다루지 말라. 내담자를 가혹하게 비난하는 일도 없기를 바란다. 자위행위는 단지 우리가 소리 없이 제거하려 하는 육체 안의 폭탄일 뿐이다.

많은 사람들이 호소하는 또 하나의 심각한 성적인 주제는 오랄 섹스에 관한 것이다. 오럴 섹스에 관해서도 성경은 특별히 언급하고 있지 않다. 아마 있을지도 모르겠지만, 나로서는 아직까지 발견한 바가 없다. 성경은 다음과 같이 말씀한다. "각각 거룩함과 존귀함으로 자기의 아내 대할 줄을 알고"(살전 4:4). 상대방을 존귀하게 여기는 것, 이것이야말로 내가 추구하는 해답이다.

두 번째 원리는 다음과 같다. 자연스러워 보이는 방식, 하나님께서 제정하신 질서에 합당한 방식이면 괜찮다. 내가 보기에 오럴 섹스는 자연스럽지 못하다. 혀는 음식을 먹고 말을 하기 위한 것이다. 그리고 생식기는 생식을 위한 것이다. 아주 최근까지만 해도 상당수의 그리스도인들이 오럴 섹스를 받아들이지 않았다. 비록 성경은 침묵하고 있지만, 우리는 그리스도의 몸이 가진 공동체적인 분별을 진지하게 고려할 줄 알아야 한다.

많은 사람들이 나에게 찾아와 이렇게 말한다. "그런데 제 아내가 그걸 요구해요. 제 아내는 오럴 섹스를 해야만 성관계를 통한 만족을 느낄 수 있나 봐요." 때로는 오럴 섹스를 요구하거나 과도한 성적 욕구를 보이는 남편 때문에 불평을 털어놓는 아내도 있다. 이럴 경우 대체로 이유는 매우 단순하다.

남편은 아내의 내적 자아 중 일부가 아직까지 남편을 향해 전적으로 개방되어 있지 않다고 느낀다(비록 이때 아내 자신은 남편에 대해 육체적인 사랑을 스스럼없이 마음껏 표현하고 있는 중일지라도 말이다). 남편은 한 번도 충족된 느낌을 받아 본 적이 없다. 도대체 빠져 있는 것이 무엇인지조차 규명되지 못한 상태이다. 이제 그는 아내에게 더욱더 강압적으로 요구할 수밖에 없다. 그러나 아무리 요구해도 결코 충족되지 않는다. 왜냐하면 진정한 교제는 장벽들을 돌파할 때 경험되는 것이기 때문이다.

아주 오래전에 주님께서 나에게 분명하게 말씀해 주셨다. 물론 들리는 소리로 말씀하신 것은 아니었다. "존! 네가 가진 모든 수준의 믿음과 무기를 가지고 전투에 임하도록 해라. 내가 오늘 순수하게 행할 수 있었던 일이, 내일의 필요나 내일이 요구하는 믿음의 수준에는 맞지 않게 될 수도 있단다." 따라서 나는 이런 문제로 찾아오는 내담자들에게 다음과 같이 말해 준다. 그들이 흥분되지 못하는 진정한 이유는 아마도 심리적인 문제에 있을 것이라고 말이다. 뿌리를 살펴보라.

한편 이런 일은 죄일 수도 있고, 그렇지 않을 수도 있다. 다만 당신은 관계를 깨뜨리지 않기 위해 해야 할 모든 일을 해야 한다. 아마 주님께서 보다 명확한 말씀을 계시해 주시고 더 많은 지혜를 주신다면, 나의 상담이 달라질 수도 있다.

이 문제에 대해 보다 분명하게 짚고 넘어가야겠다. 나는 정기적이고 습관적으로 행하는 오럴 섹스는 하나님께서 의도하신 것이라기보다는 오히려 죄악이라고 믿는다. 우리 자신은 이런 일을 행하지 말아야 한다. 우리는 상대방과 영으로 만나고, 마음으로 만나는 존재들이다. 따라서 이런 종류의 성적 흥분의 수단은 우리에게 결코 적합하지 못하다.

반복해서 말하지만, 당신이 결혼한 부부로서 오럴 섹스를 통해 즐거움을 누리고 있다면, 너무 깊은 죄책감에 빠지는 일은 없기를 바란다(우리는 여기서 정상적인 성관계에서라기보다는, 성적 흥분을 위해 구강의 자극을 시도하는 경우를 말하고 있다. 이런 관행은 반드시 중단되어야 한다).

이 주제에 관해 우리의 강연을 들은 수많은 사람들이 우리에게 편지를 보내왔다. 그들은 우리가 오럴 섹스에 관해 보다 엄격한 책망의 메시지를 들려주기를 원하고 있었다. 우리가 분명히 해두어야 할 것이 있다. 우리가 아무리 오랄 섹스를 비난하고 싶거나 우리의 관습이 이를 금하고 있다 할지라도, 주님의 선지자요 교사들인 우리는 다만 성경이 직접적으로 표현하고 있거나 추론을 통해 얻어진 내용만을 강력하게 외칠 수 있다(간통의 경우).

선지자들과 교사들은 고린도전서 7장을 쓰는 사도 바울과 같이 늘 신중한 자세를 유지해야 한다. 사도 바울은 주님께서 말씀하신 것(10절), 자신이 확신하는 것(25절), 자신의 견해(12, 40절)를 명확히 구분하고 있다.

우리는 선한 의도를 가지고 있는 그리스도인들에게 당부하고 싶다. 당신들의 열심 때문에 성경에 나와 있지 않은 내용을 마치 하나님의 말씀인 양 왜곡시키지는 말기 바란다. 혹은 성경이 명백하게 밝히지 않은 내용을 둘러싼 논쟁에서 단호한 입장을 취하지 않는 하나님의 종들을 정죄하거나 몰아세우지도 말기 바란다. 우리는 하나님의 말씀이 확실하게 표현하지 않는 내용을 절대적 언명이라고 주장할 수는 없다. 우리가 아무리 간절히 원하고 있는 사항에 관한 것이라 할지라도 말이다.

데이트와 이성교제

마지막으로 데이트와 '이성교제'(오늘날 이 말은 젊은 세대들에게 있어 페팅[petting], 스파킹[sparking], 스푸닝[spooning] 등을 뜻한다)에 관해 다뤄 보기로 하자. 사람들이 흔히 나에게 다음과 같이 묻는다. "어디까지 해야만 죄가 아니라고 할 수 있나요?"(오늘날 젊은이들이 데이트를 하면서 고민하는 온갖 까다로운 문제들을 포함하여) 이러한 질문은 우리의 문화가 확실히 비성경적이기 때문에 제기되고 있다.

성경 시대에는 데이트라는 것은 존재하지 않았다. 성경에 데이트에 관한 직접적인 지침이 언급되지 않고 있는 이유도 이 때문이다. 성경 시대에는 데이트를 할 필요가 없었다. 아가서는 다음과 같이 표현한다. "예루살렘 딸들아 내가 노루와 들사슴을 두고 너희에게 부탁한다 내 사랑이 원하기 전에는 흔들지 말고 깨우지 말지니라"(아 2:7).

오늘날의 자녀들은 이전 세기의 가현설적(docetic) 사고방식에서 자유로워졌다(《엘리야의 임무》[The Elijah Task] 9-11장을 참조하라). 가현설적 사고방식은 사람들에게 성을 더러운 것이라고 믿도록 가르쳤으며, 신체적인 감정들과 열정들에 대해 두려워하도록 만들었다. 우리 자녀들이 이런 사고로부터 자유로워진 것은 바람직한 일이다. 또한 이들은 만지고 보는 것과 관련된 여러 금기사항들로부터도 해방되었다.

사실 이러한 금기들은 상대방의 거룩함에 대한 존경에서라기보다 오히려 내숭을 떠는 마음에서 말미암은 것들이었다. 우리는 이런 현상도 바람직하다고 생각한다. 그러나 오늘날의 문화는 거룩함에 대한 감각이나 정숙에 대한 적절한 존경심을 심각할 정도로 결여하고 있다. 대부분의 문화가 도덕법을 무시하거나 이를 아예 폐기처분한다. 따라서 젊은이들은 우리 나이 든 사람들이 데이트 시에 반드시 지켜야 한다고 느끼는 안전장치들을 거의 갖추지 못하고 있다.

이뿐만 아니다. 오늘날은 샤프롱(젊은 여자가 사교계에 나갈 때 따라가서 보살펴 주는 사람 - 역주) 역할에 대해서나 젊은이들이 언제라도 신속하게 이동할 수 있다는 사실에 대해서도 관대한 입장을 보인다. 부모들의 역할은 단지 하나님과 기도만을 믿을 수밖에 없는 위치로 격하되었다. 오늘날의 문화는 그리스도인의 사랑과는 정반대되는 사실, 즉 다른 사람들을 고려하지 말고 다만 본인이 원하는 것을 취하라고 가르친다. 이런 이유로 성관계를 거부하는 기독교인 여자아이들은 종종 무시당하거나 거절당하는 존재가 되곤 한다. 오늘날은 십대 청소년을 자녀로 둔 부모들이나 미혼 남녀들에게 있어 그야말로 깜짝 놀랄 만한 시대이다.

십대는 기본적인 가르침을 배우기에는 너무 늦어 버린 나이이다. 이미 십대가 되면 우리는 어린 시절에 뿌리거나 혹은 뿌리지 않은 씨앗들의 열매를 거두기 시작한다. 사춘기 직전에 좋은 가르침을 받았을 뿐 아니라 말과 행실이 일치하는 부모를 둔 아이는, 십대가 겪는 데이트에 관한 딜레마에 대처할 수 있는 준비를 갖춘 셈이다.

우리는 수마일의 밤길을 혼자 걸어서 집으로 돌아오거나, 고등학교 시절에 일부러 좁고 외로운 길을 선택하는 여자아이들도 있음을 잘 알고 있다. 이들은 주님과 미래의 남편을 위해 자신을 지키려 한다. 이들의 신앙고백과 부모들의 견실한 가르침과 본보기에 대해 주님께 영광을 돌리고 싶다.

아마 젊은이들은 어느 정도의 키스는 얼마든지 허용될 수 있다고 여기는 것 같다. 그러나 나(존)는 여자친구와 오랜 기간 사귀기 전까지는 도저히 키스할 기분이 들지 않았다. 나에게 있어 키스란 단순한 신체적인 접촉 그 이상을 의미했다. 키스는 서로 간의 만남과 서로를 소중히 여기는 마음에서 뒤따르는 일이다. 이런 의미와는 별개로 단지 '짜릿한 전율'을 맛보기 위해 여자아이와 키스한다는 것은 나로서는 불가능했다. 이런 일은 나에게 있어 단지 흉내 내기에 불과했다. 이는 마치 진실한 마음도 없으면서 하나님의 집에 들어가 온갖 경배의 행위를 흉내 내고 있는 불성실한 모습과도 같았다.

　나는 폴라를 만나기 전에 오직 두 명의 여자 친구를 사귀어 본 적이 있었다. 각각의 경우 나는 매우 신중한 자세로 데이트에 임했다. 폴라에게 데이트를 신청하기 전에도, 나는 여러 주간 동안 그녀를 지켜보았다. 데이트를 시작하고 나서도, 여러 주일이 지나고 나서야 겨우 키스를 요구했다. 로렌도 데이트에 관하여 나와 동일한 관점을 가지고 있다. 마크, 존, 팀, 안드레도 나와 비슷하게 생각한다. 도덕성은 타고나는 것이며, 부모로부터 물려받는 것이다.

　내가 당신에게 권면해 드리고 싶은 교훈이 있다. 당신이 오늘 할 수 있는 일을 언제까지나 지속할 수 있을 것이라고는 생각지 말라. 또한 당신의 관계가 진척됨에 따라 이를 중단할 수 있을 것이라고도 생각지 말라. 당신이 할 수 있는 일에는 결코 엄중한 법칙이란 존재하지 않는다. 다만 너무 지나치지 않도록 주의하라. 욕구는 자꾸만 증가되는데 저항은 계속 약해지기만 하는 특정한 시기도 있다.

　결혼하기 전까지는 생식기에 관련된 모든 영역들은 분명 출입금지가 되어야 한다. 가슴은 남편만을 위해 끝까지 지켜져야 한다(잠 5:18-19, 특히 20절 "내 아들아 어찌하여 음녀를 연모하겠으며 어찌하여 이방 계집의 가슴을 안겠느냐"를 참조하라).

　한 젊은이가 지금 한 여성의 가슴을 끌어안고 싶어 한다고 해보자. 앞으로 이 여성이 확실히 이 젊은이의 아내가 될 것이라고는 아무도 보장할 수 없다. 설사 이 젊은이가 이 아가씨를 아내로 삼겠다고 아무리 확신하고 있다 하더라도, 결혼 전에 가슴을 애무하는 일은 성경에서도 금지하고 있다(겔 23:3, 8, 21).

혼전관계에 보다 신중한 자세로 임하기를 원하는 당신에게 다음과 같은 조언을 드리고 싶다. 단 둘이서만 있는 기회를 너무 많이 갖지 말라. 여러 커플들과 함께 데이트를 하고, 파티에 갈 때에도 함께 가라. 일단 육신에 대한 신뢰로 인해 문이 열리기 시작하면, 육신은 더 이상 신뢰할 수 없는 것이 되고 만다. 당신을 지나친 극단으로 치우치게 만드는 것은 결코 사랑이 아니라 육체이다.

나의 이야기는 사실상 경계선을 침범한 것에 대한 용서를 받아들이는 것에 관해서라기보다는, 취약성의 원인이 된 어린 시절의 결함을 파헤치는 일에 관한 것인지도 모르겠다. 안타깝게도 대부분의 경우, 우리에게는 예방의학을 접할 기회가 거의 주어지지 않는다. 그러나 이 책을 통해 이야기하는 몇 마디를 통해서나마, 하나님께서 오직 한 사람만을 위해 사용하라고 당신에게 주신 선물을 잘 보존하는 일에 도움을 받으시기를 바란다.

해가 갈수록 (우리는 이미 56년간 결혼생활을 해오고 있다) 폴라와 나는 주님 안에서 훨씬 더 깊이 즐기고 있다. 주님의 은혜로 말미암아 우리는 각각 자신의 모든 생명력을 오직 하나뿐인 상대방을 위해서만 베풀며 살아올 수 있었다.

우리가 자라면서 겪었던 수많은 일들이 우리에게 수치와 죄책, 당혹스러움 등을 가져다줄지도 모른다. 그러나 하나님 아버지께 있어 주 예수 그리스도를 통해 용서해 주지 못하실 만큼 큰 죄는 없다(성령 훼방 죄는 제외). 아무리 혐오스런 죄악이라도, 어떤 상처라도 예수님의 보혈은 모든 것을 치유해 주신다. 은혜와 긍휼의 사역은 주님께 속한 것이지, 내게 속한 것이 아니다.

만일 당신이 과거에 이 같은 범죄를 저질렀다면, 혹은 당신이 성적인 범죄와 관련하여 치유를 필요로 하고 있다면, 용서의 기도는 언제나 놀라운 효력을 발휘한다. 당신이 느끼는 수치와 죄책의 분량이 아무리 많아도 상관없다. 그러므로 당신은 염려하지 않아도 된다. 미처 다루지 못한 쓴 뿌리들, 분노, 판단, 죄책 등이 있다 할지라도, 자백과 회개와 용서를 통해 모두 해결될 수 있다.

성경은 요한일서 1장 9절에서 이렇게 말씀한다. "만일 우리가 우리 죄를 자백하면 그는 미쁘시고 의로우사 우리 죄를 사하시며 우리를 모든 불의에서 깨끗하게 하실 것이요." 이는 주님께서 주시는 약속의 말씀이다. 우리는 이 말씀을 단지 믿음으로 받아들이면 된다.

성적인 축복은 인간 사이에 이루어지는 다른 어떤 형태의 만남보다도 우리가 온전한 인간이 되는 것에 훨씬 더 많이 의존한다.

Chapter 7

성 정체성과 관련된 문제들과 치유

하나님이 자기 형상 곧 하나님의 형상대로 사람을 창조하시되 남자와 여자를 창조하시고 하나님이 그들에게 복을 주시며 하나님이 그들에게 이르시되 생육하고 번성하여 땅에 충만하라, 땅을 정복하라, 바다의 물고기와 하늘의 새와 땅에 움직이는 모든 생물을 다스리라 하시니라 (창 1:27-28)

스스로 지혜 있다 하나 어리석게 되어 썩어지지 아니하는 하나님의 영광을 썩어질 사람과 새와 짐승과 기어다니는 동물 모양의 우상으로 바꾸었느니라 그러므로 하나님께서 그들을 마음의 정욕대로 더러움에 내버려 두사 그들의 몸을 서로 욕되게 하게 하셨으니 이는 그들이 하나님의 진리를 거짓 것으로 바꾸어 피조물을 조물주보다 더 경배하고 섬김이라 주는 곧 영원히 찬송할 이시로다 아멘 이 때문에 하나님께서 그들을 부끄러운 욕심에 내버려 두셨으니 곧 그들의 여자들도 순리대로 쓸 것을 바꾸어 역리로 쓰며 그와 같이 남자들도 순리대로 여자 쓰기를 버리고 서로 향하여 음욕이 불 일듯 하매 남자가 남자와 더불어 부끄러운 일을 행하여 그들의 그릇됨에 상당한 보응을 그들 자신이 받았느니라 (롬 1:22-27)

성 정체성과 관련된 문제들과 치유

7

　　　　　　성 정체성 문제들을 어떻게 해결할 것인가를 논의하기에 앞서, 우선 이러한 문제들이 어떻게 개인 안에 뿌리내리게 되었는지를 살펴보는 것이 중요할 듯싶다. 개인이 아주 어린 시절에 부모와 더불어 어떠한 삶을 살았는지를 탐구해 내는 것이 중요하다. 수십 년간 기도사역을 해오면서, 우리는 부모와 건강한 관계로 지냈던 사람 치고 성 정체성 문제를 가지고 있는 사례를 한 번도 본 적이 없다. 단, 성 정체성 문제가 강간이나 성희롱으로 인해 초래된 경우는 예외이다.

　본 장에서 우리는 강간이나 성희롱의 결과로 인해 형성된 성 정체성 문제에 관하여 다루려고 한다. 그 밖에도 성 정체성 문제가 동성애의 형태, 혹은 자신이 잘못된 성으로 태어났다는 느낌, 혹은 소위 '잘못된 성 체성'의 형태로 드러난 경우에 대해서도 살펴볼 것이다.

　우리가 성 정체성 문제를 다루어야 하는 이유는 이것 역시 과거로부터 말미암은 산물이기 때문이다. 주님은 우리가 선천적으로 타고난 성(gender)과 관련하여 혼동이나 상처를 주실 의도가 전혀 없으셨다. 주님은 인간을 남자와 여자로 만드셨다. 주님은 피조물을 보시며 즐거워하시는 분이다(창 1:31). 주님은 우리가 창조된 본래의 모습을 회복하고 자유를 누리기를 원하신다. 따라서 우리의 성과 관련된 거절과 상처를 치유하는 일은 우리의 과거를 내어 보내고 자유를 쟁취하기 위한 작업의 일환이다. 주님은 이미 십자가를 통해 우리의 미래를 구속하셨다.

강간과 성희롱

아가서 8장 4절은 다음과 같이 노래한다. "예루살렘 딸들아 내가 너희에게 부탁한다 내 사랑하는 자가 원하기 전에는 흔들지 말며 깨우지 말지니라." 성적 욕구들은 적절한 시기가 되었을 때에 비로소 일깨워져야 한다. 강간이나 성희롱은 적절한 시기가 되기도 전에 성적 욕구를 자극한다. 이 일은 아이에게 매우 치명적인 손상을 입힌다. 강간이나 성희롱을 당한 아이는 자신의 성적인 감정들을 뭔가 더럽고 폭력적인 것으로 여기며 이를 거부하고 싶어 할 수도 있다.

반동형성으로 희생자가 된 아이는 '사악한' 성적인 감정들을 절대로 느끼지 않겠다고 맹세할 수도 있다. 이런 식의 맹세는 긍정적인 충동들만을 차단할 수 있을 뿐, 죄악된 행위들까지 막아 주지는 못한다. 육신적인 노력으로는 죄악을 중단시키지 못한다. 성이 하나님께서 주신 경로로 흐르지 못하면, 또 다른 표출 통로를 찾아내게 된다. 강간을 당한 희생자는 자신의 성 자체를 거절하고 싶은 유혹에 빠질 수도 있다. 성희롱을 당한 여자아이는 자신이 여성이라는 사실을 근거로 하여 강간을 비난한다. 강간당한 소년은 자신이 가해자와 동일한 성을 가졌다는 사실 자체를 몸서리치듯 싫어하며 숨어 버리려 할지도 모른다.

나(존)는 어떤 나이 든 사람으로부터 성희롱을 당했던 한 청년을 알고 있었다. 그 청년이 마침내 결혼을 하여 자녀들도 낳았다. 그런데 어린 시절에 당한 사건은 계속해서 그의 삶에 영향력을 행사하고 있었다. 결혼생활이 점차 힘들어져 가고 있을 무렵에 그는 아내와 이혼하고 말았다. 사실 그들의 문제점은 대부분의 부부들이 각자의 이슈들을 모두 처리해 내기 전까지 흔하게 겪을 수 있는 것들이었다.

그는 반대성과의 관계에서 이루어지는 '너무도 골치 아픈 성관계들'을 피하여 보다 '안전하게' 받아들일 수 있는 남성 애인에게로 도망쳐 버렸다. 물론 그가 실제로 동성애적인 관계를 '안전한' 것이라고 판단했으리라고는 여겨지지 않는다. 다만 육체적인 고뇌와 자신의 성에 대한 거부감이 그로 하여금 동성애를 찾아가도록 몰아갔다. 이는 최초에 겪었던 원치 않은 만남에 대한 기억과 고통에서 벗어날 수 있도록 적절한 치유를 받지 못했기에 초래된 결과였다.

결국 그는 HIV(인간 면역결핍 바이러스)에 감염되었고, 에이즈(AIDS)로 죽어 가는 동성애자들을 위한 수용시설에서 일생을 마쳤다. 그가 죽기 몇 주일 전에 나는 몇 명의 청년들과 함께 그를 찾아갔다. 그는 주 예수 그리스도를 구세주로 영접하였고, 마침내 본향인 하늘나라로 돌아갔다. 이 남성의 빗나간 인생과 죽음을 지켜보면서, 또한 다른 많은 동성애자들을 대상으로 사역하면서, 나는 성희롱의 결과가 얼마나 파괴적일 수 있는지를 깨닫게 되었다. 특히 성희롱은 종종 수많은 이들을 동성애적인 생활방식으로 미혹한다.

동성애

동성애는 저절로 생겨난 것이 아니다. 동성애는 소돔과 고모라 이전으로까지 거슬러 올라가는 역사와 문화를 가지고 있다. 다른 모든 성도착적인 행위들 중 스스로를 가리켜 타당한 생활방식이라고 주장하는 것은 없다. 그러나 유독 동성애만이 온통 합리화와 방어, 가식과 위선 등으로 치장하고 있다. 동성애 자체가 일종의 삶의 방식이라 주장하며, 심지어 동성애자들이 그리스도인임을 자칭하기도 한다.

복잡하게 얽혀 있는 이 동성애로부터 해방되기 위해서는, 우선 당신의 뿌리들을 살펴보아야 한다. 또한 동성애의 속임수들을 하나님의 진리의 말씀의 빛에 모두 노출시켜야 한다. 사도 유다는 다음과 같이 기록한다. "사랑하는 자들아 우리가 일반으로 받은 구원에 관하여 내가 너희에게 편지하려는 생각이 간절하던 차에 성도에게 단번에 주신 믿음의 도를 위하여 힘써 싸우라는 편지로 너희를 권하여야 할 필요를 느꼈노니 이는 가만히 들어온 사람 몇이 있음이라 그들은 옛적부터 이 판결을 받기로 미리 기록된 자니 경건하지 아니하여 **우리 하나님의 은혜를 도리어 방탕한 것으로 바꾸고** 홀로 하나이신 주재 곧 우리 주 예수 그리스도를 부인하는 자니라"(유 1:3-4).[1]

오늘날 몇몇 인권단체들은 동성애를 하나님께서 주신 정상적이고 건강한 것으로 받아들여야 한다고 호소한다. 이들은 그리스도인이 관대함과 사랑과 포용하는 마음이 없으면 더 이상 그리스도인이 될 수 없다

---

1) 많은 성경학자들은 '가만히 들어온 몇 사람'이란 명백히 동성애자들을 가리킨다고 믿는다. 사실일 수도 있고 아닐 수도 있지만, 요지는 분명하다.

고 주장한다. 그러나 성경은 동성애에 관한 한 절대적으로 분명하게 말씀하고 있다.

하나님의 말씀은 동성애를 죄로 규정한다. 우리는 하나님의 법에 대한 불순종의 결과를 무시하면서까지 서로에게 친절을 베풀 수는 없다. 하나님의 법은 우리를 향해 전적으로 호의적이며, 순전히 우리의 유익을 위해 주신 것이다. 우리는 하나님의 법을 변개시키거나 개선시킬 생각을 하지만, 이러한 생각은 우리의 육신적 합리성이 지닌 어리석음에 대한 호소에 불과하다. 하나님의 말씀은 결코 반론의 여지가 없다. 아래에 소개하는 성경구절들을 참조하기 바란다.

> 누구든지 여인과 동침하듯 남자와 동침하면 둘 다 가증한 일을 행함인즉 반드시 죽일지니 자기의 피가 자기에게로 돌아가리라 (레 20:13)

> 너는 여자와 동침함 같이 남자와 동침하지 말라 이는 가증한 일이니라 (레 18:22)

하나님을 알되 하나님을 영화롭게도 아니하며 감사하지도 아니하고 오히려 그 생각이 허망하여지며 미련한 마음이 어두워졌나니 스스로 지혜 있다 하나 어리석게 되어 썩어지지 아니하는 하나님의 영광을 썩어질 사람과 새와 짐승과 기어다니는 동물 모양의 우상으로 바꾸었느니라 그러므로 하나님께서 그들을 마음의 정욕대로 더러움에 내버려 두사 그들의 몸을 서로 욕되게 하게 하셨으니 이는 그들이 하나님의 진리를 거짓 것으로 바꾸어 피조물을 조물주보다 더 경배하고 섬김이라 주는 곧 영원히 찬송할 이시로다 아멘 이 때문에 하나님께서 그들을 부끄러운 욕심에 내버려 두셨으니 곧 그들의 여자들도 순리대로 쓸 것을 바꾸어 역리로 쓰며 그와 같이 남자들도 순리대로 여자 쓰기를 버리고 서로 향하여 음욕이 불 일 듯 하매 남자가 남자와 더불어 부끄러운 일을 행하여 그들의 그릇됨에 상당한 보응을 그들 자신이 받았느니라 (롬 1:21-27)

불의한 자가 하나님의 나라를 유업으로 받지 못할 줄을 알지 못하느냐 미혹을 받지 말라 음행하는 자나 우상 숭배하는 자나 간음하는 자나 **탐색하는 자나 남색하는 자**나 도적이나 탐욕을 부리는 자나 술 취하는 자나 모욕하는 자나 속여 빼앗는 자들은 하나님의 나라를 유업으로 받지 못하리라 (고전 6:9-10)

알 것은 이것이니 율법은 옳은 사람을 위하여 세운 것이 아니요 오직 불법한 자와 복종하지 아니하는 자와 경건하지 아니한 자와 죄인과 거룩하지 아니한 자와 망령된 자와 아버지를 죽이는 자와 어머니를 죽이는 자와 살인하는 자며 음행하는 자와 **남색하는 자**와 인신 매매를 하는 자와 거짓말하는 자와 거짓맹세하는 자와 기타 바른 교훈을 거스르는 자를 위함이니 (딤전 1:9-10)

그러나 두려워하는 자들과 믿지 아니하는 자들과 흉악한(abominable) 자들 [레위기 18장 22절에서는 동성애적인 행위를 '가증한 일(abominable)'로 표현하고 있음을 기억하라]과 살인자들과 음행하는 자들과 점술가들과 우상 숭배자들과 거짓말하는 모든 자들은 불과 유황으로 타는 못에 던져지리니 이것

이 둘째 사망이라 (계 21:8)

구약에서 신약으로 넘어오면서 동성애와 관련된 유일한 변화가 있다면, 오직 이를 대하는 태도뿐이다. 구약성경에서는 오로지 죽음만이 해답이었다. 이스라엘은 동성애자를 돌로 쳐 죽였고, 소돔과 고모라의 경우에는 하늘에서 불이 내려왔다. 오늘날도 해답은 동일하게 죽음이다. 그러나 예수님께서 우리를 위해 대신 죽어 주셨다. 따라서 우리의 해답은 다음과 같다. "형제들아 사람이 만일 무슨 범죄한 일이 드러나거든 신령한 너희는 온유한 심령으로 그러한 자를 바로잡고 너 자신을 살펴보아 너도 시험을 받을까 두려워하라"(갈 6:1).

그리스도인의 해답은 용서와 십자가상에서의 죽음, 그리고 이를 통한 죄로부터의 구속이다. 용서와 십자가상의 죽음을 적용할 때마다, 우리는 죄로부터의 구속을 경험할 수 있다. 우리가 이 글을 쓰는 목적도 여기에 있다. 우리는 사람들의 생각과 마음속에 동성애 및 기타 성 정체성 문제들로부터 해방시켜 줄 도구들을 심어 주고 싶다. 동성애는 결코 취소 불가능한 덫이 아니다. 우리는 단번에 그리고 영원히 동성애에서 자유를 얻은 사람들을 수없이 많이 보아 왔다.

그리스도인으로서 모든 사람에 대한 우리의 역할은 사람을 사랑하는 일이다. 다만 그 사람 안에 존재하는 그리스도의 생명을 파괴시키는 무언가는 미워해야 한다. 또한 주님처럼 우리도 그가 자유케 되어 그리스도 안에서 자기 본연의 모습을 되찾도록 도와주어야 한다.

동성애자들을 위한 우리의 임무는 현재 '게이 공동체'의 입장으로 인해 상당히 어려움을 겪고 있다. 게이 집단은 "허탄한 자랑의 말을 토하며 그릇되게 행하는 사람들에게서 겨우 피한 자들을 음란으로써 육체의 정욕 중에서 유혹"(벧후 2:18)한다. 게이 공동체는 그들의 생활방식이 정상적인 것으로 받아들여져야 한다는 입장을 취하고 있다(이들의 생각은 히틀러가 신봉하던 격언, 즉 충분히 큰 거짓말은 진리로 받아들여지는 법이라는 내용에 근거한다). 이들의 거짓말을 받아들이지 않는 사람은 당연히 비판적이고 증오로 가득 차 있는 자로 취급당한다. 이런 형태의 사회화는 동성애와 더불어 씨름하고 있는 사람들을 훨씬 더 혼란스럽게 할 뿐이다. 사실 이들도 원래는 다른 일반적인 사람들처럼 사랑을 받고 수용되고 싶기 때문이다.

동성애자도 아동학대의 사례들에서 부모와 자녀들을 위해 슬퍼해야 한다는 기도사역자의 말에는 동의할 것이다. 알코올중독자를 축사하거나, 정신병적으로 편집증을 가진 사람을 자유케 하는 일 등에 대해서도 동의할 것이다. 이런 증상들이 심지어 성서적으로도 온당치 못하다는 사실에 대하여 동성애자와 이성애자 모두가 일치된 견해를 보일 수 있다.

통상적으로 게이이든 정상적인 사람이든 "남의 것을 도둑질하지 말라"는 계명에 반드시 순종해야 한다는 사실에는 어렵지 않게 동의한다. 또한 남의 것을 훔친 자에게는 갈라디아서 6장 1절의 말씀에 따라 자비를 적용해야 한다는 사실도 쉽게 수긍한다. 그러나 기도사역자가 동성애자를 자유케 하는 일에 착수하면, 이제 이 기도사역자에게는 돌연 편협한 자라는 꼬리표가 달라붙기 십상이다. 갑자기 비판적이고 증오로 가득 차 있는 사람, 믿을 수 없고 교제하지 말아야 할 사람이 되고 만다.

고린도후서 4장 2절에서 주님은 이렇게 말씀하신다. "이에 숨은 부끄러움의 일을 버리고 속임으로 행하지 아니하며 하나님의 말씀을 혼잡하게 하지 아니하고." 우리는 진리가 얼마나 큰 힘을 가지고 있는가를 잘 알고 있다. 우리는 상처로 아파하는 사람들을 치유할 목적으로 이 글을 쓴다. 우리는 축사를 갈망하는 사람들을 어떻게 자유케 할 수 있는지를 안내해 주기 원한다. 동성애자들이 견지하고 있는 목적에 신빙성을 더해 주거나 이들을 인정하거나 이들에게 확신과 즐거움을 더해 주는 것은 우리가 원하는 바가 아니다. 중간지대란 없다.

그리스도의 은총으로 말미암아 모든 죄인들이 자비와 해방을 경험할 수는 있다. 그러나 하나님의 명령들 중 어느 하나라도 완화시키는 방법은 결코 통하지 않는다. 우리는 하나님의 진리의 말씀을 듣고 최전선에 서서 하나님께서 우리 모두를 위해 베풀어 주신 은혜와 구속으로 사역하기를 원한다. 이 은혜와 구속은 십자가상에서 이루어진 주님의 죽음과 부활로 말미암아 우리에게 주어졌다.

우리는 이 영역에 관련된 사람들의 삶을 치유하는 일에 도움이 되고 싶다. 이들의 어린 시절에 발생했을 수도 있는 특정한 상황들을 탐구해 보고, 현재의 이슈들을 극복해 나갈 길을 모색해 보기 원한다. 동성애가 한 개인 안에 뿌리내리기까지는 많은 원인들이 작용했을 수 있다. 우선은 이 원인들에 관해 살펴보도록 하자.

동성애를 초래한 원인들

본 장의 서두에서 소개한 이야기를 통해 알 수 있듯이, 한 개인이 잘못된 성에 의해 성적으로 자극되는 경험을 했거나 동성애적인 원천에 근거한 '사랑'(외관상 사랑인 것 같으나 실제로는 사랑이 아니다) 표현을 받았을 때,

그는 성인기에도 이와 유사한 방향으로 발전해 갈 가능성이 높다. 결국 그는 동성애라는 성 정체성 문제로 빠져들고 만다. 강간을 당한 사람도 동성애로 치닫게 될 소지가 높다. 그러나 사람들이 동성애자가 되는 가장 큰 원인이 있다. 이는 바로 동성 부모와의 동일시에서 실패했기 때문이다. 현대 사회에서는 너무도 많은 아버지들이 아버지 노릇을 어떻게 해야 하는지를 모르고 있다. 어머니 노릇을 어떻게 해야 할지를 모르는 어머니들도 갈수록 늘어간다.

산업혁명 이전까지만 해도 사람들은 소작농과 제조업을 하면서 생계를 유지했다. 자녀들이 걸을 수 있게 되자마자, 특히 남자아이들은 아버지를 따라 가족 농장이나 작업장에 함께 갔다. 작업장은 대개 집 안에 있거나 혹은 집에 붙어 있는 경우가 많았다. 아버지들은 자녀들에게 작업 기술뿐 아니라 윤리관이나 도덕관도 가르쳐 주어야 한다는 것을 잘 알고 있었다.

하나님의 말씀은 자녀들을 가르쳐야 한다는 명령을 여러 차례에 걸쳐 매우 강력하게 강조한다. 가장 유명한 성경구절은 신명기 6장 7절이다. 따라서 많은 아버지들이 실제로 자녀들을 교육했으며, 이들의 교육 내용은 잠언 1-7장에 잘 소개되어 있다. 여기서는 잠언 4장 1-4절의 말씀만 인용해 보기로 하겠다.

> 아들들아 아비의 훈계를 들으며 명철을 얻기에 주의하라 내가 선한 도리를 너희에게 전하노니 내 법을 떠나지 말라 나도 내 아버지에게 아들이었으며 내 어머니 보기에 유약한 외아들이었노라 아버지가 내게 가르쳐 이르기를 내 말을 네 마음에 두라 내 명령을 지키라 그리하면 살리라 (잠 4:1-4)

아버지들은 하루 종일 아들들과 함께 지내며 일했다. 그들은 자녀들의 마음을 알 수 있는 기회가 그만큼 더 많았기에, 자녀들이 나쁜 짓을 하고 있어도 이를 금방 파악할 수 있었다. 따라서 아버지들은 자녀에게 필요한 훈육을 제때에 적절하게 제공해 줄 수 있었다. 아들들은 아버지의 훈계를 받아들였다. 보다 중요한 사실은 오늘날에 비해 이들이 훨씬 더 정기적인 양육을 받을 수 있었다는 점이다(엡 6:4).

여자아이들은 어머니와 함께 일하면서 어머니로부터 동일한 훈육과 보살핌을 받았다. 가사 일을 돌보는 기술도 익혔고, 그들이 믿는 신앙도 덕도 배웠다.

그러나 산업혁명 이후 아버지들은 처음으로 일을 하기 위해 가정을 떠나기 시작했다. 자녀들과는 하루 종일 떨어져 지내야 했다. 따라서 자녀들이 거짓말을 해도 아버지들은 알아채지 못했다. 성경은 다음과 같이 말씀한다. "아이의 마음에는 미련한 것이 얽혔으나 징계하는 채찍이 이를 멀리 쫓아내리라"(잠 22:15). 이제 아버지들은 자녀들을 적절하게 훈육하는 것이 힘들어졌음을 깨달았다. 어떤 이들은 자녀들을 지나치게 엄격하게 대했고, 어떤 이들은 너무 유약한 태도로 대했다. 심지어 훈육의 책임을 아예 포기해 버리는 아버지들도 있었다.

1차 세계대전이 일어나기 전만 해도 핵가족(아버지, 어머니, 자녀들)은 확대가족에 둘러싸여 살아갔다. 그런데 1차 세계대전이 발발하면서 아버지들이 집을 떠나가게 되자, 훈육과 돌봄과 사랑을 베풀어 줄 책임은 할아버지, 삼촌, 형제, 사촌들의 몫이 되고 말았다. 아버지들이 다시 가정으로 되돌아왔을 때, 이들 대부분은 정서적으로 너무나 심각한 상처를 입고 있었기에 자녀들에게 필요한 돌봄을 제대로 제공해 줄 수가 없었다. 한 세대가 적절한 부성적인 돌봄을 받지 못하게 된 것이다. 결국 이런 자녀들은 아버지 됨이 무엇인지조차 알지 못하는 세대가 되었다.

그 무렵 이동수단이 발달하기 시작하면서 수많은 핵가족들이 확대가족을 떠나 먼 곳으로 이동해 갔다. 2차 세계대전이 발생했을 즈음, 아버지뿐 아니라 수많은 어머니들도 가정을 떠나갔다. 이는 결과적으로 양육과 훈육을 제공해 줄 1차적 가족구성원이 거의 남아 있지 않게 되었음을 의미했다. 한 세대 전체가 1차적인 돌봄을 받지 못하고 만 것이다.

얼마 후 아버지들이 돌아왔다. 이번에도 마찬가지로 이들은 이미 깊은 상처를 입고 있는 상태라 자녀들에게 적절한 아버지 노릇을 해줄 수가 없었다. 학교 제도와 다양한 일자리들이 생겨나면서, 아버지는 임신한 어머니를 남겨 놓은 채 학교와 직장으로 떠나갔다. 자녀들을 키울 책임은 고스란히 어머니에게 맡겨졌다. 또 다른 세대 전체가 적절한 부성적인 돌봄이 결핍되었다. 이 세대가 자라 성인이 되었을 때, 이들은 전혀 받아 본 적이 없는 것들을 베풀어 줄 능력을 갖추지 못한 상태였다. 이들은 아버지 역할을 어떻게 해야 할지를 알지 못했다.

20세기의 역사는 우선은 아버지 역할의 붕괴와 그 다음으로 어머니 역할의 붕괴를 초래했다. 모든 자녀들의 내면에는 아버지 사랑에 대한 깊은 갈망이 자리하고 있다. 사랑받고 싶은 욕구는 솟구쳐 오르지만, 정작 자신이 진정으로 갈망하는 것의 정체를 깨닫지 못한다. 이런 사람은 전혀 엉뚱한 곳을 자신의 욕구의 주소지로 삼을 수도 있다. 따라서 그는 아버지와의 화해를 시도하려거나 아버지로부터 사랑을 받으려는 노력은 하지 않는다. 자신의 마음이 진정으로 추구하는 것은 사실상 아버지의 사랑이라는 것을 자각하지 못하고 있기 때문이다.

아버지의 친밀한 사랑에 굶주려 있는 사람은 다른 뭇 남성들로부터 오는 사랑 표현이나 성적인 친밀함에 쉽사리 빠져들어 간다. 그동안 우리는 수많은 동성애자들을 대상으로 사역해 왔다. 이들 중 아버지와 더불어 건전하고 애정 있는 관계를 누려 본 사람은 단 한 명도 없었다. **오늘날 동성애가 매우 급속하게 확산되어 가고 있는데, 이런 현상을 초래하고 있는 가장 중대한 원인은 아마도 '아버지의 부재'일지도 모른다.**

난폭한 아버지, 함께 있어 주지 않은 아버지, 수동적인 아버지를 둔 남자아이들은(특히 보다 예민한 아이들의 경우), 자신의 정체성을 어머니에게서 찾는다. 이는 남성의 성 정체성 결핍문제를 더욱 악화시키는 일이다. 만일 어머니가 비판적이고 매우 통제적인 사람이라면, 아들은 여성에 대해 깊은 혐오감을 느끼며 방어벽을 설치해 둔다.

이러한 진리는 여성 동성애자의 경우에도 동일하게 적용된다. 아버지는 딸에게 적절한 신체접촉과 애정표현을 해주어야 한다. 이럴 때 비로소 딸은 남성과의 우정에 대한 마음의 욕구를 늘 활기차게 유지할 수 있다. 여자아이들도 남자아이들과 마찬가지로 동성 부모와의 동일시를 필요로 한다. 몇 세대 전에 아버지 됨과 관련하여 발생했던 현상이 오늘날 어머니 됨과 관련하여 동일하게 재현되고 있다. 페미니즘, 이혼, 한부모 가정, 또한 이로 말미암아 어쩔 수 없이 일을 하기 위해 집을 떠나야 하는 형편 등은 어머니 세대에게서 딸들과 결속하고 그들을 교육할 기회를 빼앗아간다. 이로 인해 여자아이들도 자기정체감을 상실해 가고 있다.

사람들이 동성애에 빠지는 또 하나의 일반적인 원인은 아버지들과 관련이 있다. 자신의 남성다움을 과시하는 타입의 아버지가 감수성이 예민한 아들을 두었다면, 이런 아버지는 아들과 어떻게 관계를 맺어야 할지를 잘 알지 못할 때가 많다. 이런 유형의 아버지는 아들이 상냥하고 여자아이처럼 행동하는 모습에 몹시 당황스러워한다. 그는 아들을 무신경하거나 혹독하게 대하고, 심지어 거절하기조차 한다. 이때 아들은 자신의 성품 안에 있는 남성성으로부터 후퇴하여 여성성 쪽으로 달아나 버릴 수도 있다. 아버지의 태도가 지나치게 사악하거나 온당치 못할 경우, 아들은 아버지를 통한 남성됨의 모델을 수용하지 못하고, 아예 자신의 남성성을 거부해 버릴 수도 있다.

수많은 운동선수들이 '게이'가 되는 가장 큰 이유는 아버지를 거절함으로써 남성성 자체를 거부하였기 때문이다. '게이'는 그야말로 끔찍한 오명이다. 우리에게 사역을 받은 이들 중 동성애자들처럼 비참한 사람들은 없었다. 그런데 이들은 자신이 비참하다는 사실조차 알지 못하고 있을지도 모른다. 적어도 게이인 척 행동하고 있는 동안에는 말이다.

이와 마찬가지로, 섬세하고 얌전한 어머니들은 강한 성격의 딸들과 어떻게 관계 맺어야 할지를 모를 때가 많다. 딸이 가진 강력한 리더십과 적극적인 품성은 이에 조화를 잘 맞춰 줄 든든한 버팀목이 되어 주는 엄마를 필요로 한다. 그런데 딸이 보기에 어머니의 모습이 유약하고, 다투기를 잘하며, 도덕적으로 온전치 못하다면, 딸은 자신의 여성성을 거부하고 싶은 유혹을 느낄 수도 있다.

물론 그렇다고 해서 모든 남성 동성애자들이 민감한 성격을 지녔고, 모든 여성 동성애자들이 강한 성품을 지녔다는 말은 결코 아니다. 동성 부모와 아무리 닮은꼴의 성격을 가진 아이라 할지라도 그 아이가 소외감을 느끼고 있다면, 동성 부모와 함께 있어도 친밀함을 경험하지 못할 수 있다. 그리고 여전히 자신은 '뭔가 다른' 존재라는 느낌에 괴로워할 수도 있다.

동성애적인 남자아이나 여자아이들이 자신과 다른 또래들과의 뚜렷한 차이점을 감지하기 시작하면서, 자신의 성을 거부하려는 유혹은 점점 증대되어 간다. 이런 남자아이들이나 여자아이들 중에는 남들과 다르다는 이유로 친구들로부터 무자비한 조롱을 당하는 사례도 상당히 많다. 이들 중 많은 경우는 자신의 정체성과 '정상적인' 다른 친구들과 관련하여 깊은 절망에 빠져든다. 이들은 자신들이 정상적이라는 사실을 알지 못하고 있다.

잠언 22장 6절은 다음과 같이 말씀한다. "마땅히 행할 길을 아이에게 가르치라 그리하면 늙어도 그것을 떠나지 아니하리라." 이 말씀은 자녀에게 도덕 기준을 강요하라는 말이 결코 아니다(물론 성경의 다른 곳에서는 이를 촉구하고 있기는 하다). 오히려 본문은 우리에게 자녀의 선천적인 성향을 올바로 발견해 내어 자녀가 하나님께서 창조하신 모습대로 자라가도록 잘 훈련시키라는 의미를 내포한다.

하나님은 예민한 사람은 예민하게 살아가도록 부르신다. 그리고 성품이 강한 여성은 강하게 살아가도록 부르신다. 주님께서 그들을 그런 모습으로 만드셨다. 자녀들이 자기의 성품이 자신의 성에는 걸맞지 않다는 거짓된 인식을 가지고 있을 때, 그들은 자기 자신의 존재로부터 거리감을 느낀다. 그리하여 남자아이들은 보다 완벽한 남성이 되고 싶은 갈망을 품게 되고, 여자아이들은 보다 완벽한 여성이 되고 싶은 갈망을 품게 된다. 이들은 자신 안에 이미 이런 자질들이 있음을 깨닫지 못한 채, 내면의 빈 공간을 동성의 누군가를 통해 성적으로 채우려는 유혹에 쉽게 빠져든다.

잘못된 성(혹은 잘못된 정체성)으로 태어남

자신이 잘못된 성으로 태어났다는 느낌, 혹은 자신이 잘못된 정체성을 가지고 살아가고 있다는 느낌은 태아기 상처와 관련이 있다. 우리에게 사역을 받았던 수많은 사람들이 스스로를 부모의 희망과 기대를 저버린 '잘못된 성'으로 인식하고 있었다. 예를 들어보자. 딸 셋을 둔 부모가 있었다. 이들은 아들 하나 두기를 간절히 소원했다. 그런데 임신하고 확인해 보니 자궁에서는 딸이 자라고 있었다. 혹은 아들만 여럿 둔 부부가 딸을 간절히 원하는 경우도 있을 수 있다. 우리는 이러한 사실을 두뇌가 완전히 형성되기도 전에 이미 우리의 영의 생각을 통해 알고 이에 반응한다.

세례(침례) 요한은 어머니의 자궁 속에 있은 지 6개월 만에, 벌써 누군가가 어머니 앞에 왔다는 사실을 알아차렸다. 뿐만 아니라 그 사람이 주님의 어머니인 마리아라는 사실까지 알고 있었다. 심지어 마리아가 임신 사실을 밝히기도 전에 요한은 그녀가 임신했음을 알았다. 나아가 마리아의 자궁에 있는 아기가 자신의 사촌인 주 예수 그리스도라는 것까지 알고 있었다. 그리고는 어머니의 뱃속에서 기쁨으로 뛰놀았다(눅 1:41).

시간과 공간의 한계 상 우리는 여기서 태아가 어머니의 자궁에서 어떻게 인식하고 반응하는가에 관한 모든 사항을 다룰 수는 없다(이에 관해서는, 토마스 버니 박사의 《태아는 알고 있다》[The Secret Life of the Unborn Child][2]라는 책을 추천한다. 혹은 우리가 쓴 다른 저서들 가운데 태아기 치유와 관련된 부분들을 읽어 보기 바란다). 다만 여기서는 자궁 속 태아가 우리가 상상했던 것보다 훨씬 더 많은 것을 알고 있다는 사실을 이해하는 것만으로도 충분하다. 태아들은 두뇌가 형성되기도 전에, 언어를 배우기도 전에, 이미 영의 생각을 통해 인식하고 반응한다. 우리가 다루고 있는 주제와 관련하여 이 사실은 몇 가지 이유에서 매우 중요하다.

첫째, 자궁 안의 남자아기는 부모가 딸을 바라고 있다는 사실을 알게 되면서 극도로 혼란스러워질 수 있다. 차라리 부모를 위해 딸이 되고 싶어 할지 모른다. 이로 인해 이 남자아이 안에는 여자다운 유약함이 생겨나게 될 수도 있다. 정체성은 점점 더 불안정해진다. 정체성을 확립해야 할 시기인 사춘기에는 특히 더 그렇다. 자신이 누구인지도 알아내야 하고, 부모로부터 독립적인 존재도 되어야 하기 때문이다. 이들의 근본에 놓여 있는 것은 혼동이다.

둘째, 남성다움을 과시하는 타입의 아버지와 자신이 가진 여성다운 성향이나 감정들에 대해 의구심을 제기하고 있는 아들이 있을 수 있다. 이때 아버지가 아들에게 수용과 인정을 표현해 주지 못하면, 아들의 정체성 혼란은 더욱 악화되어 간다. 이런 아들들은 스스로를 받아들이기 위해, 또한 자신의 성품 안에 있는 여성스러운 갈망들을 극복하기 위해 고군분투하고 있다. 바로 이런 때일수록 아버지가 아들을 인정하느냐, 인정하지 않느냐는 결정적으로 중요하다. 얼핏 사소해 보이는 아버지의 인정 여부는 저울을 정상으로 기울게도 하고, 성도착적인 형태로 기울

---

2) Thomas Verny, MD, The Secret Life of the Unborn Child (New York: Dell Publishing, 1982).

게도 한다.

우리 아들 로렌은 십대의 상황을 다음과 같은 우스갯소리로 과장하여 말하기를 좋아한다. "아이들이 십대가 되면, 호르몬은 자극되고 두뇌는 당황한다!" 우리는 십대시절과 십대가 겪는 문제들이 얼마나 힘든지를 말할 때마다 이 표현을 인용하곤 한다. 그러나 태아기의 상처들이 문제의 일부를 이루고 있을 때에는 잘못된 성을 가졌다는 느낌이나 심지어는 동성애적인 감정들의 미혹에조차 쉽게 굴복하게 하는 강력한 세력을 형성한다. 이런 경우의 동성애는 실제적인 동성애적인 성적 욕구들에 기원을 두지 않고, 태아기의 깊은 상처에서 비롯된 정체성에 관한 무의식적인 충동과 감정들에 뿌리를 둔다.

본 장의 서두에서 언급한 바와 같이, 우리는 모두 남자와 여자로 창조되었다. 성경은 다음과 같이 말씀한다. "하나님이 자기 형상 곧 하나님의 형상대로 사람을 창조하시되 **남자와 여자를 창조하시고**"(창 1:27). 성경은 결코 아담은 남자로 창조되었고, 하와는 여자로 창조되었다고 말씀하고 있지 않다. 다만 그들이 남자와 여자로 창조되었다고 표현한다. 하나님은 아버지이시다. 그러나 어머니들은 하나님의 형상으로 창조되었다. 예수님은 온전한 남성이시다. 그러나 하와는 하나님의 형상으로 지음 받았다. 하나님은 남성적인 속성과 여성적인 속성을 모두 지니신 분이다. 하나님의 형상으로 창조된 우리에게도 동일한 진리가 적용된다. 그렇지 않고서야 어떻게 남성들이 그리스도의 '신부'의 일원이 될 수 있겠는가?

우리 안에는 남성성의 극과 여성성의 극이 모두 들어 있다. 한 남자는 자신이 가진 남성성의 극을 주로 표현하면서 아내와의 관계를 추구한다. 그의 아내만이 그가 온전히 표현할 수 없는 여성적인 면을 표현시켜 줄 수 있는 존재이다. 이것이 바로 바울이 에베소서에 언급한 내용 이면에 숨겨진 '레마'로서의 의미이리라 싶다. 바울은 "남편들도 자기 아내 사랑하기를 자기 자신과 같이 할지니"(엡 5:28)라고 말한다. 아내는 남편과 일심동체이기 때문이다. 따라서 남편이 아내를 사랑하는 것은 곧 자신을 사랑하는 것이다.

그러나 또 한편으로, 아내의 여성성이 남편으로서는 표현할 수 없는 자기의 일부를 대신 표현해 주고 있으므로, 사실상 남편이 아내를 사랑하는 것은 자신을 사랑하기 위한 방법이기도 하다. 이와 마찬가지로 여성도 자신이 가진 여성성의 극을 주로 표현하면서, 스스로는 온전히 표현할 수 없는 남성적인 면을 표현시켜 줄 한 남편을 추구하게 된다.

그동안 나와 폴라가 사역해 온 무수히 많은 비극들이 태아기의 상처나 출생 직후의 외상으로 인해 여성성의 극과 남성성의 극이 서로 교차된 것에서 기인하고 있었다. 이런 일이 발생하게 되면, 남성은 자기 안에 있는 여성성을 표현하려고 시도하면서 자신의 남성적 측면을 표현시켜 줄 남성과의 관계를 추구하게 된다. 이와 마찬가지로 여성의 경우에도 자신의 상실된 일부를 충족시켜 줄 여성과의 관계를 추구한다.

결혼관계에서 배우자에 대한 실망감이 그토록 심한 고통을 야기하는 이유도 여기에 있다. 배우자의 방식이 존경스러워 보이지 않을 때, 남성성 혹은 여성성이 멋지게 표현되는 모습을 보고 싶었던 간절한 욕구는 우스꽝스럽고 수치스러워진다. 이때의 고통은 도저히 감당할 수 없을 정도이다. 이런 까닭으로 수많은 사람들이 긴급탈출을 원하게 된다.

성 정체성 문제를 놓아 보내기

성령님은 성 정체성 및 동성애 문제들로부터 자유케 될 수 있는 비결들을 이미 우리에게 제시해 주셨다. 사탄은 "한 번 동성애자가 되면 영원히 동성애자이다"라고 우리를 속인다. 이보다 훨씬 더 파괴적인 거짓말은 다음과 같다. "나는 선천적으로 동성애자야. 나는 원래 어차피 이렇게 살아갈 수밖에 없는 존재라니까." 또 다른 끔찍한 거짓말이 있다. 동성애는 수용할 만하고 양자택일이 가능한 삶의 방식이라는 거짓이다. 우리를 낙심시키는 또 하나의 거짓말은 동성애(혹은 성 정체성 문제)는 치유가 불가능하다는 말이다.

하나님은 그 누구도 동성애자가 되거나 정체성 문제로 혼란스러워 하도록 만들지 않으셨다. 하나님은 동성애를 아주 혐오하신다. 이와 관련된 성경구절을 우리는 이미 앞에서 살펴보았다. 하나님은 나에게 모든 동성애자들을 향한 깊은 사랑의 마음을 부어 주셨다. 물론 사람의 인생을 이토록 철저히 파괴시키는 동성애의 죄악을 끔찍이 싫어하지만 말이다.

주님은 나와 폴라에게 강간과 성희롱의 희생자들, 동성애자들, 성 정체성 문제로 고통당하는 사람들을 자유케 해줄 수 있도록 몇 가지 단계들을 알려주셨다. 어쩌면 당신도 본 장에 언급된 어느 한 항목으로 인해 고통스러워하는 사람일 수도 있다. 성 정체성 문제가 표출되는 방식은 이외에도 상당히 다양할 수 있다(트랜스젠더, 양성애자 등).

그렇다면 당신은 무엇보다 먼저 정신적인 전투가 존재한다는 사실을 이해해야 한다. 이 정신적인 전투는 개인으로서의 당신을 훨씬 능가하는 집단적인 속성을 지닌다. 이 집단적이고 정신적인 견고한 진의 역사는 소돔과 고모라의 시대로까지 거슬러 올라간다(이 부분에 관해 보다 상세한 내용을 원하면 《Why Good People Mess Up》[3] 8장을 참조하기 바란다). 다만 여기서 간략하게나마 설명을 하자면, 집단적이고 정신적인 견고한 진이란 사회의 문화 속에 깊이 내재된 일종의 사고 및 반응 양식이다.

이 견고한 진은 나름대로 생명력을 가지고 있어서 여간해서 무너지지 않는다. 이것의 목적은 우리의 말과 생각의 합리성과 자유를 빼앗아 감으로써 우리의 정신을 포로로 삼는 데 있다. 이 목적은 다음과 같은 세 가지 방식으로 성취된다.

1. 진리를 볼 수 없도록 당신의 시야를 협소하게 만들어 놓는다. 당신이 진리를 보게 되면 자유케 될 것이기 때문이다.

2. '유행어들(buzzwords)'을 꾸며낸다. 유행어들이란 전혀 논리가 서지 않으면서도 정서적으로 너무도 심한 부담을 주어 결국 모든 토론의 여지를 종식시켜 버리는 말들이다. 전형적인 유행어들로는 "나는 선천적으로 원래 이래!", "그건 양자택일이 가능한 수용할 만한 생활방식이야" 등이 있다.

3. 정신뿐 아니라 온 대중의 사고방식 자체를 덫에 빠뜨림으로써, 범죄를 폐지시키기보나 오히려 범죄를 보호하는 법률을 제정하도록 만든다. 동성애를 죄악이라고 말하는 것은 결코 증오범죄(hate crime-특정집단에 대해 증오심을 가지고 무차별적으로 테러를 가하는 범죄행위 - 역주)가 아니다.

---

3) John Loren Sandford, Why Good People Mess Up (Lake Mary, FL : Charisma House, 2007).

사탄은 우리를 죄와 속박의 포로가 되게 하려고 너무도 오랫동안 이런 거짓말들을 유포시켜 왔다.

거역하는 자를 온유함으로 훈계할지니 혹 하나님이 그들에게 회개함을 주사 진리를 알게 하실까 하며 **그들로 깨어 마귀의 올무에서 벗어나 하나님께 사로잡힌 바 되어 그 뜻을 따르게 하실까 함이라** (딤후 2:25-26)

누가 **철학**과 헛된 속임수(무의미한 공상과 명백한 허튼소리)로 **너희를 사로잡을까** 주의하라 이것이 사람의 전통(영적인 세계가 아닌 물질적인 것에 관한 인간적인 생각들)과 세상의 초등 학문을 따름이요 (메시아이신) 그리스도(의 가르침)를 따름이 아니니라 (골 2:8)

동성애 및 자신의 성을 받아들이는 문제에서 해방되기 원하는 사람이라면, 반드시 견실한 그리스도인 친구나 기도사역자, 혹은 기독교 상담자를 찾아가야 한다. 상담자는 반드시 하나님의 말씀에 나타난 진리를 그대로 이해하고 있어야 하며, 정신을 장악하고 있는 견고한 진을 중보기도로써 사로잡을 수 있는 자여야 한다. 견고한 진이 다뤄지지 않고 계속해서 개인을 사로잡고 있는 한, 그 사람은 결코 진리를 들을 수가 없다.

만일 당신이 그런 사람이라면, 성령께서는 이미 당신으로 하여금 이 책을 손에 쥐도록 역사하고 계셨다. 그러나 당신을 사로잡고 있는 견고한 진이 파쇄된다면, 당신은 더 많은 것을 알게 될 것이다. 왜냐하면 당신은 이제 들을 수 있는 능력을 회복하기 시작했기 때문이다. 당신은 자유를 얻기 전에는 결코 깨달을 수 없었을 통찰들을 얻고 보기 시작할 것이다. 또한 더 이상 유행어를 사용하거나 논쟁을 벌이는 일도 없을 것이다. 진리가 당신을 집단적인 견고한 진으로부터 해방시켜 주고 있기 때문이다. 어둠이 떠나가면 당신의 표정도 실제로 변화되기 시작할 것이다. 당신의 내면으로부터 명랑함과 기쁨이 솟아오르기 시작할 것이다.

다음 단계는 믿을 만한 기도사역자나 기독교 상담자의 신임 하에 아주 어린 시절로부터 후반부의 인생에 해당되는 구체적인 삶의 이야기를 나누는 일이다. 당신의 라이프스토리를 결코 축소시키려 하지 말라. 마음을 열고 가능한 한 많은 이야기를 상담자와 주고받으라.

기억이 가능한 범위 내에서 당신의 태아기적 삶의 정황에 관해서도 상세하게 나누라. 당신이 현재 부모나 친척들과 좋은 관계로 지내고 있다면, 혹시 빠졌거나 잊고 있는 사건들은 없는지를 보다 구체적으로 알아보라. 성령님께 혹시 당신이 작성한 라이프스토리 이면에 숨어 있을 수 있는 방어기제들이나 상처들을 보여 달라고 요청하라.

일단 당신과 당신의 기도사역자나 기독교 상담자가 당신이 선택한 자료들 이면에 존재하는 상당량의 히스토리를 수집하였으면, 이제는 내적 치유의 작업에 착수하기 바란다. '내적 치유(inner healing)'가 무엇인지를 알려주기 위해 한 부부의 사례(기밀성을 위해 내용을 변경함)를 소개하겠다.

한 남성이 나(존)를 찾아왔다. 그는 선천적으로 예술적이고 온유한 성품을 지니고 있었다. 그의 아버지는 자신의 남성다움을 과시하는 타입이었고, 가혹하고 비판적이었다. 특히 그의 아버지는 아들의 행동거지 자체를 무례하다고 여겼다. 아들 편에서는 아버지가 보여주는 남성성의 모델을 도저히 수용할 수가 없었다. 아무리 해도 아버지의 방식을 따르는 일은 불가능했다. 그가 보기에 아버지의 사고방식이나 행동방식은 냉담하고 경솔했다. 그리하여 그는 보다 고상한 쪽, 자신의 성격 중에서도 보다 여성적이라고 생각되는 쪽으로 치달아 갔다. 이 점은 그의 아버지를 더욱 화나게 만들었고, 부자관계는 갈수록 멀어져 갔다. 결국 그는 이중구속(double bind)의 상황에 처하고 말았다. 한편으로는 아버지의 사랑과 인정을 절박하게 필요로 했지만, 또 한편으로는 상스럽게 행동하는 아버지가 몸서리치도록 싫었다. 아버지의 사랑에 대한 그의 갈망은 자신과 비슷한 기질의 남성들을 통해 쉽게 충족될 수 있는 듯 보였다. 그들은 그를 수용해 주고 칭찬해 주었다. 그러나 오래지 않아 이들의 만남은 성적인 행위로 바뀌었고, 곧 본격적인 동성애에 빠져들었다.

우리가 단지 동성애의 견고한 진을 제거하고, 성적인 행위들을 용서한 뒤 기도하고 그의 내적인 남성성과 여성성의 극들을 올바로 세우는 데만 그쳤더라면, 그의 치유는 성공하지 못했을지도 모른다. 그의 내면에는 용서하지 못함과 관련된 쓴 뿌리의 판단이 자리하고 있었다. 그는 아버지에게 거절을 당했듯이 다른 남성들에게도 거절당할지도 모른다고 생각했다. 또한 그의 내면에는 남성 권위자들에 대한 반응패턴도 형성되어 있었다. 이런 것들을 처리하지 않고 남겨 두고 있는 한, 새롭게 발견한 삶의 방식도 그리 오래가지 못했을 것이다.

나는 그가 내면 깊은 곳으로부터 아버지를 용서할 수 있도록 이끌어 주었다. 그는 아버지를 용서하려고 수없이 노력을 했다. 그는 다음의 사항들을 필요로 하고 있었다.

1. 아버지를 판단한 죄가 용서받았다는 권위적인 선포

2. 아버지를 향한 습관적인 비판과 비항들은 이미 십자가상에서 죽은 것으로 간
주된다는 내용의 기도

3. 자신의 남성다움을 과시하고 무감각해 보이기만 하는 남성들의 행동 이면에
숨겨진 애정을 볼 수 있을 만큼 새로워진 마음을 선포함

우리는 그의 눈이 열릴 때까지 이런 남성들에 관한 이야기를 계속해야 했다. 일단 눈이 열린 다음에는, 그를 이해하고 소중히 여기며 자랑스러워하는 아버지로서 내가 그를 수용해 주는 것을 통해 그의 마음이 주님의 치유를 경험해야 했다. 주님은 그를 이해와 소중히 여김을 받아야 할 자랑스러운 존재로 창조하셨다. 나는 그가 자기 본연의 모습 그대로 남성성을 부드럽게 표현하는 것을 긍정해 주었다. 마침내 그의 내면에는 남성들의 관심을 끌고 싶은 욕구 대신 안정감이 자리하기 시작했다. 자유케 된 이후, 그는 이성애자로서 정상적인 삶을 지속적으로 살아갈 수 있었다.

또 하나는 한 남성의 사례이다. 그는 가정에서 넷째 아들로 태어났다. 임신기간 중(당시만 하더라도 출산 전에 태아의 성을 감별하는 법은 오늘날처럼 발달하지 못한 상태였다) 그의 부모는 아기가 딸이기를 몹시 바랐다. 그러나 태아는 이미 남자아이였다. 사궁 속의 그는 부모가 딸을 그토록 간절히 바라는 것은 곧 자신에 대한 거절과 거부를 의미한다고 생각했다. 그는 무의식적으로 부모가 원하는 딸이 되려고 애를 썼다. 자기도 모르게 여자아이 같은 특성을 구사했다. 그러나 자라면서 그는 이런 습성에서 탈피했고, 역도를 하여 아주 건장한 젊은이로 성장해 갔다.

그러나 그가 열 살이 채 되기도 전에 한 남성이 그의 본성적인 약점을 악용하여 그를 성희롱했다. 그리고 역도 동호회에 속한 사람들이 자위행위를 하면서 그를 그룹의 활동에 끌어들였다. 이 일은 그의 치유되지 못한 태아기 상처들을 자극했고, 마침내 동성애로 몰아갔다. 외관상 그는 강하고 남성다워 보였다. 따라서 그 누구도 그가 지금 명백한 동성애자가 되었다는 사실을 의심하거나 상상할 수조차 없었다. 나에게 왔을 때 그는 넌더리를 치며 자유케 되기를 소원했다.

나는 우선 자궁 속의 남자아기를 위해 기도해 주었다. 나는 마치 주님께서 말씀하시는 것처럼 다음과 같이 선포했다. "나는 실수하지 않는다. 나는 너를 여자로 이 세상에 보낸 것이 아니다. 나는 네가 강한 남성이 되기를 바랐다. 나는 네가 여자가 되었어야 했다는 거짓말을 네 마음에서 제거하겠다." 나는 그가 당한 성희롱과 관련하여 그의 영을 사악한 연합으로부터 분리시키는 기도를 드렸다. 온갖 더러움을 주님의 생수로 정결케 씻어내었다(예수님의 보혈은 매우 강력하지만, 본 사례에서는 특정한 성적 관행들을 연상시킬 수도 있다. 여기서는 주님의 정결케 하는 물이라는 표현이 훨씬 더 지혜롭다).

나는 동성애적 행위들과 맞물려 형성되어 있는 그의 생각과 마음의 습관적인 경로들이 십자가상에서 죽음에 처해지도록 기도했다. 또한 그가 앞으로는 자극이 올 때마다 변화된 반응과 행동으로 대처할 수 있게 해달라고 기도했다. 간단히 말하자면, 나는 주님께서 그에게 일련의 건강한 이성애적 감정들과 반응들을 접목시켜 주시도록 요청한 것이었다. 오늘날 그는 겉모습만 남성다울 뿐 아니라 그의 심장박동마저도 남성답게 뛰고 있다.

이상의 사례들을 통해 당신은 자신의 내면에는 반드시 죽음에 처해져야 할 옛 방식들이 남아 있음을 깨닫게 되었을 것이다. 새로운 방식들이 부활되려면, 반드시 옛 방식들은 죽어야 한다. 당신의 존재가 온전한 변화를 이루기 위해서는 당신 자신과 당신에게 상처를 준 사람들을 용서해야 한다. 그러나 이뿐 아니라 중요한 의미를 지니는 그리스도인 형제나 자매를 통해 수용되는 경험도 필요하다. 또한 가능하다면 이들을 통해 재양육을 받을 수 있다면 좋을 것이다.

주님께서 우리에게 이러한 단계들을 알려주신 이래, 우리는 무수히 많은 동성애자들과 성 정체성 문제를 가지고 있는 사람들이 성공적으로 치유되고 변화되는 모습을 목격하였다. 때로 변화되는 속도가 너무 느리기도 했다. 치유에 철저히 실패한 유일한 사례가 있었다. 그 내담자의 경우에는 자신의 죄를 아직 미워하지 못하고 있었고, 따라서 진심으로 죄를 벗어 버리기를 원치도 않았다. 옛 격언이 진리를 말해 준다. "당신이 사람에게서 귀신을 쫓아낼 수 있으려면, 그 사람이 귀신을 싫어해야 한다."

일단 견고한 진을 파쇄하고, 라이프스토리에 관해서도 이야기를 나누고, 속사람을 치유하고 난 후에는 우리가 다루고 있는 이슈들에 관하여 주님께서 나에게 말씀해 주신 바를 내담자에게 직접 행하시도록 내어 드려야 한다(주님께서 당신과 당신의 기도사역자 혹은 기독교 상담자를 인도해 가시도록 하라). 이 단계는 주님께서 이 치유의 과정을 종결짓기 위해 우리에게 알려주신 필수적이고 특수하고 매우 중대한 열쇠이다. 이 단계를 위해 당신은 훈련된 기도사역자나 기독교 상담자의 도움을 받아야 한다.

성령님께 당신의 내면에 있는 남성성의 극과 여성성의 극을 환상으로 보여 달라고 요청하라. 나의 경험에 의하면, 이것들의 모습은 마치 전기의 양극과 음극처럼 보인다. 이 둘은 서로 떨어져 있으나 서로를 통하여, 그리고 서로를 향하여 건강하게 빛을 발산하고 있다. 그러나 동성애자나 단순히 여자 같은 남자의 경우, 주님은 이들의 양극이 서로를 향해 휘어 있고 두 극이 일정 정도 꼬여 있는 모습을 보여주셨다.

혼동이 그다지 심하지 않은 사람의 경우에는 양극이 단지 서로 닿았다가 다시 반동적으로 튕겨져 나가는 모습이었다. 심각할 정도로 덫에 빠져 있는 사람의 경우, 양극은 마치 꼬여 있는 포도덩굴과도 같았고, 나무를 둘러싸고 타고 오르는 담쟁이덩굴처럼 서로를 감싸 안고 있었다.

주님은 나에게 주님께서 직접 사람의 마음속으로 들어가셔서 양극을 손에 쥐시고 바로잡으시는 모습을 지켜보라고 말씀하셨다. 나는 주님께서 일하시는 모습을 지켜보고 그것을 위해 기도한 뒤 모든 감정들이 남성은 여성을 향해, 여성은 남성을 향해 정상적으로 흐르게 해달라고 기도드린다. 우리가 이런 기도를 드릴 때, 사람들은 이따금씩 순간적으로 현기증을 느끼기도 한다.

언젠가 어느 기독교대학의 심리학과 과장이 다음과 같은 이야기를 해주었다. 하루는 한 동성애자 청년이 도움을 구하며 그를 찾아왔다. 그는 나에게서 배운 내용을 완전히 이해하지는 못했지만 이렇게 생각했다고 한다. '시험 삼아 한 번 해보는 것도 좋지 않을까?' 그리하여 그는 위에서 간략히 소개한 내용대로 사역을 시도해 보았다.

목구멍까지 차오르는 두려움을 믿음으로 애써 삼키면서 그는 주님께 이 청년을 돕기 위해 자신이 보아야 할 것을 보여 달라고 기도했다. 그 순간 즉각적으로 그의 눈에 서로 꼬여 있는 두 개의 극이 보였다. 나에게서 들은 말 그대로였다. 그는 주님께 두 극을 바로잡아 달라고 부탁

드렸고, 청년의 상태를 환상으로 보여주셨음을 인하여 감사를 드렸다. 일주일 후 다시 찾아온 그 청년은 더 이상 남자들을 보아도 아무런 욕구가 느껴지지 않으며, 캠퍼스를 누비는 여학생들에 대해 정상적인 매력을 느끼기 시작했다고 전해 주었다. 나에게 이 이야기를 해주는 그 학과장은 아주 신이 나 있었다.

 동성애와 기타 성 정체성 문제들이 많은 이들의 성장을 저지시켜 왔다. 십대가 되기 전까지만 해도 양극은 정상적인 성인의 상태로 분리되어 있는 상태가 아니다. 아직 두 극은 마치 서로 혼합되어 있는 듯한 모습이다. 이 무렵의 남자아이들은 도대체 사람이 어떻게 여자아이에게 관심을 가질 수 있는지를 이해하지 못한다! 시간이 지나면서 두 극은 서로 분리되고 정상적으로 빛을 발산하기 시작한다. 이제 여자아이들은 남자아이들 생각에만 푹 빠져 있고, 남자아이들은 하루 종일 섹스에 관해서만 생각한다. 이는 한 십대 친구가 투덜거리면서 나에게 해준 말이다.

 어느 교회에 가서 사역한 적이 있었다. 그런데 오르간 연주자의 연주 방식을 보면서 나는 그가 동성애자임을 알아차렸다. 그는 나에게 와서 도움을 요청했다. 나는 조력자와 함께 그의 어린 시절에 존재할 법한 온갖 원인들을 가능한 한 많이 파헤치고 이를 위해 기도해 주었다. 우리는 그에게 내적 치유 사역을 해주었다. 그 후 나는 권세를 취하여 그의 양극을 분리시켰다. 두 극은 실제로 그가 아주 어렸을 때부터 이미 꼬여 있었다.

 1년 후 다시 그 교회로 가게 되었는데, 한 청년이 나와 조력자를 알아보고는 우리에게 다가왔다. 단번에 우리는 그가 자유해진 것을 알 수 있었다! 그는 더 이상 동성애자가 아니었다. 그의 외모 전체가 완전히 달라져 있었다. 그는 다음과 같은 이야기를 들려주었다.

그는 1년 전 우리에게 기도사역을 받은 후, 어느 날 일찌감치 의사를 찾아간 적이 있었다. 그때 마침 매력적이고 몸매 좋은 한 간호사가 카운터 옆으로 돌아서 오고 있었다. 그는 다음과 같이 표현했다. "그녀를 한 번 쳐다보았죠. 그런데 제 안의 모든 것들이 번득이기 시작했어요. 그녀에게서 도저히 눈길을 뗄 수가 없었어요." 그는 30대 후반이 되어서야 겨우 정상적인 10대가 된 것이었다! 정지되었던 성장이 이제 막 속도를 만회하고 있었다.

또 다른 청년의 사례가 있다. 아주 최근에 기도사역을 받고 동성애적 충동으로부터 자유케 된 그는 다음과 같이 말했다. "하루 종일 섹스 생각만 하고 있어도 정상인가요?" 그는 20대 중반이 되어서야 비로소 10대의 정서를 회복했다. 마침내 그의 양극이 분리되고 있었고, 정상적인 활동을 수행하고 있었다. 남성들로부터 신체적인 접촉을 받고 싶은 열망들은 이제 모두 과거의 일이 되어 버렸다.

하루는 한 남성이 나를 찾아왔다. 그는 내게 오기 한 달 전에 50회에 걸쳐 동성애적인 만남을 경험했노라고 고백했다! 그는 넌더리를 치며 축사 받기만을 원하고 있었다. 나는 그와 단 한 차례 만났고, 위에서 소개한 단계들을 따라 사역을 해주었다. 그의 양극은 프레첼 크래커의 모양을 하고 있었다. 두 극 모두 상처로 둘러싸여 있었다. 나는 기도 가운데 주님께서 그의 두 극을 정돈시켜 주시는 모습을 지켜보았다. 당신이 잊지 말아야 할 것이 있는데, 그것은 우리 하나님은 무질서가 아니라 질서의 하나님이시라는 것이다.

그날 사역을 받은 이후로 나는 그를 두 번 다시 만나지 못했다. 약 10

년의 세월이 흐른 뒤 그가 나에게 편지 한 통을 보내왔다. 편지에 그는 이렇게 썼다. "저는 여전히 정상으로 살아가고 있습니다. 사랑스런 아내와 두 아이들과 함께 말입니다." 그는 감사하다고 말하면서 끝까지 용기를 잃지 말라고 나를 격려해 주었다.

마지막으로 전하고 싶은 조언이 있다. 패배당한 견고한 진이 그렇게 호락호락 포기할 것이라고는 생각지 말라. 마귀가 역공격을 해올 수가 있다. 이때 마귀가 사용하는 수법은 대체로 집단적이고 정신적인 견고한 진이다. 아마 당분간은 '자경단원들'을 가동시켜 놓아야 할지도 모른다. 과거의 망상과 성도착적인 행위들이 되살아오는 것을 막기 위해서 말이다. 마귀는 되돌아와서 당신의 마음과 머릿속에 예전의 감정들과 생각들을 주입시키려 할 것이다. 만일 당신이 예전의 감정들과 생각들을 진짜인 줄 착각하고 이를 받아들여 행동으로 옮긴다면, 마귀는 다시금 당신 안에 거점을 확보할 수 있게 된 것이다.

당신이 자유케 된 이후에도 이런 식의 일은 얼마든지 일어날 수 있다. 그러나 이런 감정들과 생각들을 진정한 것으로 받아들이지 말고, 전혀 무익한 것들로 여기라. 주님께서 주신 권세로 그런 감정들과 생각들을 떨쳐 버리라. 그래도 여전히 남아 있다면 단순히 무시해 버리라. 그것들은 이미 십자가상에서 죽었고, 더 이상 아무런 효력이 없다. 얼마 지나지 않아 마귀는 게임에 지쳐 이제 또 다른 "삼킬 자"를 찾아 나설 것이다(벧전 5:8).

지금까지의 내용을 정리해 보자. 성 정체성 문제로부터 자유케 하는 일은 소수의 숙련된 사람에게만 제한된 분야가 아니다. 모든 그리스도인은 주님 안에서 권세와 능력을 가지고 있다. 당신도 성 정체성 문제로 인해 심한 죄책감과 수치와 고독 가운데 있는가? 그렇다면 당신도 자유케 될 수 있다.

그러나 당신 혼자만의 힘으로 이를 이루려 하지 말기 바란다. 성경은 상담자가 많으면 승리를 얻게 된다고 말씀한다(잠 11:14). 우선 당신을 위해 중보기도를 드려 줄 견고한 믿음의 그리스도인 형제나 자매를 찾아보고, 숙련된 기도사역자나 기독교 상담자의 도움을 받으라. 두 사람이 한 사람 보다 낫다(전 4:9). 전쟁은 군대로 싸워야지, 개개인이 싸우는 게 아니다.

존 폴 잭슨의 《Needless Casualties of War》[4]를 읽어 보라. 이 책을 읽고서 오히려 전쟁이 무섭다고 도망치는 일은 없기를 바란다. 이렇게 되는 것은 결코 존 폴의 목적이 아니다. 그의 권고에 귀를 기울이라. 지혜와 겸손으로 무장하고, 집단적으로 영향력을 행사하는 정사와 견고한 진에 대항하여 싸우라. 당신도 자유케 될 수 있다. 동성애와 기타 성 정체성 문제들은 치유 가능하다. 용기를 내라. 예수 그리스도 안에서 당신은 충분히 이기고도 남는다.

---

[4] John Paul Jackson, Needless Casualties of War (North Sutton, NH: Streams Publishing House, 1999).

LETTING GO OF YOUR PAST

Chapter 8

그는 짐이 아니라 내 형제이다

너희가 짐을 서로 지라 그리하여 그리스도의 법을 성취하라 (갈 6:2)

8

그리스도의 몸은 짐 지기(burden bearing)에 관한 주제를 반드시 잘 이해하고 있어야 한다. 짐 지기의 주제는 우리가 과거를 내어 보내는 작업을 함에 있어 두 가지 면으로 유익하다. 첫째, 짐 지기는 우리 주님께서 상한 영을 치유하실 때 일차적으로 사용하신 방법이었다. 둘째, 짐 지는 자들은 다른 이들을 치유하면서 상처를 받을 수도 있다. 영적 거머리들에 의해 진액을 빼앗겨 버린 사람들은 상처로 고통을 당한다.

거머리는 짐 지는 사람과는 정반대 개념이다. 거머리는 자신의 생명 유지를 위해 기도의 대가를 조금도 치르지 않는 사람이다. 아마 이들은 정서위생이나 정신위생, 심지어는 훈육에 대한 관심마저 게을리 하고 있는지도 모른다. 따라서 거머리는 오직 다른 사람의 힘을 빨아먹음으로써만 생명을 유지해 간다. 이들도 조화와 치유를 필요로 하는 자들로 온갖 두려움들을 떨쳐 버리고, 진정한 생명의 원천이신 하나님의 힘만을 의지할 수 있어야 한다. "거머리에게는 두 딸이 있어 다오 다오 하느니라"(잠 30:15). 이따금씩 우리 모두는 형제들이나 자매들을 의지해야 할 때도 있다. 하나님은 우리가 서로 힘과 위로를 주고받을 수 있는 존재들로 만들어 놓으셨다.

> 찬송하리로다 그는 우리 주 예수 그리스도의 하나님이시요 자비의 아버지시요 모든 위로의 하나님이시며 우리의 모든 환난 중에서 우리를 위로하사 우리로 하여금 하나님께 받는 위로로써 모든 환난 중에 있는 자들을 능히 위로하게 하시는 이시로다 그리스도의 고난이 우리에게 넘친 것 같이 우리가 받는 위로도 그리스도로 말미암아 넘치는도다 우리가 환난 당하는 것도 너희가 위로와 구원을 받게 하려는 것이요 우리가 위로를 받는 것도 너희가 위로를 받게 하려는 것이니 이 위로가 너희 속에 역사하여 우리가 받는 것 같은 고난을 너희도 견디게 하느니라 (고후 1:3-6)

서로 위안을 주고받는 것은 좋은 일이다. 이러한 교제를 통해 서로를 향한 우리의 사랑이 그리스도 안에서 충만한 분량으로 성장해 간다. 사도 바울이 에베소서 4장 11-16절에 언급한 바와 같이 말이다.

그러나 거머리들은 결코 되돌려주는 법이 없다. 이들은 오로지 빨아들일 뿐이다. 서로의 고통을 진실하게 나누는 일은 신앙인들 사이에서 믿음으로 이루어지는 일종의 하나님의 은사이다. 거머리들은 스스로 두 발로 설 수 있을 정도의 충분한 믿음도 없으면서 무의미하게 생명만 빨아들인다. 거머리들도 갈라디아서 6장 2절을 그리스도의 몸 된 교회가 짐 지기를 해야 한다는 말씀으로는 이해한다. 그러나 자신들이 남을 위해 짐 지기를 해야 한다는 의미로는 알아듣지 못한다. 이들은 각자가 자기 짐을 져야 한다는 갈라디아서 6장 5절의 말씀을 깨닫지 못한다. 거머리들은 좀처럼 멈출 줄을 모른다. 이들은 마치 어둠 속의 뱀파이어처럼 다른 사람들의 에너지를 계속해서 빨아먹기만 한다.

짐 지기란 무엇인가?

짐 지기란 서로 공감적 동일시를 통해 정서적인 부담들을 함께 나누고 져주는 우리 영의 능력을 가리킨다. 한 사람은 들어 올릴 수 없는 통나무라도 두 사람이 힘을 합하면 너끈히 들어 올릴 수 있다. 이와 마찬가지로 짐 지기란 형제가 생명을 유지하고 기능할 수 있도록 부담의 한쪽 끝을 들어주는 일이다.

이제까지 우리는 그리스도의 몸에 속한 이들이 다른 사람의 짐을 지려다가 지나친 부담을 떠안게 되는 경우를 수없이 많이 지켜보았다. 이들은 주님께서 우리에게 원하시는 짐 지기의 본질을 온전히 이해하지 못하고 있다. 이에 우리는 여기서 잠시 멈추어 서서 짐 지기가 실제로 무엇인지를 이야기해야 할 필요성을 느꼈다. 이 일은 당신이 과거를 내어 보내고 그리스도 안에서 온전한 거듭남 가운데로 들어가기 위하여 필수적인 작업이다. 짐 지기가 어떤 식으로 기능해야 하는지를 예화를 통해 살펴보도록 하자.

빌(가명)이 헤아릴 수 없이 많은 문제들을 가지고 있다고 가정해 보자. 지금 그의 감정들은 매우 불안하다. 내면의 갈등들은 얼마나 치열한지, 명확한 사고를 할 수 있는 능력마저 사라져 버렸다. 종종 무슨 말을 해야 할지를 잊어버릴 때도 있다. 그의 의식은 극도로 혼란스러워져서 출구를 찾기 위해 애쓰고 있다. 그의 영은 이미 과부하의 상태이고, 더 이상 혼자서의 힘으로는 제대로 기도조차 드릴 수가 없다.

하나님은 빌이 처한 곤경을 지켜보고 계신다. 빌이 예수님을 구세주로 영접했든 안 했든, 성령세례를 받았든 안 받았든 상관없이 하나님은 그를 사랑하신다. 하나님 아버지는 아무런 조건 없이 단순히 사랑해 주신다. 그리하여 우리 주 예수 그리스도 안에서 하나님은 몇몇 그리스도인들의 마음에 감동을 주시어 빌을 위해 기도하게 하신다.

성령님에 의하여, 그리고 기도하는 주님의 백성들의 초청을 통하여 우리 주 예수님은 빌의 마음속으로 들어가셔서 그와 하나가 되신다. 그러고는 빌이 겪는 혼란들의 일부를 주님의 십자가 위로 끌어당기기 시작하신다. 지금 빌을 위해 기도하고 있는 사람들을 통해서 말이다. 이것이 바로 갈라디아서 6장 2절에서 언급하고 있는 짐 지기이다. "너희가 짐을 서로 지라 그리하여 그리스도의 법을 성취하라."

짐 지기가 최상의 사랑의 행위임에 주목하라. 짐 지기는 주님께서 우리를 사랑하셨듯이 우리도 서로 사랑하는 것이다. 이는 그리스도의 법을 성취하는 일이다. 우리는 짐 지기가 우리의 목숨을 서로를 위해 내려놓는 것임을 알아야 한다. 주님도 우리를 위해 주님의 목숨을 내려놓으셨다.

주님은 중보기도가 이루어지는 순간에 빌의 고통 전부를 가져가시는 것이 아니다. 갈라디아서 6장 5절의 말씀을 살펴보자. "각각 자기의 짐을 질 것이라." 주님은 빌이 다시 명확한 사고를 할 수 있고, 감정들이 차분해지며, 스스로의 힘으로 기도할 수 있게 될 정도로만 그의 혼란을 제거해 주신다.

짐 지기는 이사야 53장 4-5절의 말씀처럼 오직 우리 주 예수 그리스도만의 사역이다. "그는 실로 우리의 질고를 지고 우리의 슬픔을 당하였거늘 우리는 생각하기를 그는 징벌을 받아 하나님께 맞으며 고난을 당한다 하였노라 그가 찔림은 우리의 허물 때문이요 그가 상함은 우리의 죄악 때문이라 그가 징계를 받으므로 우리는 평화를 누리고 그가 채찍에 맞음으로 우리는 나음을 받았도다."

다음과 같은 말은 결코 짐 지기가 아니다. "오, 주님! 제 형제의 고통을 저에게도 주옵소서!" 이런 말은 마치 우리가 그리스도를 대신하겠다는 것과도 같은 이단사설이다. 이를테면 하나님을 우롱하는 일이다. 짐 지기는 오직 우리 주님의 사역이며, 다만 주님께서 감사하게도 우리를 주님의 고난에 동참하도록 초청해 주시는 것뿐이다(빌 3:10).

짐 지기는 중보기도의 일부이다. 짐 지기를 통해 우리는 주님의 요청에 응답한다. 그러면 주님은 들어오셔서 우리 형제나 자매의 고통을 주님의 십자가로 끌어당기신다. 우리는 두려움, 분노, 상처, 낙담, 증오, 혼동 등 얼마간의 괴로움을 느끼게 될 수도 있다. 우리의 중보기도 대상자를 괴롭히고 있는 문제들이 지금 우리를 통과하여 십자가로 떠나가는 중이기 때문이다.

예수님은 말씀하셨다. "귀 있는 자는 들을지어다"(마 11:15). 사람들이 주님의 음성을 듣지 못할 정도로 문제들로 고통스러워할 때, 주님은 짐 지기를 하는 중보기도자들을 일깨워 기도하게 하심으로써 이들의 능력을 새롭게 회복시켜 주신다. 따라서 짐을 지는 기도는 개인적인 치유와 부흥의 선봉에 선다. 로마서 10장 17절은 이렇게 말씀한다. "그러므로 믿음은 들음에서 나며 들음은 그리스도의 말씀으로 말미암았느니라."

사람들(개인들, 도시들, 지역들, 나라들 등)은 종종 너무도 고통스런 문제들로 인해 하나님의 음성을 제대로 듣지 못한다. 주님은 사람들의 생각과 마음의 귀를 밝히시기 위하여 주님께 순종하는 짐 지는 중보기도자들의 군대를 필요로 하신다. 짐 지기는 우리가 하나님의 구원의 메시지와 주님의 치유의 손길로 온 세상을 섬기기 위해 감당해야 할 최우선적인 임무이다.

어떻게 짐 지기를 할 수 있는가?

우리는 우선 로마서 12장 1절의 말씀에 순종함으로써 짐 지기를 성취할 수 있다. "그러므로 형제들아 내가 하나님의 모든 자비하심으로 너희를 권하노니 너희 몸을 하나님이 기뻐하시는 거룩한 산 제물로 드리라 이는 너희가 드릴 영적 예배니라." 우리는 우리 자신을 하나님께 드리고 이렇게 말씀드릴 수 있어야 한다. "주님 언제, 어디서든, 그 누구의 짐이든 제 마음에 얹어 놓아 주십시오. 그러면 반드시 기도로 응답하겠습니다." 위의 본문에서 "너희 '몸'을 하나님께 드리라"는 표현에 주목하라. 짐을 지는 동안 우리는 짐의 무게를 우리의 몸으로 느낀다.

한편 우리는 언제라도 요청에 응답할 태세를 갖추고 있는 긴급 소집병처럼 늘 깨어 있어야 한다. 주님은 그분께서 어떻게 말씀하시더라도 들을 수 있는 준비를 갖춘 주님의 종들에게 기도를 요청하신다. 폴라와 나의 경우, 주님은 분명 우리 자신의 것이 아닌 어떤 것들을 느끼게 하심으로써 요청하신다. 예를 들어, 누군가의 두려움, 상처, 혹은 분노가 느껴질 때가 있다. 우리는 일단 기도에 착수함으로 응답한 후에 주님께 이 고통이 누구의 것인지를 여쭤 본다. 때때로 주님께서 말씀해 주시면, 우리는 전국 어디에라도 전화를 걸어 주님께서 누구를 위해 기도를 하게 하셨는데 혹시 무슨 일이라도 있느냐고 물어본다.

종종 주님께서 말씀해 주지 않으실 때도 많다. 주님은 단지 우리에게 누군가가 상처로 아파하고 있으니 주님께서 일하실 수 있도록 기도하라고만 하신다. 짐 지기에 대한 우리의 반응을 통해 주님의 초청을 이끌어 내는 것이야말로 주님의 첫 번째 목적이셨다. 주님은 구속적인 구원의 은혜를 가동시키기 위해 우리의 응답을 요구하셨다.

우리는 짐을 지고 십자가가 있는 데로 간다. 그리고 십자가 위에 짐을 풀어놓는다. 십자가 앞에 가서도 짐이 제거되지 않을 경우, 우리는 두 가지 가능성을 생각해 볼 수 있다. 우선, 주님께서 우리에게 조금만 더 오래 짐을 지고 있기를 원하시는 것일 수도 있다. 다음으로 짐을 보다 수월하게 떨쳐 버리기 위해 무언가 우리 안에 죽음에 처해져야 할 것이 있는지도 모른다. 우리는 상황에 합당하게 기도를 드려야 한다.

주님을 위해 짐 지는 자가 되는 일은 더할 나위 없는 기쁨이자 특권이다. 이에 관한 간증은 나중에 들어보기로 하자. 여기서는 간략하게만 이야기하겠다. 우리는 짐 지기가 그리스도 안에서 이루어지는 우리의 삶 가운데 가장 중요한 부분이라고 믿는다. 그러나 짐 지기는 거의 알려져 있지도 않을뿐더러, 소홀히 여겨지고 있는 것이 사실이다. 우리는 당신이 짐 지기에 관해 잘 이해하고, 주님의 요청에 응답하는 삶을 살아가기를 간절히 기도한다. 특히 역사적으로 오늘날은 그 어느 때와는 비교할 수 없을 정도로 짐을 지는 중보기도자들을 절실히 필요로 한다.

짐 지기를 통한 연결의 능력

두 사람이 힘을 합쳐 뭔가를 들어 올리려면 신체적으로 가까이 있어야 하지만, 짐 지기를 위해서는 반드시 공간상 가까이 있을 필요가 없다. 우리는 거리에 상관없이 상대방의 짐을 느낄 수 있고, 동일시하거나 나눌 수 있으며, 이를 위해 기도할 수 있다. 떨어져 있거나 혹은 어떠한 이유로 인해 연락이 끊겼을 때, 형제의 짐을 짊어질 수는 있어도 그 짐이 정확히 무엇이며 누구의 짐인지는 제대로 모를 수가 있다. 이는 애타게 알기를 바라는 우리를 아프게 한다.

> 형제들아 우리가 잠시 너희를 떠난 것은 얼굴이요 마음은 아니니 너희 얼굴 보기를 열정으로 더욱 힘썼노라 그러므로 나 바울은 한번 두번 너희에게 가고자 하였으나 사탄이 우리를 막았도다 우리의 소망이나 기쁨이나 자랑의 면류관이 무엇이냐 그가 강림하실 때 우리 주 예수 앞에 너희가 아니냐 너희는 우리의 영광이요 기쁨이니라 이러므로 우리가 참다 못하여 우리만 아덴에 머물기를 좋게 생각하고 우리 형제 곧 그리스도의 복음을 전하는 하나님의 일꾼인 디모데를 보내노니 이는 너희를 굳건하게 하고 너희 믿음에 대하여 위로함으로 (살전 2:17-3:2)

짐 지는 자로서 누군가를 마음에 품고 지내 온 사람이라면, 사도 바울이 말한 '우리가 참다 못하여(when we could endure it no longer)'라는 구절의 무게를 경험적으로 이해한다. 단순히 형제가 잘 지내고 있는지에 대한 궁금함이라면 충분히 견딜 수 있다. 그러나 짐 지고 있는 대상의 소식을 들을 수 없을 때, 그를 향한 사랑과 염려는 우리를 거의 압도해 버린다. 그가 어떻게 지내는지 알고 싶어 안달이 난다. 구체적인 지식을 가졌을 때는 구체적인 기도를 통해 주님께 그 짐을 내려놓을 수 있다. 그러나 알아야 할 것을 알지 못하면, 괴로움 가운데 머물러 있을 수밖에 없다.

주님은 신약성경 전반에 걸쳐 서로 사랑하라고 명령하신다. 이 사실을 모르는 이는 없을 것이다. 그렇다면 이 말씀의 의미는 과연 무엇인가? 형제 사랑을 위해 특별하고 독특하게 실천하고 있는 것이라도 있는가? 야고보는 이에 대한 해답의 일부를 제시한다. "만일 형제나 자매가 헐벗고 일용할 양식이 없는데 너희 중에 누구든지 그에게 이르되 평안히 가라, 덥게 하라, 배부르게 하라 하며 그 몸에 쓸 것을 주지 아니하면 무슨 유익이 있으리요"(약 2:15-16).

요한도 요한일서 3장 16-18절에서 다음과 같이 말한다. "그가 우리를 위하여 목숨을 버리셨으니 우리가 이로써 사랑을 알고 우리도 형제들을 위하여 목숨을 버리는 것이 마땅하니라 누가 이 세상의 재물을 가지고 형제의 궁핍함을 보고도 도와줄 마음을 닫으면 하나님의 사랑이 어찌 그 속에 거하겠느냐 자녀들아 우리가 말과 혀로만 사랑하지 말고 행함과 진실함으로 하자."

사랑은 마음속에서 일어나는 감정이라기보다는 구체적인 행위이다. 성경의 다른 곳에서 사랑은 다양하게 표현된다. 사랑은 용서이고, 자신의 유익보다 남의 유익을 구하는 것이고(빌 2:4), 자기 방식만을 고집하지 않는 것이며(고전 13:5), 모든 것을 참으며 모든 것을 믿으며 모든 것을 바라며 모든 것을 견디는 것이다(고전 13:7).

사랑은 크게 소극적인 사랑과 적극적인 사랑으로 구분된다. 소극적인 사랑은 다음과 같은 두 가지 측면을 내포한다. 상대방을 해칠 만한 어떤 행위도 하지 않으려고 자제하는 측면과 우리에게 상처 준 사람들을 위하여 용서의 기도를 드리는 측면이다. 나는 전자의 경우를 가리켜 용납해 주는 사랑이라고 칭한다. 반면에 적극적인 사랑은 다른 사람의 유익을 위해 적극적으로 나서서 긍정적인 조치들을 취하려는 사랑이다.

져야 할 십자가

중보적인 짐 지기는 상대방을 위해 계획적이고 적극적으로 행동을 취하는 일이다. 이는 십자가를 지는 일이다. 우리는 흔히 "저 형제에게는 져야 할 십자가가 있어" 혹은 "내가 이렇게 힘든 십자가를 져야 하다니!"라고 말한다. 그런데 이런 말들은 모두 십자가에 대한 오해에서 기인하는 것으로, 그리스도인으로서 반드시 버려야 할 사고방식이다.

우리에게 닥치는 문제와 비극들이 우리가 져야 할 십자가는 아니다. 이는 단지 우리를 시험하고 연단하는 역경이요 슬픔이다. 친척이나 친구, 혹은 다른 누군가로부터 받는 학대도 '져야 할 십자가'는 아니다.

성경은 힘들게 하는 사람들이나 환경들을 가리켜 "육체의 가시"(고후 12:7)라고 하는데, 이것도 우리가 져야 할 십자가는 아니다. **자신의 의지와는 상관없이 발생하는 그 어떠한 일도 우리가 져야 할 십자가는 아니**

다. 십자가를 진다는 것은 최소한 다음과 같은 세 가지 독특한 측면들을 수반한다.

1. 십자가를 지는 일은 의지와 관련된다.

첫째, 결단의 차원이다. 예수님은 어쩌다가 우연히 십자가를 지신 것이 아니다. 예수님은 십자가 지는 일을 **의지적으로 이루셨다**. "문득 두 사람이 예수와 함께 말하니 이는 모세와 엘리야라 영광 중에 나타나서 장차 예수께서 예루살렘에서 별세하실 것[which He was about to accomplish at Jerusalem]을 말할새"(눅 9:30-31). "예수께서 이르시되 나의 양식은 나를 보내신 이의 뜻을 행하며 그의 일을 온전히 이루는[accomplish] 이것이니라"(요 4:34). 그의 일이란 바로 십자가상에서의 죽음을 의미했다. 예수님은 십자가상에서 구속의 일을 완성하신 후 이렇게 외치셨다. "다 이루었다"(요 19:30).

결단의 측면을 가지고 있는 십자가에는 당연히 목적이 따른다. "지금 내 마음이 괴로우니 무슨 말을 하리요 아버지여 나를 구원하여 이때를 면하게 하여 주옵소서 그러나 **내가 이를 위하여**[for this purpose] 이때에 왔나이다"(요 12:27). 그리스도인들이 목적을 가지고 남을 위해 목숨을 내어놓는 사랑의 행위야말로 십자가이다.

2. 십자가를 지는 일은 구속적인 고난이다.

둘째, 십자가를 진다는 것은 구속적인 고난의 경험을 포함한다. 마땅히 고난당할 일을 했기에 당하는 고난은 결코 십자가가 아니다. 응분의 심판을 받아 고난당하는 것을 마치 십자가라고 여긴다면 수치스런 일이다. 오히려 회개하지 않고 우리의 짐을 십자가에 달리신 예수께 내어 드리지 못하여 고난을 당하는 경우가 많은데, 이는 의를 위한 고난이 아니라 죄로 인한 고난이다.

혹자는 이렇게 물을 수 있다. 예수님께서 이미 십자가상에서 모든 것을 이루셨는데, 예수님 이외의 사람이 다른 누군가를 위해 구속적인 고난을 당한다는 것이 과연 성경적이거나 현명한 생각이겠느냐고 말이다. 그러나 이 물음은 하나님의 지혜의 영역에 속한 것으로서 '양자택일(either or)'이 아닌 '양쪽 모두(both and)'에 기초하여 답변되어야 한다.

주님은 이미 모든 것을 이루셨다. 구속사역은 이미 완성되었다. 주님께서 이루신 완전한 구원사역에 우리가 더할 수 있는 것이란 아무것도 없다. 반면에, 주님은 그분의 지혜 가운데 시간이 지닌 신비 속에서 그리스도의 몸 된 교회를 통해 구속적 고난의 사역을 완성하시려는 의도를 갖고 계신다. 다음과 같은 사도 바울의 고백을 어떻게 이해하면 좋겠는가? "나는 이제 **너희를 위하여** 받는 괴로움을 기뻐하고 그리스도의 **남은 고난**을 그의 몸 된 교회를 위하여 내 육체에 채우노라"(골 1:24). 이와 동일한 사고방식이 고린도후서 4장 10-12절에서도 발견된다.

> 우리가 **항상 예수의 죽음을 몸에 짊어짐은** 예수의 생명이 또한 우리 몸에 나타나게 하려 함이라 우리 살아 있는 자가 항상 예수를 위하여 죽음에 넘겨짐은 예수의 생명이 또한 우리 죽을 육체에 나타나게 하려 함이라 그런즉 **사망은 우리 안에서 역사하고 생명은 너희 안에서 역사하느니라** (고후 4:10-12)

나중에 자세히 살펴보겠지만, 남을 위해 구속적 고난을 당하는 것은 충분히 가능할 뿐 아니라 성경적인 일이기도 하다. 우리 주님께서 친히 이를 명령하셨다(갈 6:2, 요 15:13-16).

십자가를 진다는 것은 남을 위해 구속적인 고난을 당하되, 주 예수 그리스도께 복종하는 마음으로 의도적으로 기꺼이 감당하는 것을 의미한다. 우리가 반드시 기억해야 할 것이 있다. 남을 위해 구속적인 고난을 당하는 것은 육신으로나 우리의 힘으로나 절대 불가능하다. 구속은 오직 주님의 섭리로써만 가능하다. 예수님께서 **우리 안에서** 누군가를 위한 구속적인 고난을 당하신다.

짐 지기는 주님 안에 있을 때에라야 가능하다. 우리 안에 계신 주님께서 무언가 짐을 지시기로 선택하셨다면, 주님께서 짊어지신 것은 무엇이든 우리도 함께 짊어진다. 만일 주님보다 1초라도 더 오래 짐을 짊어진 경우에는 반드시 치유가 필요하다. 이 부분에 대해서는 본 장 말미에 다루었다.

사도 바울은 다음과 같이 말한다. "그 고난에 참여함을 알고자 하여 그의 죽으심을 본받아"(빌 3:10). 주님은 주님의 지혜 안에서 우리로 하여금 인류를 위한 구속적 고난의 지극히 미미한 부분이나마 동참케 해주신다. 이것이 우리가 흔히 인용하는 "주님을 섬긴다(to minister to the Lord)"는 말의 의미이다. 다른 사람을 섬기는 방법은 다양하다. 그러나 주님의 짐을 주님과 함께 지는 법을 배운 자만이 진정으로 주님을 섬기는 사람이다. 이 얼마나 축복이며 기쁜 일인가!

3. 십자가를 지는 일은 죽음과도 같다.

셋째, 십자가를 지는 일은 죽음이다. 개인적으로 겪는 고통이 자기의 죽음으로 이어질 수도 있고, 그렇지 않을 수도 있다. 이는 우리의 믿음과 이해력에 관한 문제다. 그러나 개인의 고통으로 인한 자기의 죽음은 단지 자신만을 십자가에 못 박는 데 그친다. 오직 나의 죄 때문에, 오직 나 한 사람의 구원을 위해서 말이다. **십자가를 지는 일의 독특한 점은 바로 남을 위한 죽음이 개입된다는 데 있다.** 우리에게 닥치는 시련들이 우리를 개인적인 죽음으로 몰아갈 수는 있다. 그러나 그 어떤 죽음도 십자가를 지는 것만큼 고귀하지 못하다. 비록 우리가 십자가 위에서 개인적인 죽음을 경험한다 하더라도, 이것이 다른 사람을 위해 십자가를 지는 일은 아니다. 개인적인 죽음은 십자가를 지는 영광에는 참여하지 못한다.

사도 바울은 자신의 행위나 고난을 말할 때면 늘 "너희를 위하여"라고 표현했다(골 1:24, 고후 4:12, 15). 사도 바울은 그가 당한 고난이 결코 자신을 위한 것이 아니라 사랑 안에서 동료들 혹은 예수님을 위한 고난이었음을 알아주기를 바랐다. "우리 살아 있는 자가 항상 **예수를 위하여** 죽음에 넘겨짐은"(고후 4:11). "**그리스도를 위하여** 너희에게 은혜를 주신 것은 다만 그를 믿을 뿐 아니라 **또한 그를 위하여 고난도 받게 하려 하심이라** 너희에게도 그와 같은 싸움이 있으니 너희가 내 안에서 본 바요 이제도 **내 안에서** 듣는 바니라"(빌 1:29-30).

다시 한 번 고린도후서 4장 12절의 말씀에 귀 기울여 보자. "그런즉 사망은 우리 **안에서** 역사하고 생명은 너희 **안에서** 역사하느니라." 사망이 우리 **위에서**(upon)가 아니라 우리 **안에서**(in) 역사한다는 표현에 주목하라. 남의 짐을 짊어지는 것은 그 사람의 죽음을 우리 **안에**(into) 받아들이는 것이다. 보다 정확히 표현하면 다음과 같다. 십자가의 주님이 우리의 마음(heart)과 영(spirit)을 통해 형제의 죽음을 십자가상의 주님께로 잡아끄신다. 오직 상대방만을 위하여 그의 죽음에 동참하는 일이 결여된 고난은 결코 중보적인 짐 지기도, 십자가를 지는 것도 아니다.

언젠가 묵상 중에 이 문제를 놓고 씨름하고 있었다. 그때 주님은 나에게 로마서 8장 1-4절을 찾아보라고 말씀하셨다. 성경을 찾아보니 이미 여러 번 읽어 본 적이 있는 매우 친숙한 구절이었다. 많은 이들이 자신은 이 구절의 의미를 잘 알고 있다고 확신한다. 그러나 그러기에 더욱 이해하지 못하고 있는 본문이기도 하다! 주님은 먼저 나에게 이 사실을 일깨워 주셨다. 나는 생각했다. "예, 주님. 이 말씀은 제가 주님을 주님과 구세주로 영접했기에 죄와 사망에서 해방되었음을 의미하지요."

주님께서 말씀하셨다. "그래, 바울은 성경의 여러 곳에서 그런 의미로 말했지. 그러나 여기서는 아니란다." 나는 다시 본문을 들여다보았다. 2절에서 '영'이라는 단어가 눈에 띄었다.

"아, 알겠어요, 주님. 제가 성령으로 세례(침례)를 받았기 때문에 죄와 사망에서 해방되었다는 뜻이군요." 그러면서 나는 다른 성구들을 근거로 제시하려고 했다. "주의 영이 계신 곳에는 자유함이 있느니라"(고후 3:17).

그러자 주님께서 대답하셨다. "존, 성령이 자유를 가져다준다는 것은 맞다. 바울도 성경의 여러 곳에서 그것을 말했지. 하지만 여기서는 아니란다. 다시 한 번 보렴."

나는 본문을 다시 살펴보았다. 이때 주님은 성경 말씀이 페이지로부터 튀어올라 나의 눈 안으로 들어오게 해주셨다. "그리스도 예수 안에 있는 **생명의 성령의 법**이 **죄와 사망의 법**에서 너를 해방하였음이라"(롬 8:2). 아! 바울은 지금 주님의 보혈과 십자가를 말하고 있는 것도, 일차적으로 성령에 대해 말하고 있는 것도 아니었다. 바울은 생명의 성령의 **법**과 죄와 사망의 **법**에 대해 이야기하고 있었다!

'그렇다면 죄와 사망의 법이란 무엇이지?' 주님은 나를 로마서 7장으로 인도해 가셨다. 바울이 이 편지를 쓸 무렵에는 장절 표시가 없었음을 주님은 상기시켜 주셨다. 모두가 하나의 단락으로 연결되어 있었다. 이번에 주님은 '법(law)'이라는 단어를 페이지에서 튀어오르게 하셨다.

> 내 속사람으로는 하나님의 **법**을 즐거워하되 내 지체 속에서 한 다른 **법**이 내 마음의 **법**과 싸워 내 지체 속에 있는 죄의 **법**으로 나를 사로잡는 것을 보는도다 오호라 나는 곤고한 사람이로다 이 사망의 몸에서 누가 나를 건져내랴 우리 주 예수 그리스도로 말미암아 하나님께 감사하리로다 그런즉 내 자신이 마음으로는 하나님의 **법**을 육신으로는 죄의 **법**을 섬기노라 (롬 7:22-25)

드디어 주님은 사도 바울의 의도가 무엇인지를 깨닫게 해주셨다. 우리가 예수 그리스도를 주님이요 구세주로 영접할 때, 우리의 죄는 깨끗이 씻기고 죄의 본성은 치명타를 입는다. 그로부터 이어지는 성화의 과정을 통해 우리는 매일매일 옛 본성으로 인한 습관들을 십자가에 못 박으며 살아간다(골 3:9, 갈 2:20, 5:24). 대체로 내적 치유를 위한 기도가 이러한 죽음을 이루어 낸다.

내가 심각하게 고민해 온 한 가지 사실이 있다. 그것은 '왜 수많은 사람들이 내적 치유를 받고 나서도 온전한 삶을 향해서는 조금도 전진해 나아가지 못하는 것일까?'였다. 주님은 온전해지기 위해서 반드시 취해야 할 중요한 단계가 남아 있다고 말씀하셨다. 그 방법 외에는 온전함에 이를 길이 없었다. 바로 "그리스도 예수 안에서 **생명의 성령의 법**"을 따르는 삶의 방식을 훈련하는 일이었다. 그렇다. 그리스도께서는 단지 우리를 죄의 법이라는 감옥에서 자유케 해주신 것만이 아니었다. 주님은 우리를 생명의 성령의 법 안에서 자유롭게 살아갈 수 있도록 해주셨다.

사도 바울은 가말리엘의 문하생이었다. 그는 '**법**'이 가진 정확한 법률적인 용법을 잘 알고 있었다. 그런데 여기서 바울은 이 단어를 법률과는 전혀 거리가 먼 가장 시적인 용법으로 사용하였다. 바울이 "내 지체 속에서 한 다른 **법**이 내 마음의 법과 싸워(different law in the members of my body, waging war against the law of my mind)"라고 말했을 때, 이는 옛 본성을 가리키는 또 하나의 표현 방식이라는 것을 주님은 깨닫게 해주셨다.

바울이 그토록 벗어나기를 원했던 '몸(body)'은 신체적인 몸이 아니었다. '주력부대(the main body of the army)' 혹은 '사람의 무리(body of people)' 등 집단개념을 표현할 때 사용하는 용법의 '몸'이었다. "이 사망의 몸에서 누가 나를 건져내랴"는 말은 결국 다음처럼 바꾸어 표현할 수 있었다. "옛 방식을 따라 살라고 끊임없이 나를 곤경에 빠뜨리는, 옛 본성에 속한 무수한 투쟁의 요소들로 이루어진 이 몸에서 누가 나를 건져내랴? 어떻게 해야 내 속에 있는 세상 방식을 따르는 몸에서 벗어나 그리스도의 방식을 따르는 몸으로 살아갈 것인가? 도대체 어떻게 해야 옛 방식을 따르는 '법'을 벗어날 것인가?" 이 물음에 대한 해답은 무엇일까? 바로 옛 법 대신 새 '법'을 따르는 방식을 배우면 된다!

처음 예수를 영접하면 죄책감에서 자유로워진다. 그 후 매일매일 옛 사람을 십자가에 못 박으며 살아간다. "그리스도 예수 안에 있는 생명의 성령의 법"을 따라 사는 법도 배운다. 이 법은 마침내 온갖 옛 습성들을 이기고 그리스도를 따르는 새 **방식**을 확립시킨다.

그렇다면 '그리스도 예수 안에 있는 생명의 성령의 법'이란 무엇인가? 주님은 말씀하셨다. "누구든지 제 목숨을 구원하고자 하면 잃을 것이요 누구든지 나를 위하여 제 목숨을 잃으면 구원하리라"(눅 9:24). 요한복음 15장 13절에서는 다음과 같이 말씀한다. "사람이 친구를 위하여 **자기 목숨을 버리면** 이보다 더 큰 사랑이 없나니." 누가복음 14장 27절에서도 말씀한다. "누구든지 **자기 십자가를 지고** 나를 따르지 않는 자도 능히 내 제자가 되지 못하리라." 사도 바울은 "너희가 짐을 서로 지라 그리하여 **그리스도의 법**을 성취하라"고 말했다.

그리스도의 계명이란 무엇일까? 그리스도의 법이란 또한 무엇일까? "내 계명은 곧 **내가 너희를 사랑한 것같이** 너희도 서로 사랑하라 하는 이것이니라"(요 15:12). 주님께서 우리를 어떻게 사랑하셨는가? 그분은 우리를 위해 자기 목숨을 내어 놓으셨다. 로마서 8장에서 사도 바울이 말하려는 것은 다음과 같다. 우리가 그리스도의 법을 배우기만 하면 옛 습성의 속박에서 능히 벗어날 수 있다. 그리스도의 법이란 우리의 목숨을 남을 위해 내어 놓는 것이다! 단지 죄와 죄의 습성들을 제거하는 것만으로는 충분치 않다. 희생적인 사랑에 기초한 새로운 삶의 방식을 터득하고 이를 따라 살아가야 한다.

그런데 주님은 나에게 이렇게 말씀하셨다. "존, 너는 너의 목숨을 내어준다는 말의 의미를 아직 깨닫지 못했구나!"

나는 생각했다. '음, 나의 이기적인 사리사욕과 죄를 내려놓고 남을 돕기 위해 얼마간의 시간을 보내는 것, 이것이 바로 목숨을 내어 놓는 것이 아닐까?'

주님께서 말씀하셨다. "존, 너의 이기적인 마음과 죄는 죽음이지 생명이 아니다. 나는 다른 사람을 위해 너의 죽음을 내어 놓으라고 말한 적이 없다. 너의 목숨을 내어 놓으라고 말했다."

나는 생각에 잠겼다. '남을 위해 나의 시간과 힘을 내려놓고, 다른 사람을 섬기는 삶을 살아간다면, 이것이야말로 나의 목숨을 내어 놓는 것임에 틀림없어.'

다시 주님은 말씀하셨다. "아니란다. 너의 시간과 힘이 네 목숨은 아니란다. 나는 네 목숨을 내어 놓으라고 말했다."

"주님, 제 목숨이란 무엇인가요?"

주님은 나에게 예수님의 목숨이 어떤 것이었는지를 물어보신 후, 성경을 열어주셨다. 엠마오로 향하던 글로바와 다른 한 제자에게 그러셨던 것처럼 말이다(눅 24:27).

나와 아버지는 하나이니라 하신대 (요 10:30)

나를 본 자는 아버지를 보았거늘 … 내가 너희에게 이르는 말은 스스로 하는 것이 아니라 아버지께서 내 안에 계셔서 그의 일을 하시는 것이라 (요 14:9-10)

나를 보내신 이가 나와 함께 하시도다 나는 항상 그가 기뻐하시는 일을

행하므로 나를 혼자 두지 아니하셨느니라 (요 8:29)

성부 하나님을 드러내는 일이 바로 예수님의 삶이었다. 예수님은 하늘을 떠나 이 세상에 오셨지만, 한 번도 성부 하나님을 떠난 적이 없으셨다. "내가 내 아버지 집에 있어야 될 줄을 알지 못하셨나이까"(눅 2:49). 예수님은 지칠 때마다 산으로 가셔서 성부 하나님과 함께 머무르셨다. 성부 하나님과의 이런 관계가 바로 예수님의 삶 자체였다. 예수님의 부르심은 바로 이러한 내려놓음에 있었다!

사람이 만일 죽을 죄를 범하므로 네가 그를 죽여 나무 위에 달거든 그 시체를 나무 위에 밤새도록 두지 말고 그 날에 장사하여 네 하나님 여호와께서 네게 기업으로 주시는 땅을 더럽히지 말라 **나무에 달린 자는 하나님께 저주를 받았음이니라** (신 21:22-23)

십자가에 달려 돌아가시려고 작정하신 예수님은 자신이 치러야 할 대가가 단순한 육체적 고통 그 이상이라는 사실을 이미 알고 계셨다. 육체적 고통은 기껏해야 몇 시간만 견디면 된다. 그러나 주님 자신이 우리의 죄(sin)가 되시는 일은 주님으로서는 형언할 수 없이 엄청난 고통이었다! "하나님이 죄를 알지도 못하신 이를 우리를 대신하여 죄로 삼으신 것은 우리로 하여금 그 안에서 하나님의 의가 되게 하려 하심이라"(고후 5:21). 여기서 눈여겨보아야 할 것이 있다. 예수님은 **죄인처럼**(sinful) 되셔야 했던 것이 아니라, **죄**(sin)가 되셔야 했다. 언제나 그랬듯 하나님을 향한 예수님의 마음(heart)은 순결했다. 주님은 죄를 조금도 짓지 않으신 순결한 유월절의 희생양이셨다. 이런 주님께서 세상의 죄를 온몸으로 받아들이셨다.

예수님은 결코 '**죄인처럼** 되셔야 했던' 것이 **아니었음**을 다시 한 번 강조하고 싶다. 주님께서 징계를 받은 것은(사 53:5) 그분이 우리와 같이 되셨기에 가능한 일이었다. 주님께서 우리의 **죄**가 되셨다. 마치 걸레가 오물을 깨끗이 닦아내면서 더러워지듯, 주님께서 우리의 죄를 짊어지셨다. 주님은 결코 죄를 짓지 않으셨다 "우리에게 있는 대제사장은 우리의 연약함을 동정하지 못하실 이가 아니요 모든 일에 우리와 똑같이 시험을 받으신 이로되 **죄는 없으시니라**"(히 4:15).

최근에 한 이단에서는 이 말씀에 대해 핵심에서 벗어나서 전혀 엉뚱하게 가르쳤다. 그들은 예수님도 구속을 필요로 하셨다고 주장했는데, 어림도 없는 소리다! 주님은 조금도 흠이 없는 어린양이셨다. 주님의 내면은 언제나 순결하셨다. 주님께서 십자가로 가져가신 것은 우리의 죄였다. 주님은 "그가 시험을 받아 고난을 당하셨은즉"(히 2:18) 우리와 같이 되셔야만 했다. "나의 하나님, 나의 하나님, 어찌하여 나를 버리셨나이까"(마 27:46).

예수님에게 육신의 죽음은 어쩌면 그다지 의미가 없었을지도 모른다. 사도 바울도 '죽는 것도 유익하다'(빌 1:21)고 말하지 않았는가? 예수님의 경우, 우리의 죄는 제쳐두고서라도, 숙음이야말로 주님의 영(His spirit)이 이를 주신 하나님께 돌아갈 유일한 길이었을 수 있다(전 12:7). 부활에 대한 기대는 성자이신 우리 주님께 있어서 측량할 수 없는 기쁨이었을 것이다. 비록 짧은 순간 동안이나마 문자 그대로 수십억의 영혼들의 부패한 악을 모두 한꺼번에 담고 있는 죽음이었기에 훨씬 더 위대했다! 이러한 죽음을 통해 주님은 한 차원 더 높은 방식으로 목숨을 내어 놓으셨다. 이 죽음은 주님께 최고의 희생을 요구하였다.

주님께서 "만일 할 만하시거든 이 잔을 내게서 지나가게 하옵소서"(마 26:39)라고 부르짖은 것도 이러한 이유에서였다. 단순히 신체적인 고통과 죽음에 대한 두려움 때문이 아니었다. 어마어마한 상실에도 불구하고, 예수님은 우리를 위해 기꺼이 고난을 받으셨다. 주님으로서는 가장 위대한 죽음이었다.

그렇다면 우리의 목숨(life)이란 무엇일까? 우리는 과연 남을 위해 무엇을 내어 주라고 부름 받은 자들인가? 예수를 영접하고 성령이 충만할 때, 우리는 하나님 아버지께 최대한 가까이 다가갈 수 있다. 정결함과 선함이 느껴지는 순간이다. "여호와의 산에 오를 자가 누구며 그의 거룩한 곳에 설 자가 누구인가 곧 손이 깨끗하며 마음이 청결하며"(시 24:3-4). 우리 마음에 예수의 피가 뿌려진다(히 10:22).

공동체로 드려지는 예배와 개인적인 헌신을 통해 우리는 즐거이 주님의 임재 속에 들어간다. 형제자매들을 훨씬 더 스스럼없이 열린 마음으로 대하게 된다. 주님과의 만남, 형제자매와의 교제가 우리의 삶이요 기쁨이다. "우리의 소망이나 기쁨이나 자랑의 면류관이 무엇이냐 그가 강림하실 때 우리 주 예수 앞에 너희가 아니냐 너희는 우리의 영광이요 기쁨이니라"(살전 2:19-20).

주중에는 과로하여 지칠 수도 있으나 예배를 통해 다시금 새 힘을 공급받는다. 깨끗케 하시는 하나님의 말씀을 통해 우리는 다시금 주님과 다른 이를 위해 흔쾌히 손길을 펼칠 수 있다. 이것이 우리의 목숨이다. 말씀을 통해 깨끗함을 회복하는 것, 주님과 다른 이들을 향해 늘 깨끗하고 열린 마음을 유지하는 힘, 주님과 다른 이들과 더불어 때로는 연약한 모습 그대로, 때로는 원기를 공급해 주면서 생명을 나누는 관계로 나아가는 능력, 이것이야말로 남을 위해 목숨을 내어 놓으라는 우리를 향한 주님의 부르심이다!

우리는 지금 막 기름부음이 넘치는 예배를 마치고 나오면서 새롭고 정결케 되었을 수 있다. 마치 감미로운 주님의 방송 프로그램을 청취하려고 잡음을 깨끗이 제거한 라디오처럼 말이다. 그러나 예배를 마치자마자 곧장 흥미로운 소문거리를 전해 줄 형제자매들에게 달려가고 있을지도 모른다! 이때는 결단이 필요한 순간이다.

자신이 다시 의롭게 된 사실만을 고집하면, 다음과 같은 유혹에 빠질 수도 있다. "하나님이여 나는 다른 사람들 곧 토색, 불의, 간음을 하는 자들과 같지 아니하고 이 세리와도 같지 아니함을 감사하나이다." 이 부분에 '**험담하는 자**'를 삽입하는 건 어떨까? "나는 이레에 두 번씩 금식하고 또 소득의 십일조를 드리나이다"(눅 18:11-12). "주님께서 저를 깨끗이 씻어 주셨어요. 계속 이 상태로 머물고 싶어요." 그리고는 상대방에 대한 관심을 꺼버리고 거부한다. 형제자매들에게 매몰차게 대한다. 이는 결코 갈릴리 바다와 같은 자세가 아니다. 사해와 같은 태도이다. 갈릴리 바다는 산기슭에서 내려오는 깨끗한 물을 받아다가 아래에 있는 모든 골짜기로 흘려보낸다. 사해는 요단강에서 흘러 들어오는 물을 받아들이기만 할 뿐 조금도 내어 보내지 않는다. 우리는 고여 있는 물처럼 된다. 자기 목숨을 보존하려는 자는 잃을 것이고, 잃고자 하는 자는 보존할 것이라는 진리를 깨닫지 못했기 때문이다.

우리는 훨씬 더 나은 결단을 할 수도 있다. "주님, 이 아이는 상처를 가지고 있어요. 상처만 없었다면 남에게 상처를 주지도 않았을 거예요. 저의 마음과 영을 활짝 열고 그와 하나가 되겠어요. 주님께서 제 안에 있는 겟세마네를 통과하셔서 그의 아픔을 직접 가져가 주세요. 그리하여 그를 자유케 해주세요."

예수님은 겟세마네 동산에서 깊은 기도에 들어가셨다. 신인(God-man: 반은 하나님이고 반은 인간이라는 뜻이 아니라, 완전한 하나님이요 완전한 인간이었다는 뜻)이신 주님께서 시공을 초월하여 우리의 타락과 의심과 두려움과 질투와 미움이 되셨다. 예수님은 당시에 살던 사람들과 그 이전에 살던 사람들, 또한 앞으로 이 땅에 태어날 모든 인간 속에 있는 온갖 죄가 되셨다. 이 일은 주님을 너무나도 지치게 만들었다. 혈관은 파열되고 땀은 핏방울같이 되어 흘러내렸다(눅 22:44). 의학적으로 볼 때 주님은 거의 죽음 직전의 상태였다! 성부 하나님은 천사를 보내셔서 예수님께 힘을 북돋워 주셨다(눅 22:43). 피곤에 지친 베드로, 야고보, 요한은 내내 잠에 빠져 있었다(마 26:40-45).

다음과 같은 사실을 생각해 보자. 예수님은 하늘을 떠나 이 땅에 오실 때 **한** 인간(a man)이 되셨다. 예수님은 스스로 **한** 개인(one individual)으로 머물러 계셨다. 그러나 겟세마네 동산에서 주님은 **인류**(mankind)가 되셨다. 겟세마네 동산에서의 그 고통의 시간이 없었던들, 예수님의 십자가상의 죽음은 어쩌면 아무 의미가 없었을지 모른다. 본보기가 되지 못했을 것은 말할 나위도 없고, 아무런 감동도 줄 수 없는 혼자만의 죽음으로 끝났을지 모른다. 그러나 주님은 **우리와 같이** 되심으로 마땅히 우리가 받았어야 할 형벌을 최초로 십자가상에서 대신 받으셨다. 마땅히 우리가 짊어졌어야 할 짐을 짊어지시기 위해 주님은 우리의 죄가 되셔야 했다.

용서는 하나님께서 죄를 간과하신다는 뜻이 아니다. 예수님은 율법을 완성하러 오셨지, 폐하러 오지 않으셨다(마 5:17). 주님은 기도의 동산에서 우리와 같이 되는 경험을 이미 통과하셨기에, 마땅히 형벌 받을 온 인류에 대한 율법의 요구를 십자가상에서 완성할 수 있으셨다. 주님은 우리와 상관없이 우리의 죄의 대가만 거두어들일 수는 없으셨다. 이는 율법의 작용 방식과는 거리가 멀다. **우리가 받아야 할 것을 대신 받기 위해 주님은 반드시 우리와 같이 되어야 하셨다.**

겟세마네는 단지 충분한 기도로 두려움을 극복하기 위해 우연히 마련된 장소가 아니었다. 십자가상의 죽음으로써 구속사역을 성취하는 일에 있어 겟세마네는 반드시 있어야 할 필수 요소였다! 우리를 위한 대가를 치를 능력이 바로 겟세마네의 경험을 통해 나왔다. 주님은 더 이상 한 사람의 고독한 성인(saint)으로 머물러 계실 수만은 없었다. 주님은 **우리 모두를 위해 우리 모두와 같이 되셔야만 하셨다.** 그렇지 않을 때, 십자가는 이제까지 그와 유사한 죽음을 경험한 무수한 사람들의 경우와 별반 다르지 않았을지도 모른다.

비록 주님 자신은 하나님이셨지만, 오직 **우리와 같이 되실 때에라야** 우리를 구속할 수 있으셨다. **우리 모두와 같이 되실 때에만 우리 모두의 죄를** 담당할 수 있으셨다. 겟세마네에서 주님께서 이루신 일은 공감적 동일시였다. 이것이 바로 십자가 사건을 진정으로 의미 있게 만든 짐 지기 사역이었다.

단순히 올바른 신학을 정립하고자 이렇게 상세히 설명하는 것은 아니다. 짐 지기 사역에 부름 받은 자들이라면 겟세마네에서 이루신 주님의 사역을 잘 이해해야 한다. 이는 그들의 가장 중대한 소명이요 사역이다. 우리는 주님의 길을 예비해야 한다(사 40:3, 마 3:3).

우리는 어떻게 주님의 길을 예비할 수 있는가? 주님의 길을 예비한다는 것은 과연 무엇인가? 설교, 가르침, 회개 등 많은 것들이 있다. 그러나 마음에서 이루어지는 짐 지기야말로, 가장 일차적이고 필수적인 **준비**이다.

'**준비**'에 관해 생각해 보자. 궁극적으로 모든 개인은 각각 스스로의 고백을 주님께 드려야 한다. 그러나 스스럼없이 고백할 마음의 상태가 되지 않은 사람은 어떻게 해야 할까? 예수님은 자발적인 마음을 통해서만 우리에게 다가오시는 분이지 않는가? 누가 자신 안에 계신 예수님으로 하여금 형제자매의 죄를 동일시하시도록 허락해 드리겠는가? **이렇게 할 때 비로소 예수님은 죄로 인해 감금되어 있는 그 형제자매들을 십자가로 이끌어 자유케 하실 것이고, 마침내 그들도 자유롭게 고백하는 단계에 이르게 될 것이다.**

주님을 초청하여 우리의 몸을 통해 주님께서 다른 이의 죽음을 십자가로 끌어당기시도록 허용해 드리는 것, 이것이 '주님의 십자가를 지는 일'이요, 주님의 제자가 되는 길이다(눅 14:27).

짐 지기 사역에 동참하는 동안에는 어쩌면 이전처럼 늘 좋은 기분만 들지는 않을 수도 있다. 형제의 상처로 인해 우리도 상처를 입는다. 두려움에 사로잡힌 자매로 인해 우리도 덜덜 떤다. 친구들의 분노로 함께 씨름한다. 동료들을 괴롭히는 질투와 싸움을 벌인다. 자신은 이미 오래전에 극복했노라고 여기는 의심들로 인해 괴로움을 겪는다. 주님 앞에서 유창하게 하던 말을 일시적으로 잃어버릴지도 모른다. 말을 자꾸 더듬고 죄책감과 무가치함에 압도당할 수도 있다. 형제의 죽음이 실제로 우리 안에 그대로 존재하면서 우리의 마음과 생각에 영향을 미친다.

이로써 우리의 믿음은 증대된다. 우리는 생생한 경험을 통하여 하나님의 살아계심과 하나님께서 더할 나위 없는 축복을 베풀어 주시는 분임을 터득한다. 주님의 달콤한 임재가 고통을 덮어 주시고, 고통으로 인해 우리는 이전에 느꼈던 '황홀감'보다 훨씬 더 친밀한 사귐을 주님과 더불어 누리게 된다. 날이면 날마다 거듭하여 자신의 생명을 버리고, 버린 만큼 다시 생명을 얻는다. 이로써 우리는 더 이상 감정에 의존하지 않게 된다. 우리는 신념 그 이상을 알게 된다. 우리는 우리의 삶이 주님께 속해 있음을 **안다**.

짐 지는 자는 로마서 12장 1절의 말씀에 순종하는 자이다. "그러므로 형제들아 내가 하나님의 모든 자비하심으로 너희를 권하노니 너희 **몸**을 하나님이 기뻐하시는 거룩한 산 제물로 드리라 이는 너희가 드릴 영적 예배니라." 짐 지는 자들은 이 말씀의 의미를 내면 깊은 곳으로부터 깨닫는 자들이다. 주님께서 산 제사로 드리라고 하신 것은 우리의 마음이나 영이 아니라 몸이었다. 몸 안에 생각도, 마음도, 영도 들어 있다. '종일 수고하며 더위를 견디는 것(마 20:12)'도 몸을 통해서만 가능하다.

짐 지는 자들은 "**너희가 드릴 영적 예배**(your spiritual service of worship)"라는 구절이 얼마나 큰 축복의 의미를 담고 있는가를 경험을 통해 끊임없이 깨달아 간다. 드린다(봉사, service)는 것과 예배(worship)가 어떤 관련이 있는가에 주목하라. 주님의 몸 된 교회는 마치 버릇없는 어린아이처럼 아버지의 무릎 위에 앉아 있는 것만 좋아할 때가 많다. 그리고 그렇게 해야 아버지의 마음이 기뻐하실 것이라고 말한다. 그러나 성부 하나님께서는 주님의 정원도 손질하고 성전도 청소한 뒤에 새 힘을 얻기 위해 아버지의 무릎에 안기는 자녀들을 더 좋아하셨는지도 모른다. 짐 지는 수고 자체가 **우리의 드릴 영적 예배이다.**

폴라와 내가 3년간 매일 밤마다 동일하게 드린 기도가 있다. 우리의 기도에 대해 아마 주님은 처음 들으셨을 때만큼 신경을 쓰지는 않으셨을지도 모른다. 그러나 우리 몸을 이루는 모든 세포는 그 기도 소리를 들으며 받아들였을 것이다. "주님, 우리의 마음, 생각, 몸, 혼, 영, 과거, 현재, 미래, 야망, 소명 모두를 주님께 드립니다. 우리는 주님의 것입니다. 주님께서 원하시는 대로 마음껏 사용해 주십시오. 낮이든 밤이든 언제든지 영원토록 우리에게 어떤 짐이라도 지워 주십시오." 주님께서 우리의 귀를 뚫으셨다. 우리는 영원히 주님의 것이다(출 21:5-6).

우리의 승인을 얻은 주님은 밤이건 낮이건 언제나 자유롭게 우리에게 주님의 짐을 얹어 주신다. 때로 폴라는 이렇게 묻는다. "혹시 최근 무렵부터 뭔가 짓눌리거나 두려운 느낌이 들지 않으셨어요?" 그러면 나는 대답한다. "그럼, 느끼고 있었지." 이제 우리 부부는 함께 기도에 돌입한다. 주님께서 우리에게 누구의 짐을 짊어지게 하셨는지, 그 짐을 어떻게 해야 하는지 깨달음을 주실 때까지 말이다.

나는 폴라에게 이렇게 말하기도 한다. "당신 요즘 자꾸만 화를 더 많이 내고 있다는 사실을 아오? 화낼 이유는 아무것도 없지 않소." 그녀가 내 말에 동의하는 순간(우리 부부는 늘 거의 동시에 동일한 부담을 느낀다) 우리는 기도를 시작한다.

때로는 숨도 쉴 수 없을 만큼 가슴이 미어지는 슬픔을 느끼기도 한다. 이것은 주님께서 그분의 몸 된 교회를 향해 느끼시는 슬픔이다. 주님은 지금 누군가 또 한 명의 나사로의 무덤 앞에 서 계신다. 그 사람은 무덤처럼 악취 나는 상황 속에서 죽은 지 나흘 이상이 되었다. 주님께서 그 사람을 향해 살아서 나오라고 외치시기 전에 울고 계신다(요 11장). 주님의 구속 사역에 동참할 수 있다는 것은 매우 기쁜 일이다. 누군가의 짐을 짊어지는 일에는 주님께서 주시는 흔들리지 않는 평안과 행복감이 늘 함께 한다.

형제의 죽음을 대신 짊어지는 일을 통해 우리가 성취할 수 있는 것은 정확히 무엇일까? 짐 지기는 마음과 마음을 연결시켜 주는 문이다. 예수님께서는 이 문을 통과해 들어가셔서 구원을 이루신다. 이 땅에 사는 동안 우리와 형제는 하나이다. 정중하신 우리 주님은 우리의 기도로 허락을 받고 나서야 형제에게 다가가신다.

혹자는 이렇게 물을지 모른다. "도대체 예수님은 왜 이 세상에 오신 건가요? 왜 주님은 하늘로부터 오셔서 모든 죄와 사탄을 단번에 쓸어버리지 않으셨을까요?" 가장 적절한 해답은 바로 '자유의지'일 것이다. 주님은 인간에게 가까이 다가오시기 위해 우리 중의 하나가 되셔야만 하셨다. 내 형제가 자유의지를 가졌다는 것은, 달리 말해 우주의 모든 능력을 소유하신 주님조차도 그 형제의 삶에 마음대로 다가가지 못하신다는 뜻이다. 주님은 이미 하늘로 올라가셨지만, 주님의 몸 된 교회는 여전히 이 세상에 남아 있다. 우리 주님은 동료로서 내 마음이 내 형제의 마음과 하나 된 만큼 그를 향한 구원 사역을 시작하신다. 그의 문제가 얼마나 심각한지는 조금도 상관이 없다.

성령은 멈춰야 할 지점들을 잘 알고 계신다. "너희가 짐을 서로 지라"는 갈라디아서 6장 2절의 말씀뿐 아니라, "각각 자기의 짐을 질 것이라"는 갈라디아서 6장 5절의 말씀도 잘 아신다. 나의 형제가 스스로 주님을 초청하고 자기의 짐을 스스로 져야 할 지점에 이르렀을 때, 성령께서도 짐 지기를 중단하신다. 그러나 내 마음은 주님께서 내 형제의 마음에 들어가시도록 길을 예비한다. 구속의 효과를 누리지 못한 채 무참히 실패할 수밖에 없는 형제의 짐을 지는 것이다. 그 형제가 예수님 안에서 자유로이 설 수 있을 때까지 나는 계속해서 그의 짐을 함께 나눈다.

"만일 한 지체가 고통을 받으면 모든 지체가 함께 고통을 받고 한 지체가 영광을 얻으면 모든 지체가 함께 즐거워하느니라"(고전 12:26). 이 말씀은 결코 시적 표현이 아니다. 사도 바울은 더불어 사는 인간 존재의 현실을 서술하고 있을 뿐이다. 우리는 공동체적인 존재이다. 이웃과 더불어 살아가는 한 우리의 즐거움과 슬픔은 그치지 않을 것이다. "**이 의인이 그들 중에 거하여 날마다** 저 불법한 행실을 보고 들음으로 그 **의로운 심령이 상함이라**"(벧후 2:8).

짐 지는 이들이 상처를 떠안는 것은 단순히 상처를 가진 사람과 함께 살고 있기 때문만은 아니다. 이들은 "그들 중에 거하여" 우연히 떠안게 되었을 분량보다 훨씬 더 많은 것을 의식적으로 받아들인다. 다시 말해 그들은 주님께 넘겨 드릴 상처를 열심히 찾아다니는 사람들이다.

짐 지는 수고를 한 자에게는 몇 가지 특별한 보상이 따른다. 우리 모두는 예수님과 함께 살고 싶어 한다. 우리의 찬송은 영원히 주님과 함께 사는 것을 찬미한다. 그러나 영원에 이를 때까지 어떻게 해야 주님 안에 살면서 많은 열매를 맺을 수 있을까?(요 15:4) 예수님께서 가시는 곳에 우리도 따라가야 한다. 예수님은 생명의 물이시다. 물은 아래로 흐르기 마련이다. 주님께서 계신 곳에 머물기 원한다면, 주님께서 늘 어디로 가시는지를 알아내야 한다. 주님은 가장 낮은 곳으로 가신다. 그곳은 고난, 상처, 두려움, 죽음, 수치의 장소이다!

짐 지는 자들은 다른 이들 안에서 주님과 **함께** 고통을 당함으로써 참으로 주님과 함께 한다는 것이 무엇인지 알게 된다. 예수님은 이제 산타클로스가 되는 일을 중단하신다. 단순히 그들의 이기적인 삶을 위해 좋은 선물이나 조달하는 수단이 되시기를 거절하신다. 주님은 그들의 생명이 되신다. 주님은 그들을 위해 쏟아부은 바 되셨다.

짐 지는 이들은 사실 예수님과 함께 머무는 특권을 부여받은 자들이다. 그리스도의 구속 사역은 짐 지는 이들 안(in)에서, 짐 지는 이들을 통하여(through) 지속된다. 짐 지는 자들 안에서 성부 하나님의 기쁘신 뜻을 따라 행하시는 분은 바로 주님이시다. 이들은 결코 주님과 분리될 염려가 없다(빌 2:13). 이들은 결코 순간적인 감정에 의하여 주님의 임재 혹은 주님의 가까이 오심을 판단하지 않는다. 이들은 매일 주님과 함께 일하고 있기에 자신들이 이제까지 믿어 온 주님을 너무도 **잘 알고 있다**.

짐 지는 이들은 십자가에 못 박히는 경험을 통해 훨씬 더 신속한 성화를 이루어 간다. 일단 주님께서 내 마음의 한 영역을 이미 다루어 주신 후에 내가 형제 안에 있는 이와 동일하거나 유사한 영역을 동일시한다면, 나는 투명함 그 자체이다. 마땅한 일이지만, 이때 멍에는 쉽고 짐은 가볍다(마 11:30). 형제의 짐은 아무런 방해도 받지 않고 나를 통과하여 십자가로 나아간다.

그러나 내가 형제 안에 있는 어떤 죄악된 요소를 동일시한다고 하면서 여전히 그와 유사하거나 동일한 죄를 나의 육체적 본성 안에 그대로 가지고 있다면, 나는 그 '오물' 속에 빠져 버리고 만다! 더 이상 내 형제의 상처와 죄는 쉽고 가볍게 나를 통과하여 십자가로 나아가지 못한다.

이제 형제의 죄가 나의 마음을 무겁게 짓누른다. 이때는 바로 나 자신의 죄악과 직면하는 순간이다. 이런 일은 너무나도 흔하게 일어난다. 이럴 때마다 나는 별 수 없이 십자가 위로 내 자신의 죽음을 가져가야 한다. 형제의 죄가 제자리걸음 치면서 십자가로 나아가지 못하고 있는 그 영역에 대해, 마치 나 자신만은 책임을 면제받은 양 스스로 속거나 자축하고 있을 수만은 없다. 이와 같이, 다른 이의 죽음을 짊어짐으로 나의 목숨을 내려놓는 일에는 언제나 나 자신의 고백과 죽음도 수반된다.

짐 지기 사역을 하는 이들은 이제껏 한 번도 이 사역에의 부르심에 응답하지 못한 이들에 비해 예수님을 훨씬 더 많이 알아간다. 남의 짐을 더 많이 짊어질수록 죄의 무게와 무서움에 대한 느낌도 점점 증대된다. 또한 현재의 우리의 삶이 있기까지 주님께서 얼마나 많은 대가를 치러 주셨는지 깨닫기 시작한다! 우리는 매순간 실제로 구원을 베풀어 주시는 예수님의 사랑을 문자 그대로 이해한다.

만에 하나 예수님께서 성부 하나님 앞에서 중재자로서의 역할을 중단하시기라도 한다면, 지구는 인류의 죄의 무게로 인해 30초 이내에 멸망할지도 모른다! 주님께 대한 사랑과 경외감이 우리의 마음을 온통 사로잡는다. 주님께서 허용하시는 범위 내에서 조금이나마 다른 사람을 위해 당하시는 주님의 고난을 직접 맛보지 않는다면, 모든 인간의 생애 매순간마다 지속적으로 구속적 고난을 당하시는 주님의 은총에 진정으로 감사한다는 것은 어쩌면 불가능할지 모른다!

이와 관련하여 사도 바울은 너무도 멋진 표현을 사용하고 있다.

또한 모든 것을 해로 여김은 **내 주 그리스도 예수를 아는 지식이 가장 고상하기 때문이라** 내가 그를 위하여 모든 것을 잃어버리고 배설물로 여김은 그리스도를 얻고 그 안에서 발견되려 함이니 내가 가진 의는 율법에서 난 것이 아니요 오직 그리스도를 믿음으로 말미암은 것이니 곧 믿음으로 하나님께로부터 난 의라 **내가 그리스도와 그 부활의 권능과 그 고난에 참여함을 알고자 하여 그의 죽으심을 본받아** 어떻게 해서든지 죽은 자 가운데서 부활에 이르려 하노니 (빌 3:8-11)

누군가 예수를 안다고 말하는 자가 있는가? 사도 바울도 예수를 알았다. 그러나 단순한 지식 이상의 것이 존재한다. 사도 바울은 무엇보다도 거저 주어지는 영생에 관해 많은 설교를 한 사람이었다. 그런데 여기서 바울은 "어떻게 해서든지 죽은 자 가운데서 부활에 이르려 한다"고 말한다. 이 구절에서 사도 바울은 천국에 들어가는 일을 말하는 것이 아니다. 단순히 천국 가는 일은 예수님을 영접하는 것으로 족하다. 단순히 예수만 믿으면 영원한 본향에 들어갈 수 있다. 그 밖에 달리 필요한 것은 없다.

이 본문에서 사도 바울은 부활 생명의 충만함에 관해 이야기한다! 바울은 계속해서 14절에서 뒤에 있는 모든 것은 잊어버리고 "그리스도 예수 안에서 하나님이 위에서 부르신 부름의 상을 위하여 달려가고 있다"고 말한다. 너무나 많은 그리스도인들이 동일한 목표점에 도달하기 위해 최선을 다해 애써 온 것은 사실이다. 그러나 이들은 한 번도 개인의 완전을 위한 자기중심적인 노력의 테두리를 벗어난 적이 없었다. 이들의 수고의 결말은 바리새인 같은 위선이요, 비극일 수밖에 없다!

짐 지는 자들은 생명의 비밀을 안다. 이들은 생명을 버리면 다시 얻게 된다는 진리를 안다. 이들은 하나님의 성을 기쁘게 하는 시내의 충만함 속에서 헤엄치는 자들이다(시 46:4). 자기 생명을 구하려고 열심히 노력하는 사람은 결국 생명을 잃는다.

짐 지는 이들은 남의 짐에 너무나 골몰한 나머지 자신에 대해서는 깡그리 잊어버린다. 예수의 생명은 이들에게서 흘러나오는 것보다 훨씬 더 빨리 이들을 채우고 새롭게 한다. 엘리야의 임무를 다하느라 쏟아 부은 이들의 기름병은 결코 고갈되는 법이 없다. 왜냐하면 이들은 예수님의 삶의 방식대로 살아가고 있기 때문이다. 이들은 '지금, 여기에서' 부활 생명의 감미로움을 맛보기 시작한다.

궁극적으로 짐 지는 이들에게 주어질 훨씬 즐거운 보상이 있다. 이들은 성부 하나님을 알되 예수님께서 성부 하나님을 아신 것처럼 알게 된다. 이제 성부 하나님께서 그들의 마음속에 거하신다(여기서 《엘리야의 임무》[The Elijah Task] 9장과 몇 개의 테이프에 실린 간증을 다시 한 번 소개하려고 한다. 이 이야기는 짐 지는 이들이 추구해야 할 최고의 선[善]이며, 짐 지기에 관한 텍스트로서 최상의 결정체이다).

어느 날 밤의 일이다. 나(존)는 스포캔을 출발하여 고속도로를 타고 혼자서 운전하며 집으로 향하고 있었다. 그때 누군가가 내 어깨를 가볍게 툭 쳤다. 매우 실제적인 느낌이었다. 주님이셨다.

"존!"

"예, 주님."

"네가 어떤 분을 좀 만나 봤으면 한다."

"예, 주님."

"나의 아버지를 좀 만나 보렴."

"예, 주님."

바로 다음 순간 주님의 임재가 온통 나를 덮쳐왔다. 그것은 가장 멋지고 은혜롭고 부드러우며 안전하고 평안한 임재였다. 이전에도 이와 같은 경험을 한 적이 있었다. 사람은 찰나의 순간에도 숱한 일들을 깨닫는다. 나는 이 경험이 단순히 통과의례적인 사건이 아니라는 사실을 깨달았다. 성부 하나님께서 내 안에 머무시기 위해 들어오신 사건이었다. 동시에 나는 성부 하나님께서 이제까지 내가 구약성경을 통해 유치하게 이해해 온 하나님과는 전혀 다른 분임을 깨달았다. 내가 이제껏 알고 있던 성부 하나님은 아말렉 사람들을 전멸하지 않은 사울 왕을 향해 몹시 분노하시는 분이셨다(삼상 15장). 그러나 성부 하나님은 더할 나위 없이 부드럽고 인자하셨다.

그 순간 나는 이제는 더 이상 내 삶에서 전쟁이나 무언가를 찾아 헤매는 일은 끝이 났음을 알게 되었다. 그때부터 성부 하나님이 나를 소유하기 시작하셨다. 이보다 더 멋진 일은 없었다. 나는 안전과 안식과 평안을 느꼈다. 운전대를 꽉 쥐고 있는 것 외에 달리 아무 일도 할 수가 없었다. 다만 고속도로가 한산할 때 방문해 주신 하나님의 지혜에 감사할 따름이었다. 내 입에서는 끊임없는 외침이 터져 나왔다. "오, 아버지!" 사도 바울의 말씀이 **그제야 깨달아졌다**. "너희는 … 양자의 영을 받았으므로 우리가 아빠 아버지라고 부르짖느니라"(롬 8:15).

당시 나는 2주 동안 주체할 수 없는 성부 하나님의 사랑스런 임재 속에 압도당해 있었다. 그제야 비로소 여러 성경구절의 의미가 이해되었다. "하나님은 **사랑이심이라**"(요일 4:8). "하나님은 빛이시라 그에게는 **어둠이 조금도 없으시다는 것이니라**"(요일 1:5). "온갖 좋은 은사와 온전한 선물이 다 위로부터 빛들의 아버지께로부터 내려오나니 **그는 변함도 없으시고 회전하는 그림자도 없으시니라**"(약 1:17).

사실 그 일이 있기 전까지만 해도 나는 외관상 선해 보이는 막다른 골목길들을 헤집고 다니고 있었다. 혼동을 불러일으키는 수많은 신비적인 경험들로 인해 골치도 썩고 있었다. 따라서 이번의 경험이 아무리 확실하고 굉장한 선물이라 할지라도, 주님께서 먼저 성경을 통해 확실한 증거를 보여주시기 전까지는 취하고 싶지 않았다. 주님께서 응답하셨다. "존, 요한복음 14장 21절을 찾아보렴." 주님은 단순히 성경의 장절을 언급해 주셨다(주님께서 성경을 아시다니, 정말 놀랍지 않은가)! "나의 계명을 지키는 자라야 나를 사랑하는 자니 나를 사랑하는 자는 내 아버지께 사랑을 받을 것이요 나도 그를 사랑하여 그에게 나를 나타내리라." 바로 지금까지 우리가 가르쳐 온 내용이었다.

주님의 계명이란 친구를 위해 우리의 목숨을 내어놓는 것, 다시 말해 주님께서 우리를 사랑하셨듯이 우리도 이웃을 사랑하는 것이다! 주님은 이 말씀을 통해 성부 하나님과의 특별한 관계에 들어가기 위한 필수적인 선결 조건은 바로 짐 지는 일이라는 사실을 덧붙이고 계셨다. 예수님도 말씀하셨다. 주님의 고난을 이웃과 함께 나눔으로써 갈라디아서 6장 2절의 계명을 실천하는 자는 실제로 주님을 알게 될 것이라고 말이다. 이런 자에게 주님은 자신을 계시하신다.

고집스럽게도 나는 이렇게 말했다. "주님, 이것만으로는 불충분해요!"

"요한복음 14장 23절을 찾아보렴." 주님은 또 한 군데의 성경구절을 말씀해 주셨다. "사람이 나를 사랑하면 내 말을 지키리니 내 아버지께서 그를 사랑하실 것이요 **우리가** 그에게 가서 **거처를** 그와 함께하리라." 이 말씀은 나에게 실제로 일어난 사건이었다! 내 마음은 한없이 부풀어 올랐고, 머릿속은 빛으로 가득 차 터질 듯했다. 나는 생각했다. "오, 알겠어요, 이젠 알겠어요. 왜 이 사실을 이전에는 전혀 몰랐을까요?" 나는 이전보다는 조금 더 겸손하게, 그러나 여전히 단호한 자세로 주님께 말씀드렸다. "그런데, 주님! 아직도 충분치가 않아요." 이번에는 주님께서 에베소서 3장 14-19절의 말씀 전체를 인용하셨다.

이러므로 내가 하늘과 땅에 있는 각 족속에게 이름을 주신 아버지 앞에 무릎을 꿇고 비노니 그의 영광의 풍성함을 따라 그의 성령으로 말미암아 너희 속사람을 능력으로 강건하게 하시오며 믿음으로 말미암아 그리스도께서 너희 마음에 계시게 하시옵고 너희가 사랑 가운데서 뿌리가 박히고 터가 굳어져서 능히 모든 성도와 함께 지식에 넘치는 **그리스도의 사랑을 알고** 그 너비와 길이와 높이와 깊이가 어떠함을 깨달아 **하나님의 모든 충만하신 것으로 너희에게 충만하게 하시기를** 구하노라

여전히 성부 하나님의 임재를 느끼며 차를 천천히 운전해 가는데, 예수님께서 나에게 다음과 같은 사실을 가르쳐 주셨다.

"존, 네가 나를 주님이요 구세주로 영접했을 때, 나와 성부 하나님, 성령 하나님은 모두 함께 네 안으로 들어갔단다. 네 안에 세 분이 내재하게 된 것이지. 얼마 지나지 않아 너는 겉으로 드러나는 성령 체험이 필요

하다는 사실을 깨닫게 되었단다. 하지만 내가 성령과 함께 너에게 온 정확한 목적을 말하자면, 바로 너를 회복시켜 나의 아버지께 돌려드리기 위해서다! 이 일을 위해 내가 왔다. 너에게는 겉으로 드러나는 성부 하나님 체험도 필요했단다. 이것이 바로 너를 비롯한 모든 이들이 '하나님의 모든 충만하신 것'으로 들어가는 방법이란다."

그때 말씀 한 구절이 떠올랐다. "나를 보내신 아버지께서 이끌지 아니하시면 아무도 내게 올 수 없으니"(요 6:44). 연이어 또 하나의 말씀이 생각났다. "나로 말미암지 않고는 아버지께 올 자가 없느니라"(요 14:6). 나를 성부 하나님께로 이끌어 주신 분은 바로 성자 예수님이셨다. 또한 예수님은 짐 지기란 결코 어쩌다가 그 낯설고 힘든 은사를 받은 몇몇 전문가들만의 사역이 아니라고 말씀하셨다. 짐 지기 사역은 모든 그리스도인들에게 주어진 소명이요 부르심이다. 성부와 함께하는 삶의 충만함 가운데 들어가기를 원하는 모든 그리스도인에게 반드시 필요한 것이 바로 짐 지기이다!

그 경험 이래 나는 줄곧 훨씬 더 깊은 평안과 안식을 누리며 살고 있다. 성부 하나님께서 나를 소유하고 계심을 나는 잘 알고 있다. 더 이상 무언가를 찾아 헤매는 일은 끝났다. 설사 내가 넘어질지라도 성부 하나님께서 다시 일으켜 세워 주실 것임을 나는 안다. 나는 능력의 근원을 알고 있다. 예수님은 말씀하셨다. "내가 너희에게 이르는 말은 스스로 하는 것이 아니라 아버지께서 내 안에 계셔서 그의 일을 하시는 것이라"(요 14:10).

성부 하나님께서 예수님을 보내셨고, 예수님은 우리 모두를 보내신다. 성부 하나님께서 예수님 안에서 일하시고, 예수님이 내 안에서 일하신다. 더 이상 나는 무언가 일이 되게 하려고 애쓸 필요가 전혀 없다. 이는 성부 하나님의 일이요, 그분의 책임이다. 언제나 변함없이 최고로 자비로우시고 부드러우시며 안전하시고 사랑스러우신 성부 하나님을 즐겁게 섬기는 것(serving), 이것이 바로 나의 일이다.

짐 지기는 충만한 삶으로 가는 지름길이다. 성부 하나님의 집에 들어가는 것은 결코 우연히 성취되지 않는다. 그저 구원받은 사실에만 만족하고 있어서는 안 된다. 섬김(service)이 없는 예배(worship)에 대한 선지자의 외침을 들어보라.

너희가 내 앞에 보이러 오니

이것을 누가 너희에게 요구하였느냐

내 마당만 밟을 뿐이니라

헛된 제물을 다시 가져오지 말라

분향은 내가 가증히 여기는 바요

월삭과 안식일과 대회로 모이는 것도 그러하니

성회와 아울러 악을 행하는 것을 내가 견디지 못하겠노라

내 마음이 너희의 월삭과 정한 절기를 싫어하나니

그것이 내게 무거운 짐이라

내가 지기에 곤비하였느니라

너희가 손을 펼 때에 내가 내 눈을 너희에게서 가리고

너희가 많이 기도할지라도 내가 듣지 아니하리니

이는 너희의 손에 피가 가득함이라

너희는 스스로 씻으며 스스로 깨끗하게 하여

내 목전에서 너희 악한 행실을 버리며 행악을 그치고

선행을 배우며 정의를 구하며

학대 받는 자를 도와주며

고아를 위하여 신원하며

과부를 위하여 변호하라 하셨느니라

(사 1:12-17)

폴라와 내가 자신 있게 말할 수 있는 것이 있다. 우리는 이 사실을 25년 이상의 상담사역을 통해 깨닫게 되었다. 인간의 삶 속에 발생하는 온갖 죄로 인한 고통의 이면에는 가장 핵심적인 죄가 자리하고 있는데, 그것은 바로 자기중심적인 이기주의이다! 여기서 이기주의란 단순한 인색함을 의미하지는 않는다. 관대하고 남에게 잘 베푸는 사람일지라도 여전히 자기중심적일 수 있다. 예수의 생명을 흘려보내는 성령께 기원을 둔 봉사가 아니라, 자신이 이웃을 사랑하는 사람이라는 생각에 바탕을 둔 봉사일 때 그러하다.

자기중심적인 이들이 선한 행위를 하는 것은 주님의 부르심 때문이라기보다는 오히려 자기 안에 가지고 있는 이미지를 충족시키려는 욕구 때문이다. 이런 행위는 아무리 선해도 도움이 되지 못하고, 오히려 상대방을 힘들게 한다.

자기중심적인 이기주의는 존재의 중심부로서 끈질기게 남아 있다. 죄가 씻음 받은 후에도, 죄성이 최초의 치명적 타격을 입은 후에도, 심지어 짐 지기 사역에 목숨을 내어 놓기 시작한 후에도 오래도록 남아 있는 것이 이 자기중심적인 이기주의이다! 구원은 하나의 과정이다. 신분적인 구원받음에서 시작하여 회심으로 마무리된다. 그러나 우리는 계속해서 두려움과 떨림으로 구원을 이루어 나가야 한다.

> 그러므로 나의 사랑하는 자들아 너희가 나 있을 때뿐 아니라 더욱 지금 나 없을 때에도 항상 복종하여 **두렵고 떨림으로 너희 구원을 이루라** (빌 2:12)

> 그러므로 너희가 이제 여러 가지 시험으로 말미암아 잠깐 근심하게 되지 않을 수 없으나 오히려 크게 기뻐하는도다 너희 믿음의 확실함은 불로 연단하여도 없어질 금보다 더 귀하여 예수 그리스도께서 나타나실 때에 칭찬과 영광과 존귀를 얻게 할 것이니라 예수를 너희가 보지 못하였으나 사랑하는도다 이제도 보지 못하나 믿고 말할 수 없는 영광스러운 즐거움으로 기뻐하니 **믿음의 결국 곧 영혼의 구원을 받음이라** (벧전 1:6-9)

짐 지기 사역은 반드시 꾸준히 행해져야 한다. 어쩌다가 우연히 생각날 때마다 한 번씩 하는 일이 되어서는 안 된다. 무의식적이고 자동적으로 이루어지는 삶의 방식이 되어야 한다. 이렇게 될 때 비로소 제대로 된 짐 지기 사역이 가능하며, 짐 지기에 몰두하는 만큼 자기중심적 본성을 극복하고 자유해질 수 있다.

사도 바울의 말씀을 기억하자. "우리가 시작할 때에 확신한 것을 끝까지 **견고히 잡고 있으면** 그리스도와 함께 참여한 자가 되리라"(히 3:14). 주님의 몸 된 교회는 이제까지 이 말씀의 의미를 이를 악물고서라도 끝까지 믿음을 지켜야 한다는 것으로 이해해 왔다. 여기서 사도 바울은 그 이상의 의미를 말하고 있다. 바울은 이 구절을 4장의 맥락 안에서 기록했다. 히브리서 4장은 **주님의 안식**에 들어가는 것에 관해 이야기한다. "이미 그의 안식에 들어간 자는 하나님이 자기의 일을 쉬심과 같이 **그도 자기의 일을 쉬느니라**"(10절).

자기중심적인 본성을 가진 우리가 반드시 가장 먼저 내려놓고 멈추어야 할 일은 과연 무엇일까? 우리는 스스로 자기상(self-image)을 형성해 두고, 이를 방어하고 이를 위해 살아가고자 끊임없이 애쓰고 노력하는 일을 내려놓아야 한다! 그리스도 안에 확신을 가지고 꾸준히 짐 지기 사역을 하다가 도저히 더 이상은 피곤해서 못하겠다는 사람들이 있다. 그러나 이때야말로 짐 지기 사역은 자기 이미지의 충족이라는 목적을 가지고서는 도저히 불가능한 일임을 깨달아야 하는 순간이다. 짐 지기 사역이 좋다거나 짐 지기 사역을 하고 싶다거나 하는 생각이 지속적으로 우리 안에 머무를 수 있다. 이러한 생각은 올라올 때마다 매번 죽음에 처해져야 한다.

짐 지기 사역은 오직 주님께 대한 전적인 순종 가운데 이루어져야 한다. 주님께서 우리 안에서 우리와 같이 되셔서 우리를 위해 행하시도록 전권을 내어 드려야 한다. 이러한 죽음을 거치면서 우리는 자유와 안식 속으로 들어간다. 로마서 7-8장, 히브리서 3-4장이 모두 하나의 메시지로서 우리 마음에 새겨져야 한다. 이럴 때 비로소 짐 지기의 핵심부에 자리하고 있는 자기중심성이 완전히 소멸된다. 오직 순종만이 자기중심성을 제거한다. 이제 우리는 로마서 8장의 해방감 가운데로 들어가고, 히브리서 4장의 완전한 안식 안에 머물게 된다.

그럼에도 불구하고 여전히 나는 짐 지기 사역을 하면서 피곤에 지치

기도 하고, 주님의 부르심 중 몇 가지를 거절하기도 하며, 자기중심적인 이기적 본성이 다시 고개를 쳐들기도 한다. 이럴 때마다 나는 양자택일을 해야 한다. 끊임없이 자신을 내어 주신 예수님의 삶의 방식을 따를 것인지, 아니면 자기에게 명령권을 부여함으로 안식으로부터는 멀어지고 예전처럼 자기중심적으로 애쓰는 방식에 다시금 빠져들지를 말이다. 남을 위해 목숨을 내어 놓는 짐 지기 사역은 결코 고상한 선택사항이 아니다. 모든 그리스도인들에게 있어 짐 지기 사역은 오로지 죽음만이 보장된 철저한 희생의 삶이다. 그러나 동시에 확실한 생명이 보장된 일이다.

자신의 구원만을 이기적으로 경축하는 이 미성숙한 그리스도의 몸이 이제는 섬김으로 부르시는 주님의 음성을 들을 수 있게 된다면 얼마나 좋을까! 물론 이 섬김에는 짐 지기도 포함된다. 우리는 앞으로 천국에 가게 된다는 것만을 마냥 기뻐하고 있을 수만은 없다. 들판은 이미 희어져 추수할 때가 이르렀다. 구원은 아직 시작일 뿐 끝나지 않았다. 우리는 어떻게 충만함 가운데 들어갈 수 있는지 알아야 한다.

짐 지는 일은 어쩌다가 타인의 감정을 예민하게 느끼게 된 몇몇 소수의 불행하고 별난 사람들만 감당할 수 있는 소명이 결코 아니다. 비록 본 장의 초점이 선천적으로 예민한 성향으로 인하여 성령님의 초자연적인 은사를 수월하게 사용할 수 있는 사람들에게 맞추어져 있기는 하지만, 그렇다고 반드시 공간을 초월하여 고통을 감지하는 능력이 있어야만 짐 지기 사역을 할 수 있는 것은 아니다. 매일매일 일상적으로 이루어지는 공감만으로도 충분하다. 단순히 누군가의 어깨에 손을 얹어 주는 일이어도 좋고, 누군가의 말을 경청해 주는 것이어도 좋다.

짐 지기는 모든 그리스도인이 감당해야 할 **최초의 부르심**이자 **가장**

중대한 수고이며, **평범한 모든 그리스도인의 삶이자 호흡**이다. 짐 지기는 성부 하나님과의 충만한 관계 안으로 들어가는 열쇠이다. 자유와 안식으로 인도하는 자아의 죽음도 짐 지기를 통해 가능하다.

짐 지기 사역에서 빠지기 쉬운 함정들

이제까지는 짐 지기 사역의 좋은 점만을 살펴보았다. 이제는 다른 한쪽 면도 들여다보아야 한다. 짐 지기 사역에는 함정들이 도사리고 있다. 짐 지기가 늘 안전한 것만은 아니다. 이것은 무슨 일을 만나게 될지 모르기 때문이기도 하고, 우리가 가진 육체의 본성 때문이기도 하다. 유혹은 늘 우리 주변에 널려 있다. 과도한 사역을 하려는 것, 스스로를 너무 신중하게 여기는 것, 판단하고 비난하는 것, 지나치게 많은 짐을 떠안고 혼란에 빠지는 것, 자신의 문제를 마치 상대방의 문제인 양 착각하는 것, 상대방의 문제를 마치 자신의 문제인 양 여기는 것 등이다.

폴라와 내가 상담을 하면서 발견한 사실이 있다. 선천적으로 짐 지기에 뛰어든 사람들은 자신의 영이 이제까지 해온 일이 무엇인지 전혀 알지 못했다. 결국 아무런 정보나 도움도 받지 못했다. 이들은 방 안에 들어가서 거의 모든 이들의 짐을 즉각적으로 감지하고 떠맡으며, 본능적으로 감싸 안고 위로하는 마음이 된다. 이런 사람들의 삶은 대체로 지나치게 힘겨워진다.

나 자신도 고통스런 경험을 거쳤기에 이것에 대해 말할 수 있다. 이들처럼 나 역시 힘들지 않았던 기억은 한 번도 없다. 충만한 성령의 임재가 느껴짐에 따라 짐은 점점 더 무거워진다. 내 힘으로는 도저히 이를 멈출 수도, 제어할 수도 없다. 예배나 기도모임 중 남들은 다 즐거워하며 웃고 있는 동안, 나만은 슬픔 속에 빠져든다. 그들 스스로는 느끼고 싶어 하지 않는 상처들을 온통 내 안에 끌어안은 채 말이다. 애써 기쁜 척하려고 하지만, 나의 미소는 차츰 굳어지고 사그라진다. 어떻게 해도 행복해지지 않는다. 마침내 주님께서 모든 것을 치유해 주시고 나서야 우리는 다시금 함께 나눌 수 있게 된다.

선천적으로 짐 지기 사역을 하는 이들의 영은 상처를 입는다. 운 좋게 지혜로운 동료들을 만나 권면과 보호를 받게 된 경우를 제외하고는 말이다. 이해 부족으로 인해 사역 자체가 고통스런 육신적 몸부림이 되어 버릴 수도 있다. (주님께서 마태복음 11장 30절에서 말씀하신 것처럼) 그것이 쉽고 가볍고 즐거워야 하는데, 무겁고 억압적인 것으로 변질된다.

혹시라도 짐 지는 이가 성취지향성을 지녔다면, 지나치게 잘하려고 애쓸 수도 있고, 제대로 도와주지 못했다는 사실에 너무 집착하여 거짓 죄책감에 빠질 수도 있다. 바로 나의 경우가 그랬다. 특히 나처럼 부모 전도된 사람은 편안히 안식을 누리지도 못한다. 이런 자는 마치 세상의 모든 짐을 어깨에 짊어지고 있는 모양새이다. 짐 지는 이들은 현재 마음 편히 웃고 있는 친구들, 또는 자신이 행복하다고 굳게 믿고 있는 친구들 속에서도 슬픔과 상처를 감지해낸다.

전도서에 이런 말씀이 있다. "지식을 더하는 자는 근심을 더하느니라"(전 1:18). 짐 지는 이들의 삶은 외롭다. 남들은 모르는 것, 남들은 알려고 하지도 않고 알 수도 없는 것을 혼자만 알고 지내야 한다. 짐 지는 이가 자아의 힘 곧 영적인 담력이 약한 사람일 경우, 자신이 인지하고 있는 것에 대해 혼란스러워지거나 애매모호함이 느껴질 수도 있다. 짐 지는 이가 혹여 뽐내기 좋아하거나 혹은 자신의 말에 대한 상대방의 반응에 무신경한 사람일 경우에는 자신이 감지한 것을 분별없이 누설함으로써 남들을 혼란과 상처와 분노에 빠뜨릴 수도 있다.

사람들은 어쩌면 이런 사람을 무서워하게 될지도 모른다. 나는 자신의 감정을 감쪽같이 숨길 수 있었다고 굳게 믿는 사람들에게 "그런데 그 때 왜 그런 감정을 느끼셨냐?"고 묻곤 했다. 이럴 때 나는 내가 감지한 바와 지식의 은사를 통해 얻은 통찰을 약간 덧붙여 말해 준다. 결국 우리 마을에 사는 많은 이들이 나를 무서워하게 되었다! "저 사람은 너무 많이 알고 있어." "저 사람의 눈은 엑스레이 같아." "저 사람은 마치 나를 꿰뚫어 보는 것 같아." 이러한 것들은 그들뿐 아니라 짐 지는 이의 영에도 상처가 된다.

한편, 남들이 두려워할 것을 지나치게 염려한 나머지 일부러 아무것도 물어보지 않은 경우, 나는 정체를 알 수 없는 무거운 부담을 홀로 떠안고 힘들어할 수밖에 없다. 이럴 때는 마치 예레미야가 된 것 같다. "내가 다시는 여호와를 선포하지 아니하며 그의 이름으로 말하지 아니하리라 하면 나의 마음이 불붙는 것 같아서 골수에 사무치니 답답하여 견딜 수 없나이다"(렘 20:9).

우리는 선천적으로 짐 지는 이들이 주로 침묵과 고독 속에 파묻혀 버리는 것을 자주 목격했다. 아무와도 나누지 않는 것이 차라리 덜 고통스러웠기 때문이다. 그들은 남들의 이해를 받지도 못했고, 그들의 감지능력은 거절을 당했다. 심지어 면전에서 모욕을 주는 이도 있었다. 그들은 이들을 마치 내려져 있어야 할 커튼 너머를 몰래 엿보는 영적 관음증 환자들처럼 취급했다. 인정하기 힘든 사실이지만, 이들의 비난은 많은 경우에 진실이다. 왜냐하면 성령님은 완벽한 신사이시기 때문이다. 성령님은 개인의 사생활을 존중해 주신다. 반면에 인간의 육신은 그러질 못한다.

짐 지는 이들 중 어떤 이들은 미성숙하다. 그래서 육체의 본성을 따라 행하기도 하고, 회심을 경험하지 못한 자도 있다. 자신이 가진 은사에만 푹 빠져 있거나 능력이 주는 느낌만 너무나 좋아하여 부지불식간에 귀신의 도움을 얻는 사람도 있다. 마침내 이들의 은사는 짐 지는 것에서 떠나 의혹과 험담거리로 변질된다. 간단히 말해, 짐 지기 사역이 성령 안에서 가르침과 예의를 갖추지 못할 때, 이는 짐 지는 이뿐 아니라 그의 '희생자'의 영에도 상처를 준다. 이들 모두에게는 치유가 필요하다. 이때 조사를 목적으로 던지는 간단한 질문과 예수님께 드리는 치유와 회복을 위한 기도만으로도 치유가 일어난다.

성격상 어중간한 것을 싫어하는 나는 짐 지기 사역에도 전적으로 뛰어들었다. 당시 나는 성령 안에서 아무런 요령과 지혜도 갖추지 못한 상태였고, 혼과 영의 기능이 어떻게 구분되는지도 전혀 모르고 있었다. 나는 그야말로 중압감에 온통 사로잡혀 지냈다. 그리고 앞에서 언급한 진정한 의미의 피로, 곧 진정한 죽음과 안식으로 인도해 주는 피로는 경험하지 못했다. 다만 자신이 순교자라는 거짓된 생각에 사로잡힌 채, 교만을 만들어 내는 거짓된 피로만을 느꼈다.

당시 내 안의 성령께서는 그 순간 예수님께서 지고 계신 사람들의 짐만을 내가 짊어지기를 바라셨을 것이다. 그러나 나의 육체는 오만하게도 모든 것을 단번에 이루고 싶어 했다. 나는 이렇게 육체를 피로케 하는 것이 주님을 위한 일이라 여겼고, 누군가 나에 대해 반발하는 사람이 있으면 이는 마땅히 기뻐해야 할 고귀한 핍박이라고 생각하며 혼자 즐거워했다. 그러나 머지않아 이 게임은 와장창 부서지고 말았다. 나는 스스로를 정직하게 직시해야 했다. 주님은 나에게 윈스턴 뉴네즈 형제를 보내주셨다. 그는 영과 혼이 어떻게 다른지 설명해 주었고, 나를 위해 내내 기도해 주었다.

영과 혼은 공간적으로 구분되는 개념이 아니다. 다만 기능면에서 차이가 있다. "하나님의 말씀은 살아 있고 활력이 있어 좌우에 날선 어떤 검보다도 예리하여 혼과 영과 및 관절과 골수를 찔러 쪼개기까지 하며 또 마음의 생각과 뜻을 판단하나니"(히 4:12). 윈스턴 형제는 주님께서 우리를 마치 자동차 엔진처럼 만드셨다고 설명하였다.

자동차 엔진에는 오일, 물, 가솔린이 들어가야 할 자리가 구분되어 있다. 가솔린이나 오일이 들어갈 자리에 물이 있거나 오일과 물이 들어갈 자리에 가솔린이 있거나 물이나 가솔린이 들어갈 자리에 오일이 있으면, 반드시 문제가 생긴다. 이와 마찬가지로 하나님은 인간의 생각, 마음, 영에게 각각 다른 고유한 임무를 부여하셨다.

아담의 타락 이후 인간은 혼란에 빠졌다. 이로 인해 감정은 경계수위를 넘어 전혀 역효과를 몰고 오기도 하고, 때로는 영과 생각을 완전히 무기력하게 만들기도 한다. 생각이 감정을 억압하거나 영의 기능을 차단할 수도 있다. 영이 생각의 통제를 벗어나 마치 폭도처럼 날뛰기도 한다. 결국 이는 우리를 극단적인 신비주의 경험으로 몰아간다.

윈스턴 형제는 회심 후 우리의 속사람이 질서를 회복함으로써 내면의 모든 영역이 제자리를 찾아가도록 기도해야 한다고 말해 주었다. 혼과 영이 제자리를 지키며 각각의 역할을 감당할 때, 비로소 주님은 우리의 영에 짐을 얹어 놓으실 수 있다. 더 이상 우리 전존재가 동시에 한꺼번에 분열되는 일은 없어진다. 짐 지는 일에 대해 우리의 감정과 사고는 동참하지만, 여전히 평정을 유지할 수 있다. 동일시 과정에서 적당한 거리를 유지하면서 기도도 하고 균형을 유지할 수 있다. 우리의 마음과 생각이 어떤 문제에 빠졌을지라도, 영은 여전히 평안을 유지한다. 각 부분이 서로 다른 부분을 침해하는 일이 없이 각각 제 기능을 감당하면서 도움을 주고받는다.

이때 우리는 히브리서 4장이 말하는 새로운 차원의 안식으로 들어간다. 더 이상 감정은 폭도처럼 날뛰지 않으며, 생각도 더 이상 통제권을 남발하지 않고, 영이 마음과 생각의 보호권 밖으로 제멋대로 내달리는 일도 사라진다.

윈스턴 형제는 나를 위해 혼과 영의 기능은 분리되고 과도하게 설쳐대는 육신은 죽음에 처해지도록 기도해 주었다. 그의 기도를 받고 나니 마치 이제껏 어깨를 짓누르고 있던 천근만근의 중압감에서 해방된 듯한 느낌이 들었다! 나는 새처럼 가볍고 홀가분한 마음으로 집에 돌아왔다! 더 이상 예수님께서 지워 주신 짐 이외의 것을 짊어질 필요가 없었다. 더 이상 감정과 정신이 혼란스러워질 일도 없었다. 내 안의 각 부분이 유기적으로 기능을 주고받게 되었다. 심지어 나는 운동선수로서의 신체감각과 건강마저 현저하게 증진되었다.

현재 선천적인 짐 지기 사역을 하고 있는 수많은 사람들이 아직도 그들을 제대로 가르쳐 자유케 해줄 단 한 명의 유능한 그리스도인을 만나지 못한 채 이리저리 헤매고 있다. 1970년인가 1972년 무렵, 폴라와 내가 만난 짐 지기 사역자들만 해도 수백 명 이상이었다. 주님께서 윈스턴 형제를 통해 나를 자유케 해주신 것처럼, 나와 폴라도 주 안에서 기쁜 마음으로 이들을 자유케 하는 일에 쓰임 받았다.

유쾌할 정도로 재미있으신 우리 주님께서 "주의 구원의 즐거움을 내게 회복시켜 주시려고"(시 51:12) 한 가지 일을 꾸미셨다. 팻 브룩스가 저술한 《Out in Jesus' Name》이라는 책이 있다. 그녀의 책에 나오는 몇 가지 사항에 대해 동의할 수 없었던 나는 난생 처음 비평이라는 걸 써서 그녀에게 부쳤다.

나는 평소 글씨체로 쓴 편지를 그녀의 발행인 앞으로 보냈다. 그녀의 주소를 몰랐기 때문이었다. 제멋대로 휘갈겨 쓴 글자를 해독하지 못한 발행인은 그 편지가 팻에게 보내진 것이라고 판단하고 다시 그에게 편지를 우송해 주었다! 편지를 받아든 팻은 어안이 벙벙했다. 자신의 책에는 도저히 적용할 수 없는 내용이었다. 다만 비평의 내용 자체에 관해서는 호기심이 생겼다. 그는 편지를 들고 자신의 목사님인 잭 헤이포드를 찾아갔다. 편지를 읽은 두 사람은 나에게 기쁨의 은사가 결여되어 있음을 분별해냈다! 그리고 그들은 주님께 나에게 그 은사를 주시도록 기도했다!

그 후 어느 날 아침, 주님과 나는 여느 때처럼 토론을 했다. "존, 넌 아직도 그 말씀을 깨닫지 못했어." 주님은 다음의 찬송가 가사를 말씀하시는 중이셨다. "여호와로 인하여 기뻐하는 것이 나의 힘이다(The joy of the Lord is my strength)"(느 8:10). 주님은 거의 귀로 들리는 듯한 음성으로 계속해서 말씀하셨다. "존, 넌 이 구절을 '강해지기 위해서는 기뻐해야 한다'는 의미라고 생각하고 있지. 그래서 뭔가 기쁨을 얻기 위해 애를 썼고. 그러나 내 슬픔을 과도하게 짊어지고 있느라 기쁨을 느끼지 못할 때마다 너는 자신을 정죄하곤 했어. 이는 네가 말씀의 의미를 정확히 파악하지 못했기 때문이다. 자세히 보렴. '여호와의 기쁨(the joy of the Lord)'이라고 되어 있다. 너의 힘이 되는 것은 바로 나의 기쁨이지, 너의 기쁨이 아니다. 너는 기뻐하려고 애를 썼지만 기뻐지질 않았다. 그래도 너는 깨닫지 못했어. 존, 내가 어디 사느냐?"

"제 안에요."

"존, 나에게는 언제나 기쁨이 있단다. 네가 기쁘든, 안 기쁘든 상관없이 말이야. 다시 말해 내 기쁨은 항상 네 안에 있단다. 네가 이를 느끼든, 못 느끼든 말이지. 너의 힘이 되는 것은 바로 나의 기쁨이다!"

다음날 아침 폴라와 나는 평소와는 사뭇 다른 순간을 보내야 했다. 상대방에게 하는 모든 말이며 행동이 계속 어긋나면서 서로에게 자꾸만 오해를 불러일으켰다. 나는 주님께 내게 주신 은사에 대해서도 전혀 기쁘지 않고, 주님과 함께 있는 것도 전혀 유쾌하지 않다고 말씀드렸다. 바로 그 순간 한 무리의 내담자를 실은 차량이 진입로에 모습을 드러냈다. 자동차 문을 처음으로 열고 나온 한 내담자가 이렇게 소리쳤다. "어머, 존! 오늘 아침에 주님의 기쁨이 존에게서 넘쳐나고 있네요!"

그 말을 들은 나는 이렇게 생각했다. '넘쳐나는 건 골칫거리뿐이지.' 그때 주님께서 말씀하셨다. "이제야 알겠니? 존! 내 기쁨은 언제나 네 안에 있단다. 네가 느끼지 못하는 순간에도 여전히 다른 이들은 네게서 기쁨이 넘쳐나는 것을 볼 수 있지." 결국 나는 주님의 말씀을 믿었고, 안식에 들어갔다. 그의 기쁨이 여전히 나의 기쁨이요, 힘이라는 사실을 믿기 위해 매번 특별한 경험을 해야 할 이유는 없었다.

다시 주님은 나에게 전도서 7장 2-4절의 말씀을 열어주셨다.

초상집에 가는 것이

잔칫집에 가는 것보다 나으니

모든 사람의 끝이 이와 같이 됨이라

산 자는 이것을 그의 마음에 둘지어다

슬픔이 웃음보다 나음은

얼굴에 근심하는 것이 마음에 유익하기 때문이니라

지혜자의 마음은 초상집에 있으되

우매한 자의 마음은 혼인집에 있느니라

주님은 이 말씀을 통해 허드렛일처럼 보이는 짐 지기 사역을 하는 것과 자기중심성에 도취되어 향연을 베푸는 집에 머무는 것을 대조해 주셨다. 주님의 설명은 마치 월트 휘트먼의 이야기와도 비슷했다. "제 말에 모순이 있습니까? 확실히 제가 모순된 말을 하고 있습니다(나는 광대하며, 내 안에는 수많은 것들이 들어 있습니다)."[1)]

나의 혼과 영이 각각의 고유한 기능을 감당하기 시작하자 나는 짐 지기로 인해 슬픔에 잠기면서도, 주님과 함께 하는 수고에 대해서는 내 영의 깊은 곳에서 기뻐할 수 있게 되었다. 그와 동시에 나는 아이의 생일파티를 즐기는 일처럼 외관상 전혀 무관해 보이는 다른 일들도 아울러 행하게 되었다. 더 이상 동일한 감정 상태에 마냥 머물러 있을 필요가 없어졌다. 나를 이루는 각 부분들이 흔쾌히 각각의 구별된 기능을 동시

---

1) Walt Whitman, "Song of myself," as viewed at University of Illinois-Urbana-Champaine, Department of English, http://www.english.uiuc.edu/maps/poets/s_z/whitman/song.html (accessed september 11, 2007)

에 감당하기 시작했다!

마침내 나는 내 영의 한 지점에서 "말할 수 없는 영광스러운 즐거움으로 기뻐하면서"(벧전 1:8) 낄낄거렸다. 비록 짊어진 짐의 중압감이 너무나도 크고, 또한 누군가의 내면에 있는 완강한 예루살렘을 놓고 예수님과 함께 흐느껴 울어야 하는 순간이라 할지라도 말이다. 동시에 나는 아이들과 어울려 게임을 즐기기도 했다.

오랜 기간의 상담 사역을 하면서 절실하게 느껴지는 바가 있다. 짐지기 사역을 하는 자를 비롯한 수많은 그리스도인들도 내가 깨달은 교훈을 반드시 깨달아야 한다. 웃고 싶은 느낌과 울고 싶은 느낌이 동시에 올라올 때마다 뭔가 자신이 잘못되었다고 여기며 스스로를 정죄하는 그리스도인들이 너무도 많다!

요한복음 11장에서 베다니로 들어가시던 예수님은 나사로가 살아나게 될 것을 알고 계셨다. 주님은 제자들에게 이미 이틀 전에 주님의 뜻을 일러주셨다(1-5절). 예수님의 영은 앞으로 이루실 놀라운 기적을 기대하며 마땅히 즐거워해야 했다. 다른 사람이 아닌 바로 나사로만을 위한 기적이니 말이다. 그러나 주님은 마르다를 비롯한 다른 사람들의 짐을 짊어지고 공감적인 동일시를 하셨기에, 무덤 앞에서는 우셔야만 하셨다(35절). 우리는 늘 한결같을 필요가 없다. 오직 그리스도인이라는 사실만 변함이 없으면 된다! 우리는 내면의 다양한 차원들을 통하여 많은 것들을 한꺼번에 동시에 느낄 수 있는 존재이다.

짐 지는 이들에게는 친구가 필요하다. 육체의 노력에 빠질 때를 살펴보았다가 조언해 줄 수 있는 친구, 너무 많은 짐을 너무 오랫동안 지고 있는 것은 아닌지, 혹은 너무 적게 너무 짧게 지고 있는 것은 아닌지 점검해 줄 친구가 필요하다. 우리는 서로 돕고 격려해 주어야 한다(빌 2:1, 3). '다른 사람의 일'을 돌보아야 하고(빌 2:4), 서로를 붙들어 일으켜 주어야 하며(전 4:9-12), 필요한 것을 서로서로 공급해 주어야 한다(엡 4:16). 간단히 말해, 짐 지는 이(그리스도인)는 결코 혼자서는 섬길 수 없다.

대체로 우리는 그리스도인 친구와 친척들로부터의 따뜻한 포옹을 필요로 한다. 신체적인 접촉은 공명 현상을 이룬다. 음차(tuning fork) 하나가 소리를 내면 다른 것들이 이에 조화를 맞추듯, 그리스도인들은 신체 접촉을 통해 바른 음색으로 조율해 가며 서로를 회복시킨다. 내가 80명의 짐을 마음에 가득 떠안고 부담감에 압도당하여 정체성의 혼란마저 일으키고 있을 때면, 폴라가 나를 원래의 모습으로 회복시켜 준다. 친구로서 가볍게 어깨를 두드려 주는 것만으로도 충분할 때가 있다. 혹은 '네 맘 내가 다 안다'는 듯 공감어린 눈으로 바라봐 주는 것만으로도 족하다. 우리 모두는 동료들과 더불어 균형을 제공받고 신선함을 나누어 주며 살아가야 한다.

거머리들

이러한 균형과는 정반대되는 것이자 짐 지는 사람과는 정반대되는 존재를 소위 거머리라고 한다. 거머리들은 마치 흡혈귀와도 같다. 거머리는 사실 이미 죽은 존재들로, 단지 남의 피(에너지)를 빨아먹는 것으로 목숨을 부지한다. 이들의 활동 시간대는 밤이다(밤이란 오해와 자기 증오로 인한 어두움을 의미한다). 이들은 결코 환한 낮에는 견뎌내지 못한다(낮은 자신의 죄를 밝히 드러내기 때문이다). 거울도 보지 못한다(자기의 모습과 죄를 그대로 비춰 주기 때문이다).

거머리들은 예수 안에서 생명을 가진 자들에게 착 달라붙는다. 그러나 이들이 달라붙는 사람들이란 누군가에게 도움을 주고 싶은 욕구에 대해 온전히 죽는 법을 배우지 못한 자들이다. 거머리들이 달려드는 대상은 사실 사역을 받아야만 할 사람들이다. 이들은 자신이 가진 은사가 제단 위에 희생 제물로 드려져야 할 이삭이라고는 단 한 번도 생각해 본 적이 없다. 더 많이 성숙함으로 자존감에 대해 이미 죽은 자, 자기의 이삭을 이미 희생 제물로 제단에 바친 자는 재빨리 거머리를 분별하고 그들의 촉수를 피하여 숨는다. 이들은 늘 주님과 보조를 맞추어 주님께서 베푸시는 동안만 베푼다.

사역 초기에 폴라와 나는 영적 거머리들에 둘러싸여 거의 숨 막힐 지경에 처한 적이 있었다. 이 거머리들은 의존성이 매우 강한, 나약한 자들이었다. 이들은 한 가지 정서적 문제를 해결해 주면, 금방 또 다른 유사한 문제를 가지고 찾아왔다. 끊임없이 자질구레한 일을 들고 우리를 찾았다. 이들은 '아니요'라고 말하는 법을 미처 배우지 못한 우리에게 착 달라붙었다. 누군가 우리를 필요로 하는 이가 있다는 사실에 우리는 육신적으로 기뻐했다. 우리의 말에 귀 기울여 주고 여러 가지 질문을 해주어 우리를 지혜롭고 유능한 상담자로 여기게 만드는 사람들이 주변에 있다는 것만으로도, 왠지 우리 자신이 중요하고 대단한 사람이라도 되는 양 으쓱해했다.

우리는 누군가의 포옹을 받으면 편안해지고 원기가 회복되고 충전되는 느낌이 든다. 그러나 거머리를 포옹하고 나면 고갈된 느낌이 든다. 이들은 마치 진공청소기 같다. 먼지가 아니라 청결함을 빨아들이는 진공청소기 말이다! 이때 짐 지는 이들은 거머리가 가지고 있던 온갖 쓸데없는 오물이 자신 안에 가득 메워진 것처럼 느껴지기도 한다. 만일 이 현상이 사도 바울의 말씀처럼 사망은 우리 안에 역사하고 생명은 그들 안에 역사하는 것이라면 나쁠 게 무엇이겠는가?(고후 4:12) 실제로 이것이야말로 우리의 목적이지 않은가?

그러나 거머리 안에서는 별로 좋은 일이 일어나고 있는 것 같지 않다. 잠시 조금 더 나은 기분이 되었을 수는 있겠으나 그것도 잠시뿐이다. 거머리들 안에 생명이 역사하고 있는 기미는 전혀 보이지 않는다. 이들은 마음을 다잡고 계속해서 자신의 힘으로 힘 있게 나아가지 못한다.

거듭 말하지만, 나는 윈스턴 형제 덕분에 자유를 얻었다. 우리는 워치만 니의 책을 많이 읽었다. 특히《혼의 잠재력》(The Latent Power of the Soul)[2]을 통해 우리 사역 중 많은 부분이 혼적인 노력에 불과했음을 깨달았다. 진실로 '육은 무익한 것'(요 6:63)이었다. 그러나 어떻게 해야 그 상태를 벗어날 수 있는지를 우리는 알지 못했다. 이때 윈스턴 형제가 나에게 말했다. "존, 자네의 사역이 자네가 가진 이삭이라네. 하나님은 자네가 그것을 희생 제물로 바치길 원하신다네."

윈스턴을 하나님의 사람으로 인정했던 나는 그의 말에 순종했다. 그러나 그 순간도 나는 내가 무슨 일을 하고 있는지를 알지 못했다. 나중에야 사람이 어떤 재능이나 은사를 가지고 있는 한, 그 재능과 은사를

---

[2] Watchman Nee, The Latent Power of the Soul (Richmond, VA: Christian Fellowship Publisher, 1972).

조종하는 것은 하나님이 아니라 그 자신과 그의 혼적인 육신이라는 사실을 깨달았다. 하나님으로 하여금 그와 그의 재능을 소유하게 하셔야 하는데, 오히려 재능이 그를 소유하고 인도해 간다.

윈스턴 형제는 하나님께 복종하여 이삭을 바친 아브라함처럼 나로 하여금 모든 것을 포기하는 기도를 드리게 했다. 그러고는 누가복음 14장 26절의 의미를 설명해 주었다. 우리가 가진 모든 재능은 마치 어린아이와 같아서 혈육에 속해 있으며, 낡은 포도주 부대 안에 담겨 있다. 우리는 육체로 더럽힌 옷이라도 싫어해야 하며(유 23), 우리 속에 있는 모든 것들을 십자가 위로 가져가 죽음에 처하게 해야 한다. 그렇지 않으면, 예수님께서 우리를 소유하고 통제하시는 것이 아니라 우리 안에 있는 그 무엇이 우리를 소유하고 통제하게 된다.

윈스턴의 도움으로 이런 기도를 드린 순간, 또한 폴라와 함께 이 사실을 나누는 순간, 누군가의 도움이 되고 싶어 하는 우리의 욕구가 죽음에 처해졌다. 우리의 사역도 죽음에 처해졌다. 이제까지 우리 사역에 가치를 실어 준다고 착각한 것들에 대해서도 더 이상 집착할 필요가 없어졌다. 분별을 활성화시키는 법을 배우는 데에는 훈련이 필요했다. "아니요"라고 말하는 법을 배우기 위해서도 다소 시간이 걸렸다.

이런 과정을 통과하면서 이제까지 우리가 부지불식간에 오직 예수님만을 위해서가 아니라 사역 자체를 위하여 살아왔음을 깨달았다. 다만 더 나은 사역을 위해 예수님을 이용했을 뿐이었다. 이러한 부분에 대해 죽자, 우리의 안전은 다시금 예수님 안에서 발견되었다. 더 이상 외관상 사역이 잘 되느냐, 마느냐에서 안전을 찾지 않게 되었다.

이는 결코 우리가 거머리들을 무조건 받아들이게 되었다는 말이 아니다. 다만 우리가 할 수 있는 일이란 아무것도 없었다. 더 이상 우리는 그들에게 아무것도 흘려보내지 않았다. 물론 이렇게 하신 분은 예수님이라고 생각한다. 거머리들이 공급받는 혈액은 고갈되어 갔다. 자연히 이들은 또 다른 '흡반'을 찾아 이리저리 헤매고 돌아다녔다. 몇몇 소수의 거머리는 거짓된 공급원이 완전히 사라졌음을 알고는 돌아와 그리스도 안에서 죽음과 거듭남을 발견하기도 했다.

우리는 그리스도의 몸으로서, 또한 주님의 짐을 함께 지는 자들로서 짐 지기 사역의 한계를 반드시 숙지해야 한다. 갈라디아서 6장 5절은 이렇게 말씀한다. "각각 자기의 짐을 질 것이라." 이 말씀의 의미를 이해하는 가운데 우리는 아브라함-이삭의 기도를 드릴 수 있어야 한다. 종종 나는 다음과 같이 고백할 필요를 강하게 느낀다. "주님, 이제까지 지나치게 개방적이고 헐거웠던 우리 내면의 모든 문들을 이제는 닫습니다. 이제까지 우리에게 달라붙어 있던 모든 사람들의 영들을 떨쳐 버립니다. 주님, 그 누구도 잘못된 동기를 가지고 우리에게 접근하지 못하도록 우리의 속사람을 봉하여 주옵소서."

선천적인 짐 지기 사역자들 가운데 어리석고 십자가에 못 박힌 적도 없는 이들의 경우와 같이 완전히 부서지는 체험과 과도한 짐으로 허덕이는 경험을 갖지 못한 자라면, 이러한 깨달음과 기도를 통해 얻게 되는 자유와 해방감의 은총에 대한 온전한 감사도 어쩌면 불가능할지 모른다! 목회자들은 교회에서 가장 신실하게 섬기고 있는 양들을 한 번 면밀히 살펴보기 바란다. 이들 중 대다수가 비참하게도 탈진을 경험해 왔다. 우리가 이삭의 교훈과 누가복음 14장 26절의 교훈을 진작 깨달았더라면, 이들이 그토록 방황하는 일을 예방할 수 있었을지도 모른다!

우리는 단지 기도로써 거머리를 떨쳐내는 일에 관해서만 아는 데 그쳐서는 안 된다. 우리에게는 치유도 필요하다. 우리의 과로하고 혹사당한 내면의 영역에 주님의 향유를 쏟아부어 주어야 한다. 우리는 다만 좋은 의도를 가지고 봉사의 삶에 달려든 자들이었으며, 다만 지혜와 자기의 죽음만을 결여하고 있었을 뿐이다.

그렇다고 교회가 모든 거머리들을 쫓아내기 위한 돌격대장이라도 앞세워야 한다는 말인가? 결코 그렇지 않다. 주님은 주님의 종들이 온통 자기만 앞세운 사역의 게임을 싫어하여 포기하게 만들기 위한 도구로서 거머리들을 사용하신다. 또한 비록 거머리라 하더라도 몇 명쯤은 참된 신앙을 발견하게 될 수도 있다. 누군가의 도움이 되고 싶은 욕구에서 죽었을 때 비로소 맛보게 된 그 해방감을 주님의 종들이 스스로 발견할 때까지 우리는 다만 이들을 섬기면서 지켜보기만 하면 된다.

짐 지기에 관해서는 여기서 마무리하려고 한다. 단, '하나님은 아무도 필요로 하지 않는다'는 비밀을 터득한 자에 한해서만 이 위험한 짐 지기 사역을 계속할 수 있다. 우리는 더 이상 하나님을 조종하려 해서는 안 된다. 하나님은 우리 모두를 사랑하신다. 세상의 모든 아버지들이 자녀 하나하나를 모두 필요로 하듯 하나님도 우리를 '필요로' 하신다. 이것 외에 주님께서 우리를 필요로 하실 이유는 없다. 주님은 잠깐 사이에라도 우리 대신 어느 누군가를 사용할 수 있으셨다. 오직 주님만이 하나님이시다. 하나님은 하나님의 영광을 다른 누구와도 나누기를 원치 않으신다. 이는 사실 우리 인간을 위함이다.

오직 필요만을 바탕으로 하는 관계는 좋은 것이 못된다. 필요에 의해 세워진 관계는 모두 불안정하다. 세상은 조종하기를 원한다. 세상은 누군가로부터 필요를 채움 받기 원한다. 그리스도인은 자유하다. 그리스도인은 남의 필요를 채워 주기 위해 존재하는 것이 아니다. 다만 사랑받고 관심받기 위해 존재한다. 그리스도인은 속박하지 않는 관계 안에서 자유롭게 사랑을 주고받을 수 있다.

자기가 아니면 교회(혹은 사람이든 일이든)가 잘될 리 없다고 생각하는 사람이 있다면, 미안하지만 크게 놀랐을 것이다. 이제 우주의 지배인 역할을 내려놓는 법을 배우자. 우리가 없어도 가족과 친구, 온 세상이 얼마든지 잘 살아갈 수 있다는 사실은 상당히 충격적이다! 그러나 이러한 충격 후에는 즐거움이 찾아온다! 이런 사실을 터득한 우리에게 주님은 온 세상의 필요를 채워 주라고 말씀하실 것이다. 더 이상 우리는 세상을 필요로 하지도 않는다. 우리나 세상이나 더 이상 우상숭배에 빠질 염려도 없다. 이미 여러 곳에서 이야기하였으나 요지는 항상 동일하다. 살기 위해서는 죽어야 한다.

LETTING GO OF YOUR PAST

Chapter 9

그리스도의 몸 안으로 연합하기

은사는 여러 가지나 성령은 같고 직분은 여러 가지나 주는 같으며 또 사역은 여러 가지나 모든 것을 모든 사람 가운데서 이루시는 하나님은 같으니 각 사람에게 성령을 나타내심은 유익하게 하려 하심이라 … 그러나 이제 하나님이 그 원하시는 대로 지체를 각각 몸에 두셨으니 … 만일 온 몸이 눈이면 듣는 곳은 어디며 … 이제 지체는 많으나 몸은 하나라 … 만일 한 지체가 고통을 받으면 모든 지체가 함께 고통을 받고 한 지체가 영광을 얻으면 모든 지체가 함께 즐거워하느니라 너희는 그리스도의 몸이요 지체의 각 부분이라 (고전 12:4-27)

그에게서 온 몸이 각 마디를 통하여 도움을 받음으로 연결되고 결합되어 각 지체의 분량대로 역사하여 그 몸을 자라게 하며 사랑 안에서 스스로 세우느니라 (엡 4:16)

9

그리스도의 몸 안으로 연합하기

그리스도의 몸이 아직은 살아 있는 유기체로서 온전한 기능을 발휘하고 있지는 못하고 있다. 지금 당장의 모습은 마치 두 살짜리 아기가 만든 콜라주 작품과도 흡사하다. 발가락들은 즐거운 듯 머리에 붙어 있고, 손가락들은 발꿈치로부터 비집어 나왔고, 두 눈은 배꼽에서 튀어나와 있다. 혹은 서로에 대한 의무나 관련성은 대체로 알지 못한 채, 한 그릇 안에서 헤엄치고 있는 수많은 물고기들의 모습과도 비교할 수 있을까? 이러한 상황은 한 지역교회 안의 교인들의 경우이든, 한 교단의 교회들의 경우이든, 혹은 몸에 속한 모든 교파들이나 독립교회들의 경우이든 매한가지이다.

우리가 반드시 물리쳐야 하는 것은 개인주의이다. 물론 개인주의 그 자체가 문제인 것은 아니다. 우리는 언제든지 강건한 개인들이 필요할 뿐 아니라 이들을 소중히 여겨야 한다. 문제는 고립과 우상화를 초래하는 견고한 진으로서의 개인주의이다. 사생활이라는 집단적인 견고한 진은 깊은 차원의 교제를 가로막는다. 차원 깊은 교제만이 교회들을 잠에서 깨어나게 할 수 있다.

> 일어나라 빛을 발하라
> 이는 네 빛이 이르렀고
> 여호와의 영광이 네 위에 임하였음이니라
> 보라 어둠이 땅을 덮을 것이며
> 캄캄함이 만민을 가리려니와
> 오직 여호와께서 네 위에 임하실 것이며
> 그의 영광이 네 위에 나타나리니
> 나라들은 네 빛으로,
> 왕들은 비치는 네 광명으로 나아오리라
> (사 60:1-3)

하나님의 말씀은 반드시 열매를 맺는다(사 55:11). 이제 주님의 몸 된 교회는 일어날 것이다.

> 말일에
> 여호와의 전의 산이
> 모든 산 꼭대기에 굳게 설 것이요
> 모든 작은 산 위에 뛰어나리니
> 만방이 그리로 모여들 것이라
> 많은 백성이 가며 이르기를
> 오라 우리가 여호와의 산에 오르며

야곱의 하나님의 전에 이르자

그가 그의 길을 우리에게 가르치실 것이라

우리가 그 길로 행하리라 하리니

이는 율법이 시온에서부터 나올 것이요

여호와의 말씀이 예루살렘에서부터 나올 것임이니라

(사 2:2-3)

우리가 믿는 바와 같이 만일 이사야가 마지막 날과 주님의 몸 된 교회에 대한 환상을 선포한 것이라면, 이 말씀은 새것에 관한 예언이다. '시온'은 하나로 결집한 하나님의 준비된 백성들을 의미한다. '예루살렘'도 마찬가지이다. 시온에서부터 나올 '율법'은 결코 구약성경이나 십계명, 혹은 토라(모세오경 – 역주)를 의미하는 것이 아니다. 본문에서 '율법'은 예수님의 계명을 가리킨다. "새 계명을 너희에게 주노니 서로 사랑하라 **내가 너희를 사랑한 것같이** 너희도 서로 사랑하라"(요 13:34).

주님께서 우리를 어떻게 사랑하셨는가? 주님은 생명을 내려놓으시기까지 우리를 사랑하셨다. "너희가 짐을 서로 지라 그리하여 **그리스도의 법**[the law of Christ]을 성취하라"(갈 6:2). 이것이 바로 시온에서부터 나오게 될 율법이다. 어떤 입법기관에서 통과되어 나오는 법이 아니다. 이 율법은 모든 그리스도인들이 마음에 기록해 두고 실천하며 살아가는 생활방식을 말한다.

그 날에 여호와의 싹이 아름답고 영화로울 것이요 그 땅의 소산은 이스라엘의 피난한 자를 위하여 영화롭고 아름다울 것이며 시온에 남아 있는 자, 예루살렘에 머물러 있는 자 곧 예루살렘 안에 생존한 자 중 기록된 모든 사람은 거룩하다 칭함을 얻으리니 이는 주께서 심판하는 영과 소멸하는 영으로 시온의 딸들의 더러움을 씻기시며 예루살렘의 피를 그 중에서 청결하게 하실 때가 됨이라 여호와께서 거하시는 온 시온 산[every dwelling place of mount Zion]과 모든 집회[her assemblies] 위에 낮이면 구름과 연기, 밤이면 화염의 빛을 만드시고 그 모든 영광 위에 덮개를 두시며 또 초막이 있어서 낮에는 더위를 피하는 그늘을 지으며 또 풍우를 피하여 숨는 곳이 되리라 (사 4:2-6)

하나님의 쉐키나의 영광이 다시금 하나님의 백성들 위에 머물게 될 것이다. 이때에는 단지 광야시절과 같이 장막(모든 집회)만을 덮으시는 게 아니라 "시온 산(every dwelling place of mount Zion)"을 모두 덮으실 것이다. 여기서 '시온 산'이란 모든 그리스도인들이 살아가고 있는 집을 의미한다! 그리스도의 몸 된 교회의 모든 구성원 한 사람 한 사람이 거룩하다 칭함을 받게 될 것이다. 그때가 언제인가? "주께서 심판하는 영과 소멸하는 영으로 … 더러움을 … 청결하게 하실 때"이다. 결국 충만한 권능이 임하기 위해서는 한 가지 일, 곧 심판하는 영과 소멸하는 영이 임하는 일이 선행되어야 한다. 성경은 이 일이야말로 하나님의 '메신저'가 감당해야 할 임무라고 예언한다.

만군의 여호와가 이르노라 보라 내가 내 사자를 보내리니 그가 내 앞에서 길을 준비할 것이요 또 너희가 구하는 바 주가 갑자기 그의 성전에 임하시리니 곧 너희가 사모하는 바 언약의 사자가 임하실 것이라 그가 임하시는 날을 누가 능히 당하며 그가 나타나는 때에 누가 능히 서리요 그는 금을 연단하는 자의 불과 표백하는 자의 잿물과 같을 것이라 그가 은을 연단하여 깨끗하게 하는 자 같이 앉아서 레위 자손을 깨끗하게 하되 금, 은 같이 그들을 연단하리니 그들이 공의로운 제물을 나 여호와께 바칠 것이라 그 때에 유다와 예루살렘의 봉헌물이 옛날과 고대와 같이 나 여호와께 기쁨이 되려니와 내가 심판하러 너희에게 임할 것이라 점치는 자에게와 간음하는 자에게와 거짓 맹세하는 자에게와 품꾼의 삯에 대하여 억울하게 하며 과부와 고아를 압제하며 나그네를 억울하게 하며 나를 경외하지 아니하는 자들에게 속히 증언하리라 만군의 여호와가 말하였느니라 (말 3:1-5)

만군의 여호와가 이르노라 보라 용광로 불 같은 날이 이르리니 교만한 자와 악을 행하는 자는 다 지푸라기 같을 것이라 그 이르는 날에 그들을 살라 그 뿌리와 가지를 남기지 아니할 것이로되 내 이름을 경외하는 너희에게는 공의로운 해가 떠올라서 치료하는 광선을 비추리니 너희가 나가서 외양간에서 나온 송아지 같이 뛰리라 또 너희가 악인을 밟을 것이니 그들이 내가 정한 날에 너희 발바닥 밑에 재와 같으리라 만군의 여호와의 말이니라 너희는 내가 호렙에서 온 이스라엘을 위하여 내 종 모세에게 명령한 법 곧 율례와 법도를 기억하라 보라 여호와의 크고 두려운 날이 이르기 전에 내가 선지자 엘리야를 너희에게 보내리니 그가 아버지의 마음을 자녀에게로 돌이키게 하고 자녀들의 마음을 그들의 아버지에게로 돌이키게 하리라 돌이키지 아니하면 두렵건대 내가 와서 저주로 그 땅을 칠까 하노라 하시니라 (말 4:1-6)

주님의 몸 된 교회는 스스로를 위해 존재하지 않는다. 하나님의 임재 아래 머물러 있는 것이 교회의 영광은 아니다. 비록 주님의 아들딸들이 주님과 더불어 친교를 누리는 것은 우리의 기쁨이요, 주님의 기쁨이긴 하지만 말이다. 오히려 교회의 영광은 "낮에는 더위를 피하는 그늘을 지으며 또 풍우를 피하여 숨는 곳"(사 4:6)이 되는 것에 있다.

하나님의 의도는 하나님의 백성들만을 세상에서부터 확 잡아당겨 끌어내시고, 주님을 영접하지 않은 모든 사람들을 흠씬 때려눕히시는 데 있지 않다. 이와는 정반대이다! 주님은 점점 더 사악해져 가는 인류의 모습을 지켜보고 계신다. 우리가 뿌린 열매를 거둘 수 있도록 재앙들을 보내셔야 한다는 것도 잘 알고 계신다. 그러므로 "하나님이 세상을 이처럼 미워하사 독생자를 데리고 가셨으니"라며 하나님의 말씀과 하나님의 성품을 제대로 이해하지 못하고 늘 왜곡시키는 사람들은 부끄러운 줄 알아야 한다. 천만의 말씀이다!

"하나님이 세상을 이처럼 사랑하사 독생자를 주셨으니"(요 3:16). 하나님은 지금도 여전히 하나님의 아들을 보내시고 계신다. 그리하여 사람들이 마땅히 받고도 남을 끔찍한 파멸을 거둬야 할 순간에도, 주님의 몸 된 교회가 재앙의 한복판에 함께 있어 줌으로써 그들을 위해 방어막을 펼쳐 주고, 보호를 위한 우산이 되어 주며, 놀란 병아리들이 빨리 피해 숨어들어갈 수 있는 어미닭이 되어 준다!

하나님은 지금 남은 자를 일으켜 세우고 계신다. 주님은 어두워진 세상 가운데 준비되고 승리에 찬 빛의 군대를 일으키고 계신다. 이 일은 확고하고 학식 있는 노력을 통해 성취한 생활방식의 전조가 된다. 이런 사람들은 마치 숨을 쉬듯 본능적으로 남을 위해 그리스도의 생명을 살아가도록 정기적인 훈련을 받아 온 자들이다. 주님은 변화된 사람들을 원하신다. 이들은 마치 꽃이 태양빛을 향하듯 자연스럽게 예수님의 희생적인 삶을 드러내며 살아간다.

수많은 그리스도인들이 배우고 성장하기 위하여 훈련이라는 대가를 치르지 않는 생활방식을 열망한다. "나는 예수님을 영접했습니다. 그 후 내 삶은 순식간에 변화되었습니다." 우리는 이런 종류의 간증을 기독교 미디어나 기타 은혜로운 집회 등을 통해 수없이 많이 듣고 있다. 이들이 하는 말은 약간의 해석을 필요로 한다. 예수님의 능력은 '순식간에' 변화를 가져다주기도 한다. 그러나 진정한 변화는 반드시 무수히 많은 연속적이고도 자잘한 선택들 및 선택에 따른 행동들에 의해서만 유지된다.

> 이와 같이 너희도 너희 자신을 죄에 대하여는 죽은 자요 그리스도 예수 안에서 하나님께 대하여는 살아 있는 자로 여길지어다 그러므로 너희는 죄가 너희 죽을 몸을 지배하지 못하게 하여 몸의 사욕에 순종하지 말고 또한 너희 지체를 불의의 무기로 죄에게 내주지 말고 오직 너희 자신을 죽은 자 가운데서 다시 살아난 자 같이 하나님께 드리며 너희 지체를 의의 무기로 하나님께 드리라 (롬 6:11-13)

우리가 기도함으로써 용서를 받았을 때, 또한 우리가 기도를 통해 옛 습관의 구조가 지닌 권능을 십자가상에서 죽음에 처하도록 했을 때, 더 이상 옛 생활 방식은 우리에게 권리를 주장할 수 없다. 그러나 이 옛 생활 방식은 우리를 유혹하여 잡아가려는 힘을 여전히 어느 정도 가지고 있을 수는 있다. 그 이유는 다음과 같다. 첫째, 우리는 그동안 너무 오래도록 그러한 사고방식, 느끼는 방식, 행동방식에 익숙해져 왔다. 우리는 무심코 가장 쉽게 행할 수 있는 방식으로 빠져들 수 있다. 둘째, 사탄은 우리로 하여금 다음과 같은 잠언의 말씀대로 행동하도록 꾀려고 한다. "개가 그 토한 것을 도로 먹는 것같이 미련한 자는 그 미련한 것을 거듭 행하느니라"(잠 26:11).

일단 우리가 자유케 된 후에 또 다시 과거의 죄악된 방식대로 행하고 싶은 유혹이 들 때마다, 우리는 우리 안에 있는 예수님의 임재의 능력으로 이를 중단시키고 선택을 해야 한다. "저는 지금 (예를 들어) 벌컥 화를 내고 싶은 유혹을 받고 있음을 인정합니다. 주님, 저는 정말 저 녀석을 때려눕히고 싶습니다! 저는 저의 이런 옛 습관이 언제 시작되었는지를 잘 압니다(대체로 어린 시절에 시작됨). 주님, 예수님의 보혈로 저를 자유케 해주셨음을 인하여 감사합니다. 이 옛 습관은 더 이상 저를 통제하고 몰아갈 아무런 권리도 없습니다. 저는 이 옛 습관을 끊어 버립니다. 저는 더 이상 옛 방식대로 반응하지 않겠습니다. 주 예수님 오시옵소서! 살아계신 주님의 임재로 저를 가득 채워 주셔서 화가 치밀어 오르는 상황에 대하여 제가 지혜와 사랑으로 반응하게 하옵소서."

특히 우리가 자유케 된 지 얼마 되지 않은 시점에는 새로운 방식을 선택하는 일에 있어 다소 갈등을 겪게 될 수도 있다. 그러나 우리가 인내하며 나아갈 때, 새로운 방식은 마치 훈련을 통해 형성된 습관구조와도 같이 우리 안에서 자연스럽게 흘러나올 것이다. 우리는 예수님 없이는 아무것도 할 수 없다는 깨달음에 이를 때까지 갈등 상황을 충분할 정도로 계속해서 겪어 나가야 한다(요 15:5).

우리의 옛 습관 패턴들을 촉발시키는 상황들이 언제나 쉽게 분별되는 것은 아니다. 이것들은 마치 교활한 작은 여우마냥 슬그머니 숨어들어와 우리의 소중한 포도송이들을 먹어 치운다.

우리를 위하여
여우 곧 포도원을 허는 작은 여우를 잡으라
우리의 포도원에 꽃이 피었음이라
(아 2:15)

성경시대에는 들판을 개간하면 반드시 주위에 울타리를 쳐 두었다. 혹시나 굶주린 작은 짐승들이 침범하지 못하게 하기 위해서였다. 들판 중앙에 원두막을 설치해 두고, 소년 한 명을 고용하여 침입자들이 들어오지 못하도록 망을 보게 했다. 만일 짐승이 울타리 안으로 뚫고 들어오는 모습이 발견되면, 이 소년은 가지고 있던 새총을 사용하여 짐승을 향해 세차게 돌을 쏘아 던졌다. 잠재적인 공격자가 놀라 달아나도록 하기 위해서였다. 좀 더 집요한 짐승들이 공격해 올 경우에, 소년은 높은 장대에서 내려와서 추격하여 쫓아내던지 혹은 직접 손으로 잡아서 내던지기도 했다.

이와 마찬가지로, 우리의 정신적인 울타리와 정서적인 울타리에 몰래 기어들어 오는 생각의 여우들도 있다. 이 여우들은 우리의 생명의 정원 안에서 이제 막 꽃피기 시작한 새로운 열매들이 발육되지 못하게 위협한다.

개심한 알코올중독자가 바로 다음에 있을 가장 중요한 고객과의 만남 직전에 신경을 진정시키기 위해 단 몇 모금의 술을 홀짝거릴지도 모른다. 치유받은 동성애자가 친구를 돕고 싶은 열심에 성급히 옛 친구들에게로 되돌아갈 수도 있다. 외롭다고 잠시 공상을 하다가 다시금 자기 연민이라는 옛 패턴에 푹 빠져 버리거나 거짓된 위로를 약속해 주는 관계에 미혹당하는 사람도 있을 수 있다. 우리는 누구든 순간적으로 화를 냈다가는("저들한테는 화를 내도 마땅해" 혹은 "저 사람들은 남을 무시하지 않는 법을 좀 배워야 해" 등의 이유로), 결국 감정에 압도되어 걷잡을 수 없이 분노를 터뜨리는 지경이 될 수도 있다.

우리가 획득한 새로운 삶의 소중한 포도송이가 아직 연약한 상태로 꽃피우고 있는 동안에는 '겨우 조금뿐인데 괜찮을 거야'라는 생각은 하지도 말고, 받아들이지도 말아야 한다. 이런 생각을 받아들이면, 마침내 우리는 작은 여우들에게 포도원 전체를 완전히 넘겨주어야 할 만큼 무방비 상태가 될 수가 있다.

이 작은 여우들은 우리에게 주어진 새 삶의 약속들을 게걸스럽게 먹어 치울 것이다. 그리고 이제는 비대한 여우가 되어 우리의 포도원을 지배하게 될 것이다. 우리의 삶 속에서 많은 추수의 열매들을 미처 경험하기도 전에 말이다.

따라서 우리는 다음과 같은 성경 말씀에 반드시 귀 기울여야 한다.

이로써 우리도 듣던 날부터 너희를 위하여 기도하기를 그치지 아니하고 구하노니 너희로 하여금 모든 신령한 지혜와 총명에 하나님의 뜻을 아는 것으로 채우게 하시고 **주께 합당하게 행하여** 범사에 기쁘시게 하고 모든 선한 일에 **열매를 맺게** 하시며 하나님을 아는 것에 자라게 하시고 그의 영광의 힘을 따라 모든 능력으로 능하게 하시며 기쁨으로 **모든 견딤과 오래 참음에 이르게 하시고** 우리로 하여금 빛 가운데서 성도의 기업의 부분을 얻기에 합당하게 하신 아버지께 감사하게 하시기를 원하노라 (골 1:9-12)

그러므로 너희가 그리스도 예수를 주로 받았으니 **그 안에서** 행하되 그 안에 **뿌리를 박으며 세움을 받아** 교훈을 받은 대로 믿음에 **굳게 서서** 감사함을 넘치게 하라 누가 철학과 헛된 속임수로 너희를 사로잡을까 주의하라 이것은 사람의 전통과 세상의 초등학문을 따름이요 그리스도를 따름이 아니니라 (골 2:6-8)

우리는 이 일이 힘으로도 되지 아니하며 능으로도 되지 아니하고 오직 주님의 성령으로 된다(슥 4:6)는 확실한 지식을 가지고, 주님 안에서 안식할 수 있어야 한다. 동시에 순간순간을 매우 적극적인 자세로 훈련에 임해야 한다. 우리는 이 양쪽 모두에 대해 건강하게 조화를 이루며 살아가고 성장해야 할 존재들로 부름 받았다.

- 지혜로 행하여 세월을 아끼라 (골 4:5)
- 너희 말을 항상 은혜 가운데서 소금으로 맛을 냄과 같이 하라 (골 4:6)
- 그리스도의 평강이 너희 마음을 주장하게 하라 … 너희는 또한 감사하는 자가 되라 (골 3:15)
- 사랑하며 괴롭게 하지 말라 (골 3:19)
- 순종하라 (골 3:20)

- 무슨 일을 하든지 마음을 다하여 주께 하듯 하고 (골 3:23)

- 범사에 헤아려 좋은 것을 취하고 (살전 5:21)

- 악은 어떤 모양이라도 버리라 (살전 5:22)

- 믿음의 선한 싸움을 싸우라 영생을 취하라 이를 위하여 네가 부르심을 받았고 (딤전 6:12)

- 너는 진리의 말씀을 옳게 분별하며 부끄러울 것이 없는 일꾼으로 인정된 자로 자신을 하나님 앞에 드리기를 힘쓰라 (딤후 2:15)

- 어리석고 무식한 변론을 버리라 (딤후 2:23)

- 너는 배우고 확신한 일에 거하라 (딤후 3:14)

- 모든 일에 신중하여 고난을 받으며 (딤후 4:5)

- 서로 비방하지 말라 (약 4:11)

- 무엇보다도 뜨겁게 서로 사랑할지니 (벧전 4:8)

- 너희 염려를 다 주께 맡기라 (벧전 5:7)

- 너희 발을 위하여 곧은 길을 만들어 (히 12:13)

- 모든 사람과 더불어 화평함과 거룩함을 따르라 (히 12:14)

- 너희는 하나님의 은혜에 이르지 못하는 자가 없도록 하고 또 쓴 뿌리가 나서 괴롭게 하여 많은 사람이 이로 말미암아 더럽게 되지 않게 하(히 12:15)

- 하나님의 사랑 안에서 자신을 지키며 (유 21)

- 그러므로 너희가 더욱 힘써 너희 믿음에 덕을, 덕에 지식을, 지식에 절제를, 절제에 인내를, 인내에 경건을, 경건에 형제 우애를, 형제 우애에 사랑을 더하라 (벧후 1:5-7)

훈련에 관해 언급하고 있는 이상의 성경구절은 하나의 기본적인 주제를 내포하고 있다. 그것은 우리 안에 있는 예수님의 생명을 잘 세워 가고 유지해 나가야 한다는 것이다. 주님은 우리가 주님께로부터 받은 생명을 다른 사람들을 위해 베풀기를 원하신다. 이러한 생명은 겸손을 낳는다. 왜냐하면 미처 다루어지지 않은 우리의 육체적 본성이라는 완고한 장벽들에 저항하도록 우리를 몰아갈 때가 많기 때문이다.

우리는 매일매일 반복적으로 육체적 본성에 대해서는 죽고 거듭남을 체험하며 살아가야 한다. 그렇게 되면 얼마 지나지 않아 우리 안에서는 남을 판단하고 스스로 우월한 자로 느끼려는 생각이 사라져 버릴 것이다. 아울러 우리는 다른 사람들이 우리와는 달리 얼마나 자비로울 수 있는가를 깨달으며 의아할 정도가 될 것이다.

아무 일에든지 다툼이나 허영으로 하지 말고 오직 겸손한 마음으로 각각 자기보다 남을 낫게 여기고 각각 자기 일을 돌볼뿐더러 또한 각각 다른 사람들의 일을 돌보아 나의 기쁨을 충만하게 하라 (빌 2:3-4)

마침내 자기가 정복되었을 때, 주님의 몸은 주님께서 뜻하신 바대로 이제 인류뿐 아니라 모든 하늘들을 위해 끝없는 사랑의 빛을 퍼붓기 시작할 것이다.

> 모든 성도 중에 지극히 작은 자보다 더 작은 나에게 이 은혜를 주신 것은 측량할 수 없는 그리스도의 풍성함을 이방인에게 전하게 하시고 영원부터 만물을 창조하신 하나님 속에 감추어졌던 비밀의 경륜이 어떠한 것을 드러내게 하려 하심이라 이는 이제 교회로 말미암아 하늘에 있는 통치자들과 권세들에게 하나님의 각종 지혜를 알게 하려 하심이니 곧 영원부터 우리 주 그리스도 예수 안에서 예정하신 뜻대로 하신 것이라 (엡 3:8-11)

산발적으로 흩어져 있는 몇몇 개인들만 밝은 빛을 발산하며 끝까지 살아남는 그루터기가 되는 것이 변화의 목적은 아니다(사 47:14). 우리는 자비의 오솔길을 밝히 비추는 불의 군대가 되어야 한다. 그리스도의 몸 안에서 지극히 미미하나마 일부를 담당해야 한다는 사실을 아는 사람만이 진정으로 변화된 자이다.

에베소서 4장 16절은 다음과 같이 말씀한다. "그에게서 온몸이 각 마디를 통하여 도움을 받음으로 연결되고 결합되어 각 지체의 분량대로 역사하여." 변화하는 모든 개인들이 하나님의 부르심에 따라 제각각 독특한 영광을 위해 공헌함에 따라(고전 12:14-20) 우리는 연결을 통해 서로 간에 필요한 것을 공급받게 되고, 마침내 모두가 사랑 안에서 결합된다. 이와 같이 그리스도의 몸은 상호 간에 주고받는 공급을 통해 함께 구비됨으로써 든든하게 세워져 간다. 우리는 서로를 필요로 한다. 그 누구도 전적으로 혼자일 수는 없다. 한 사람이 혼자서 아무리 중대한 역할을 감당한다 할지라도, 전쟁은 군대 단위로 이루어져야 한다. 승리 역시 주님의 군대에게 주어진다.

온전한 변화를 이루었을 때, 우리는 더 이상 자신이 군대라는 사실을 스스로 상기시킬 필요가 없다. 우리는 더 이상 팀워크를 이루어 과업을 수행해야 할 필요도 없다. 더 이상 자꾸만 고립으로 몰아가려는 자기에 맞서 투쟁을 벌일 필요도 없다. 더 이상 조종과 통제를 두려워하지 않아도 된다. 하나 됨이야말로 우리가 취할 수 있는 가장 자연적이면서도 쉬운 동기가 될 것이다(시 133편). 또한 이로 인해 축복은 강력한 강줄기처럼 흘러내릴 것이다.

변화의 목적은 성령님의 하나 되게 하심으로 말미암아 믿는 일에까지 연합을 이루는 데 있다(엡 4:3-13). 진리의 도전에 대해 긴장과 걱정이 아니라 사랑과 웃음으로 반응하며, 모든 이가 서로를 온전함에 이르도록 격려해 주는 모습을 회복하는 것이 변화의 진정한 목적이다. 각 영혼이 돌아가야 할 집은 믿는 자들의 모임이다. 집은 안식의 장소이다. 우리는 스스로의 노력으로 뭔가를 해보려 함으로써 하나 됨을 깨뜨리게 되는 순간이 언제인지를 잘 알아야 한다. 그리하여 다시 웃으면서 은혜의 문으로 말미암아 쉽게 회복할 수 있어야 한다.

변화가 궁극적인 목적인 것은 아니다. 변화는 목적에 도달하기 위한 하나의 과정일 뿐이다. 변화는 주님의 임재와 권능으로 말미암아 각 개인 안에서, 특히 그리스도의 몸을 통해 계속해서 진행된다. 그러나 변화의 목적은 오로지 개인들만을 성부 하나님 앞에 흠 없고 주름 없는 자들로 나타내는 것에 있지 않다. 모두가 거룩한 동기와 갈망들을 가지고 하나로 모인 몸도 주님 앞에 흠 없고 주름 없는 모습으로 변화되어야 한다. "자기 앞에 영광스러운 교회로 세우사 티나 주름 잡힌 것이나 이런 것들이 없이 거룩하고 흠이 없게 하려 하심이라"(엡 5:27).

변화는 처음에는 급속한 속도로 지식과 계시의 바위들을 껑충껑충 건너가려고 애를 쓴다. 그러나 최종적으로 우리를 평범한 수준의 즐거움으로부터 결혼 피로연의 자리로 이끌어 가주는 것은 단순한 사귐이다.

사귐은 우리의 마음을 천국의 평안과 응답 가운데 살아가도록 단장시켜 준다. 사귐은 지친 마음을 향해 노래를 불러 준다. 또한 사귐은 하나님께서 최초에 심어주신 재능들이 다시 부활되도록 불꽃을 점화해 준다. 이 재능들은 이미 오랫동안 사람들이 망각하고 있었던 것들이었다. 사귐은 협력관계를 약속하고 혼자 힘으로는 불가능한 짐을 함께 해결한다. 사귐은 궁극적으로 우리로 하여금 뒤에 있는 것을 잊어버리고, 그리스도 예수 안에서 하나님께서 위에서 부르신 부르심을 좇아가도록 만들어 준다(빌 3:13-14).

결국 이 모든 일은 독창이 아닌 합창으로 펼쳐질 것이다. 우리 모두는 합창대의 목소리가 더 이상 삐걱거리지 않게 되었음을 알게 될 것이다. 그리고 마침내 우리는 두려움 없이 쉽게 심판대 앞에 서게 될 것이다.

> 이로써 사랑이 우리에게 온전히 이루어진 것은 우리로 심판 날에 담대함을 가지게 하려 함이니 주께서 그러하심과 같이 우리도 이 세상에서 그러하니라 사랑 안에 두려움이 없고 온전한 사랑이 두려움을 내쫓나니 두려움에는 형벌이 있음이라 두려워하는 자는 사랑 안에서 온전히 이루지 못하였느니라 우리가 사랑함은 그가 먼저 우리를 사랑하셨음이라 (요일 4:17-19)

"네 하나님 여호와께서 이 사십 년 동안에 네게 광야 길을 걷게 하신 것을 기억하라"(신 8:2)는 계명에 순종하는 것은 더 이상 수치스러운 일이 아니라, 오히려 하나님께서 왕국에서 주님의 백성에게 맡기실 많은 일들을 다스리는 데 필요한(마 25:21-23) 지혜의 방대한 원천이자 전주곡이 될 것이다(마 11:25). 변화의 목적은 다스리는 데 있다. 그러나 외로운 왕들 혹은 여왕들로서의 다스림이 아니라, 오히려 서로를 사랑하고 소중히 여기고 신실하게 대하는 하나의 공동체로서의 다스림을 의미한다.

Letting Go of your Past
: Take Control of Your Future by Addressing the Habits, Hurts,
  and Attitudes that Remain from Previous Relationships

by John Loren & Paula Sandford

Copyright ⓒ 2008 by John Loren & Paula Sandford

Originally published in English under the title of
Letting go of your past by Charisma House

Charisma Media/Charisma House Book Group
600 Rinehart Road
Lake Mary, Florida 32746
www.charismahouse.com

Korean Translation Copyright ⓒ 2009 by Pure Nard
2F 16, Eonju-ro 69-gil Gangnam-gu, Seoul, Korea

The Korean edition is published by arrangement with Charisma House.
All rights reserved.

본 저작물의 한국어판 저작권은 저자와의 독점 계약으로 '순전한 나드'가 소유합니다.
저작권자의 허락 없이 이 책의 일부 또는 전체를 무단 복제, 전재, 발췌하면 저작권법에 의해 처벌을 받습니다.

과거로부터의 자유(개정판)

개정 1판 1쇄| 2019년 5월 7일

지 은 이| 존 로렌 & 폴라 샌드포드
옮 긴 이| 임정아

펴 낸 이| 허철
총   괄| 허현숙
편   집| 김혜진
디 자 인| 이보다나
인 쇄 소| 예원프린팅

펴 낸 곳| 도서출판 순전한 나드
등록번호| 제2010-000128
주   소| 서울특별시 강남구 언주로69길 16, (역삼동) 2층
도서문의| 02) 574-6702
편 집 실| 02) 574-9702
팩   스| 02) 574-9704
홈페이지| www.purenard.co.kr

ISBN 978-89-6237-283-0 03230

(CIP제어번호 : 2019015101)
이 도서의 국립중앙도서관 출판예정도서목록(CIP)은 서지정보유통지원시스템 홈페이지(http://seoji.nl.go.kr)와 국가자료공동목록시스템(http://www.nl.go.kr/kolisnet)에서 이용하실 수 있습니다.